Universitätssammlungen

Bewahren – Forschen – Vermitteln

d|u|p

Schriften der Graphiksammlung „Mensch und Tod"
am Institut für Geschichte der Medizin
der Heinrich-Heine-Universität Düsseldorf

Band 6

Stefanie Knöll (Hrsg.)

Universitätssammlungen

Bewahren – Forschen – Vermitteln

Herausgegeben von

Stefanie Knöll

d|u|p

Bibliografische Information der Deutschen Nationalbibliothek
Die Deutsche Nationalbibliothek verzeichnet diese Publikation in der Deutschen Nationalbibliografie; detaillierte bibliografische Daten sind im Internet über http://dnb.dnb.de abrufbar.

Gedruckt mit Unterstützung des Lehrförderungsfonds der Heinrich-Heine-Universität Düsseldorf.

http://www.dupress.de
Herstellung: Druckerei Frick, Krumbach
Gesetzt aus der Linux Libertine und der URW Classico
ISBN 978-3-943460-86-5

Inhaltsverzeichnis

Die Sammlung Werner Block

Die Sammlung Robert Matzek

Appendix

Vorwort

Der Berliner Chirurg Prof. Dr. Werner Block (1893–1976) hatte sich seit seinem Studium für die Themen Tod und Sterben interessiert und seit den 1920er Jahren eine etwa 1.000 Blätter umfassende Graphiksammlung zusammengetragen. In den frühen 1970er Jahren trat Prof. Dr. Werner Block mit einem Publikationsprojekt an Herrn Prof. Dr. Hans Schadewaldt (1923–2009), den damaligen Leiter des Instituts für Geschichte der Medizin der Heinrich-Heine-Universität Düsseldorf, heran. Schon bald entsprangen diesem Vorhaben neue Pläne. Da Werner Block keine Nachkommen hatte, äußerte er seine Bereitschaft, seine Sammlung geschlossen an die Universität zu verkaufen. Sie sollte wissenschaftlich aufgearbeitet werden und gleichzeitig der universitären Lehre zur Verfügung stehen. Der Ankauf durch das Institut für Geschichte der Medizin erfolgte im Jahr 1976. Werner Blocks Sammlung bildet damit den Grundstock der heutigen Graphiksammlung *Mensch und Tod*.

1991 wurde aus dem Besitz des Stuttgarters Robert Matzek eine weitere bedeutende Sammlung zu dem Spezialgebiet ‚Tod' angekauft. Der Journalist Matzek hatte diese etwa seit 1952 zusammengetragen. Der Kontakt zu Matzek lässt sich auf Block zurückzuführen. Die beiden Sammler hatten seit 1965 miteinander in Verbindung gestanden und in ihren Briefen vielfach Informationen zu aktuellen Kunstwerken und Adressen von Künstlern ausgetauscht.

Durch die beiden Ankäufe vereint die Graphiksammlung *Mensch und Tod* heute zwei Privatsammlungen, die nicht nur historisch nebeneinander gewachsen sind, sondern deren Entwicklung durch den persönlichen Austausch der Sammler stets aufs Neue befruchtet wurde. Dass der Austausch dennoch kaum zu Dubletten geführt hat, sondern die individuellen Strategien der beiden Sammler klar erkennen lässt, erscheint bemerkenswert.

Genaue Kenntnisse darüber, wie es zu den beiden großen Ankäufen gekommen war, haben wir erst im Rahmen des Forschungs- und Lehrprojektes *Wissen sammeln* erlangt, das durch den Lehrförderungsfonds der Heinrich-Heine-Universität großzügig unterstützt wurde.

Über mehrere Semester haben Studierende die Sammlungsgeschichte erforscht und sich detailliert mit den graphischen Blättern aus den beiden großen Konvoluten Block und Matzek auseinandergesetzt. Die Ergebnisse werden in diesem Band vorgelegt. Dabei ist zu beachten, dass die Blätter, die in Katalogtexten vorgestellt werden und stellvertretend für die Sammlung Block bzw. für die Sammlung Matzek ausgewählt wurden, keinen repräsentativen Überblick über die Schwerpunkte der Sammlungen geben wollen. Vielmehr handelt es sich um die ‚Lieblingsstücke' der Studierenden, die damit einem zentralen Impetus des Sammelns, dem subjektiven Geschmack, Ausdruck verleihen.

Doch um die eigene Geschichte verstehen und die eigenen Tätigkeiten reflektieren zu können, ist es wichtig, über den Tellerrand zu schauen. Diesem Zweck diente ein Symposium mit wichtigen Vertretern deutscher Universitätssammlungen, bei dem Studierende die Moderation übernahmen. Den Referenten danke ich herzlich für ihre spannenden Vorträge und den fruchtbaren, interdisziplinären Austausch. Ein Großteil der bei diesem Anlass gehaltenen Vorträge hat Eingang in diesen Band gefunden.

Mein besonderer Dank gilt Frau Prof. Dr. Ricarda Bauschke-Hartung, die als Prorektorin für Studienqualität und Gleichstellung das Grußwort sprach.

Universitätssammlungen sind nicht nur Archive und Depots für Objekte, die irgendwann als sammlungswürdig definiert wurden. Werden sie in die genuinen Aufgaben der Universität, nämlich Forschung und Lehre, eingebunden, so werden sie selbst zur Forschungsgrundlage, sie dienen Studierenden als didaktisches Anschauungsmaterial und unterstützen eine praxisnahe, berufsbezogene Ausbildung. Als Alleinstellungsmerkmal ihrer Universität kommt den Sammlungen gleichzeitig eine identitätsstiftende Funktion zu.

Deshalb sollte es allgemeines Ziel sein, diese Sammlungen im Bewusstsein der Lehrenden und Studierenden präsent zu halten und mit ihnen selbstbewusst an die Öffentlichkeit zu treten. Zugleich verbindet sich mit den Sammlungen die Pflicht, sie in adäquater Weise konservatorisch zu betreuen und wissenschaftlich zu erschließen.

Dr. Stefanie Knöll

Düsseldorf, im Juni 2014

Universitätssammlungen

Cornelia Weber

Einheit in der Vielfalt. Universitätssammlungen als bundesweit koordinierte Forschungsinfrastrukturen

1. Einleitung

Kurz vor seinem 200. Geburtstag am 1. Januar 2009 wurde das Berliner Museum für Naturkunde[1] per Gesetz in eine Stiftung öffentlichen Rechts überführt und zeitgleich als Mitglied in die Leibniz-Gemeinschaft[2] aufgenommen. Hervorgegangen ist das Museum für Naturkunde aus drei Museen, die 1810 gleichzeitig mit der Gründung der Berliner Universität Unter den Linden eingerichtet wurden: das Anatomisch-Zootomische, das Mineralogische (ab 1814) und das Zoologische Museum.[3] Bereits 1880 füllten die Sammlungen zwei Drittel des Universitätsgebäudes, so dass der Bau eines neuen Museums nötig wurde. Die Eröffnung des neuen Museumsgebäudes in der Invalidenstraße erfolgte am 2. Dezember 1889 durch Kaiser Wilhelm II.

Für das Naturkundemuseum ist die jüngste Entwicklung ein Glücksfall; die Humboldt-Universität jedoch hat eine bedeutende Forschungs- und Lehrinstitution verloren.

Damit die reiche und vielfältige Sammlungslandschaft an den Universitäten mit ihrem beachtlichen Lehr- und Forschungspotential nicht verlorengeht, ist es wichtig, sie durch gezielte Projekte zu unterstützen und miteinander zu vernetzen. Dies gilt vor allem für kleinere Universitätssammlungen, die Gefahr laufen, von großen Museen übernommen zu werden.

Bereits 1982 hatte der Deutsche Museumsbund (DMB) auf seiner Jahrestagung in Freiburg auf die besondere Situation der Universitätsmuseen und -sammlungen hingewiesen. Im darauf folgenden Jahr wurde das Thema auf der Jahrestagung in Münster noch einmal aufgegriffen, diesmal mit dem Fokus auf die Na-

1 *Museum für Naturkunde Berlin*, http://www.naturkundemuseum-berlin.de/ (30.12.2013).

2 *Leibniz-Gemeinschaft*, http://www.leibniz-gemeinschaft.de/ (30.12.2013).

3 Vgl. Ferdinand Damaschun, Gottfried Böhme und Hannelore Landsberg, Naturkundliche Museen der Berliner Universität – Museum für Naturkunde: 190 Jahre Sammeln und Forschen, in: Horst Bredekamp, Jochen Brüning und Cornelia Weber (Hg.), *Theater der Natur und Kunst / Theatrum naturae et artis: Wunderkammern des Wissens: Essays*, Berlin 2000, S. 86–106; Ferdinand Damaschun, Sabine Hackethal, Hannelore Landsberg und Reinhold Leinfelder (Hg.), *Klasse, Ordnung, Art: 200 Jahre Museum für Naturkunde*, Rangsdorf 2010.

turkundemuseen. Die einzelnen Beiträge sind in den Jahren 1983 und 1984 im Heft *Museumskunde* veröffentlicht worden. Dort heißt es: „Die Sorge um den Zustand und die Zukunft universitätseigener Sammlungen und Museen veranlaßte Vorstand und Mitgliederversammlung des Deutschen Museumsbunds [...] ein ‚Memorandum' zur Lage der Universitäts-Sammlungen und Universitäts-Museen zu verabschieden"[4]:

> Der DMB würde es begrüßen, wenn die Situation der Universitäts-Sammlungen und Universitäts-Museen in näherer Zukunft entscheidend gebessert werden könnte. Er sieht es als seine Pflicht an, auf die Verantwortlichkeit der Universitäten bzw. ihrer Institute und auf die Gefährdung wertvollen Kulturgutes hinzuweisen. Er fordert zugleich dazu auf, dass dann, wenn der Bestand von Sammlungen und Sammlungsgegenständen nicht sichergestellt werden kann, diese – z. B. durch Dauerleihverträge – in andere sachgemäße Obhut gegeben werden. Hierfür gibt es bereits gute Beispiele, genau so, wie Beispiele für die Vernichtung von wertvollem Sammlungsgut belegt sind.[5]

Die Initiative des DMB hat leider keine Änderung der Situation herbeiführen können. Dabei ging es insbesondere darum, „auf drohenden und stattfindenden Verfall wertvoller Kulturgüter aufmerksam zu machen und Maßnahmen zur Beseitigung der Gefahrenquellen zu fordern"[6]. Dass Universitätssammlungen jedoch nicht nur einen bedeutenden Teil des Natur- und Kulturerbes bewahren, sondern auch und in erster Linie eine signifikante Infrastruktur und wissenschaftliches Potential für Lehre und Forschung darstellen, wurde nicht thematisiert. Dies ist in dieser Deutlichkeit zum ersten Mal 2011 in den Empfehlungen des Wissenschaftsrats zur sammlungsbezogenen wissenschaftlichen Forschung formuliert worden.[7]

2. Universitätssammlungen weltweit

Universitäten besitzen große Sammlungsbestände – und zwar weltweit. Die Datenbank des internationalen ICOM-Komitees *University Museums and Collections*[8] verzeichnet derzeit 3.135 Einträge, wobei davon ausgegangen werden muss, dass nur ein kleiner Teil aller Sammlungen darin erfasst ist.[9]

---

4 *Museumskunde* 49 (1984) Heft 2, S. 107–108, hier S. 107.

5 Ebd., S. 108.

6 Ebd., S. 107.

7 Vgl. Wissenschaftsrat 2011.

8 UMAC ist ein Komitee des Internationalen Museumsrats, siehe http://umac.icom.museum (30.12.2013).

9 Stand: Dezember 2013.

Charakteristisch für Universitätssammlungen ist deren große Vielfalt. So bewahren sie Objekte wie Präparate, Gesteine, Mineralien, Drogen, Proben, Münzen, Geräte, Instrumente, Modelle, Gemälde, Skulpturen und Grafiken. Dabei ist die repräsentierte Bandbreite der Disziplinen beträchtlich: Vertreten sind Fächer wie Anatomie, Archäologie, Architektur, Botanik, Chemie, Ethnologie, Geowissenschaften, Mathematik, Medizin, Physik, Zoologie. Zudem erfüllen sie unterschiedliche Funktionen: Die Sammlungen werden in Forschung und Lehre, in letzter Zeit auch vermehrt in der Bildung eingesetzt. Diese Vielfalt zu erfassen ist eine besondere Herausforderung. Das mag vielleicht der Grund dafür sein, weshalb es bisher nur wenige Arbeiten gibt, die eine Übersicht bieten.[10]

Fälschlicherweise wird oft angenommen, dass Universitäten vor allem historische Sammlungen beherbergen, also Sammlungen, die nicht mehr in Forschung und Lehre genutzt werden. Das entspricht nicht der Realität. Aber selbst Sammlungen, die offensichtlich nur noch historischen Wert besitzen, können wieder an Relevanz gewinnen, und zwar durch neue Forschungsmethoden, durch neue Fragestellungen oder didaktische Konzepte.

Im Vereinigten Königreich Großbritannien und in Nordirland sind bereits Ende der 1980er und Anfang der 1990er Jahre die ersten Überblicke über universitäre Sammlungen publiziert worden.[11] Es folgten zahlreiche Veröffentlichungen zu unterschiedlichen Themenbereichen.[12]

[10] Vgl. z. B. Marta C. Lourenço, *Between two Worlds: The distinct nature and contemporary significance of university museums and collections in Europe*, PhD dissertation Conservatoire National des Arts et Métiers Paris, October 2005: http://webpages.fc.ul.pt/~mclourenco/ (30.12.2013); Cornelia Weber, Universitätssammlungen, in: *Europäische Geschichte Online (EGO)*, hg. vom Leibniz-Institut für Europäische Geschichte (IEG), Mainz 2012-07-16: http://www.ieg-ego.eu/de/threads/crossroads/wissensraeume/cornelia-weber-universitaetssammlungen (30.12.2013).

[11] Vgl. Nick Merriman, The current state of Higher Education Museums, Galleries and Collections in the UK, in: *Museologia* 2 (2002) 1–2, S. 71–80.

[12] Vgl. u. a. Kate Arnold-Forster, *The collections of the University of London: a report and survey of the museums, teaching and research collections administered by the University of London*, London 1989; Laura Drysdale, *A world of learning. University collections in Scotland*, Edingburgh 1990; Kate Arnold-Forster, *Held in trust: Museums and collections of universities in Northern England*, London 1993; Kate Arnold-Forster, *Beyond the Ark: Museums and collections of higher-education institutions in Southern England: Scholarship learning and access*, Winchester 1999; James Hamilton, The Role of the University Curator in the 1990's, in: *Museum Management and Curatorship* 14 (1995) 1, S. 73–79; South West Museums Council (Hg.), *Minerals and magic lanterns: the university and college collections of the South West*, Taunton 1999; Kate Arnold-Forster und Janet Weeks, *Totems and trifles: museums and collections of higher education institutions in the Midlands*, Bromsgrove 2000; Kate Arnold-Forster und Janet Weeks, *A review of museums and collections of higher education institutions in the Eastern region and South East region of the South Eastern Museums Service*, Winchester 2001.

In Großbritannien gibt es rund 100 Universitätsmuseen, die für die Öffentlichkeit regulär zugänglich sind. Dazu kommen mindestens weitere 300 Bestände, die hauptsächlich in Forschung und Lehre genutzt werden. Universitätsmuseen in England machen etwa 4 % des dortigen Museumssektors aus, beherbergen aber 30 % aller Sammlungen von nationaler oder internationaler Relevanz.[13] Auch die Universitätsmuseen in Schottland besitzen einen hohen Anteil an Schottlands national relevanten Museumssammlungen mit insgesamt über 1,8 Millionen Objekten,[14] davon repräsentieren 32 % Schottlands Bestände im Bereich Wissenschaftsgeschichte, 31 % Münzen und Medaillen, 24 % Bildende Kunst, 20 % naturwissenschaftliche Sammlungen.

Durch das Internet haben die Universitätssammlungen insgesamt enorm an Sichtbarkeit gewonnen – Sammlungen ohne regelmäßige Öffnungszeiten können heute beispielsweise ihre Bestände im Netz präsentieren und auf diese Weise sogar ein internationales Publikum erreichen.

3. Digitale Bestandserfassung von Universitätssammlungen

Australien hat als erstes Land eine Online-Übersicht für Universitätssammlungen entwickelt. Leider existieren die Seiten des *Australian University Museums Information System (AUMIS)* nicht mehr. Die Daten wurden zunächst von dem Projekt *Australian University Museums On Line (AUMOL)*[15] übernommen und später in das *Collections Australia Network (CAN)* integriert.[16] Universitätssammlungen werden nun gemeinsam mit dem kulturellen Erbe der regulären Museen präsentiert; dabei findet jedoch die besondere Situation der akademischen Sammlungen als wissenschaftliche Infrastruktur keine Berücksichtigung.

In Deutschland erfolgte in den Jahren 2004–2009 im Rahmen des DFG-Projekts *Universitätsmuseen und -sammlungen in Deutschland: Untersuchungen zu Bestand und Geschichte* erstmals eine systematische Bestandserfassung. Ziel des Projekts war die Erfassung möglichst aller Universitätssammlungen in Deutschland unter Berücksichtigung auch nicht mehr vorhandener Sammlungsbestände, die Erhebung relevanter Daten zu Bestand und Geschichte sowie die Präsentation der Ergebnisse im Internet.[17]

---

[13] *University Museums in the United Kingdom: a National Resource for the 21st Century*, http://universitymuseumsgroup.files.wordpress.com/2013/03/umg_advocacy_2004.pdf (30.12.2013).

[14] *University Museums in Scotland*, http://www.umis.ac.uk/ (30.12.2013).

[15] Vgl. Vanessa Mack und Richard Llewellyn, Australian university museums and the Internet, *Museum International* 52/2 (2000),19–24.

[16] *Collections Australia Network. Australian cultural heritage collections online*, http://www.collectionsaustralia.net/ (30.12.2013).

[17] *Universitätssammlungen in Deutschland: Das Informationssystem zu Sammlungen und Museen an deutschen Universitäten*, http://www.universitaetssammlungen.de (30.12.2013).

Als Universitätssammlungen gelten hier „alle aktuell oder ehemals zu einer wissenschaftlichen, theologischen und künstlerischen Hochschule gehörenden Sammlungen mit gegenständlichen und audio-visuellen Objekten. Auch Orte, an denen lebende Organismen aufbewahrt werden (z. B. Botanische Gärten oder Aquarien), sowie mit der Universitätsgeschichte verbundene Memorialeinrichtungen, die in Lehre und Forschung genutzt werden und/oder museale Funktionen erfüllen, zählen zum Gegenstandsbereich des Projekts."[18]

Die Erschließung von Quellen beruhte in erster Linie auf einer systematischen Abfrage einschlägiger universitärer Einrichtungen mittels Fragebögen. Dazu kamen Literatur- und Internetrecherchen, Auswertung von einschlägigen Veröffentlichungen,[19] Sammlungssichtungen sowie Korrespondenz und persönliche Gespräche mit Sammlungsleitern und Kustoden.

Parallel zu den Arbeiten zur Bestandserfassung und Sammlungsgeschichte wurde eine Systematik für die Datenbank entwickelt, deren Erschließungsschema die Spezifik der Universitätssammlungen wiederzugeben vermag. Dazu wurde eine eigene Sammlungstypologie entwickelt.

Die Web-Anwendung erfüllt gleichzeitig eine Portalfunktion; sie verweist auf die Internetpräsenzen von Universitätssammlungen und -museen sowie Einrichtungen, an denen diese vertreten sind.

Bis Ende 2013 wurden insgesamt 1.121 Museen und Sammlungen an 87 Hochschulen erfasst. Dabei überwiegt der Anteil an Sammlungen gegenüber den Museen. 300 Bestände sind bereits nicht mehr existent oder auffindbar. Der größte Teil der Sammlungen gehört in den Bereich Naturgeschichte/Naturkunde (30 %), gefolgt von Naturwissenschaft & Technik (25 %), Medizin (16 %), Kulturgeschichte & Kunst (16 %), Geschichte & Archäologie (10 %) sowie Ethnologie & Kulturanthropologie (3 %).

Während es zu Beginn des Projekts sehr schwierig war, überhaupt relevante Daten zu ermitteln, legt heute jede Sammlung Wert darauf, mit aktuellen Informationen in der Datenbank vertreten zu sein.

Das Projekt hat wesentlich dazu beigetragen, dass grundlegende Daten zu den Universitätssammlungen in Deutschland zur Verfügung stehen. Inzwischen haben auch andere Staaten damit begonnen, ihre Universitätssammlungen systematisch online zu erfassen. Die Gruppe *University Museums in Scotland (UMIS)* unterhält die Website *Revealing the Hidden Collections* mit detaillierten Informationen zu Sammlungen und Objekten in Schottland.[20] Die Niederlande ent-

[18] Dokumentation zum Datenbankprojekt, http://www.universitaetssammlungen.de/download/Projektdokumentation.pdf (30.12.2013).

[19] U. a. Jahresberichte, Jubiläumsschriften, Ausstellungskataloge.

[20] *Search the Scottish university museums and collections*, http://www.umissearch.org.uk/ (30.12.2013).

wickeln im Auftrag der *Foundation of Academic Heritage* (Stichting Academisch Erfgoed – SEA) die Website UNICUM (University Collections and University Museums).[21] Italien baut gerade das Webportal *Portale dei Musei Universitari (POMUI)* auf.[22]

Inzwischen geben auch zahlreiche Universitäten im Netz einen Überblick über ihre Sammlungen, beispielsweise die Universitäten Bonn,[23] Greifswald,[24] Hamburg[25], Tübingen[26], Wien[27] oder Zürich[28].

4. Vernetzung von Universitätssammlungen

Wie bereits thematisiert, hat das Internet wesentlich zur Vernetzung der Universitätssammlungen beigetragen; die Anzahl der Netzwerke ist in den letzten Jahren enorm gewachsen. Zu nennen sind hier insbesondere die überregionalen Netzwerke *University Museums and Collections (UMAC)* des *Internationalen Museumsrats (ICOM)*,[29] das *European Heritage Network Universeum*[30] sowie das *Latin-American Network of University Museums*[31]. An vielen Orten der Welt gibt es zudem selbstorganisierte nationale Vereinigungen, die sich für die Belange der Universitätssammlungen einsetzen. Die *University Museums Group UK (UMG)*[32]

21 *UNICUM – universitaire collecties en universiteitsmusea*, http://academiccollections.wordpress.com/ (30.12.2013). Der erste im Auftrag des niederländischen Ministeriums für Bildung und Wissenschaft erstellte Überblick über Universitätssammlungen wurde bereits 1985 veröffentlicht: Landelijk Overleg Contactfunctionarissen Universitaire Collecties & Ministerie van Onderwijs en Wetenschappen (Hg.), *Rapport Landelijke Inventarisatie Universitaire Collecties 1985*, Den Haag 1985.

22 Italian University Museums, http://www.pomui.unimore.it/ (30.12.2013).

23 *Diese Museen muß man gesehen haben*, http://www3.uni-bonn.de/einrichtungen/museen (30.12.2013).

24 *Wissenschaftliche Sammlungen der Universität Greifswald*, http://www.wissenschaftliche-sammlungen.uni-greifswald.de/ (30.12.2013).

25 *Museen und Sammlungen [der Universität Hamburg]*, http://www.uni-hamburg.de/einrichtungen/zentrale-einrichtungen/museen.html (30.12.2013).

26 *Museum der Universität Tübingen (MUT) und Sammlungen*, http://www.uni-tuebingen.de/universitaet/kulturelle-angebote/museen-und-sammlungen.html (30.12.2013).

27 *Die Sammlungen an der Universität Wien*, http://bibliothek.univie.ac.at/sammlungen/ (30.12.2013).

28 *Museen und Sammlungen der Universität Zürich*, http://www.uzh.ch/services/museums.html (30.12.2013).

29 *UMAC – University Museums and Collections*, http://umac.icom.museum (30.12.2013).

30 *Universeum. European Academic Heritage Network*, http://www.universeum.it/ (30.12.2013).

31 Vgl. William Alfonso López Rosas, Latin-American Network of University Museums: Statement and official report, in: *University Museums and Collections Journal* 1 (2008) S. 15–19, http://edoc.hu-berlin.de/umacj/1/lopez-rosas-william-alfonso-15/PDF/lopez-rosas.pdf (30.12.2013).

32 *University Museums Group UK*, http://www.umg.org.uk/ (30.12.2013).

vertritt seit Jahren die Universitätssammlungen in England, Wales und Nordirland. Die Sammlungen in Schottland werden von der Gruppe *University Museums in Scotland (UMIS)* repräsentiert.[33] In den USA setzt sich die *Association of Academic Museums and Galleries (AAMG)* für die Universitätssammlungen ein,[34] in Australien der *Council of Australian University Museums and Collections (CAUMAC)*[35], in Südkorea die *Korean Association of University Museums (KAUM)*[36]. Weitere Netzwerke sind in Planung, z. B. das nationale Netzwerk der wissenschaftlichen Sammlungen in Portugal[37] sowie in der Schweiz[38], wo man gerade dabei ist, gemeinsam mit den außeruniversitären Institutionen ein *nationales Netzwerk für die Erforschung und Erhaltung wissenschaftlicher Sammlungen* aufzubauen.

Den Auftakt in Deutschland machte das 2010 organisierte Symposium *Universitätsmuseen und -sammlungen im Hochschulalltag. Aufgaben – Konzepte – Perspektiven* mit interessierten Vertretern aus universitären Sammlungen.[39] Die Tagung an der Humboldt-Universität hat insbesondere nachstehende Ziele verfolgt:

Gemeinsam nach neuen Aufgaben für Universitätsmuseen und -sammlungen zu suchen und Strategien zu entwickeln, um den Fortbestand akademischer Sammlungen sicherzustellen und Zukunftskonzepte zu erörtern, die traditionelle Universitätssammlungen besser in den Hochschulalltag integrieren und den heutigen Ansprüchen von Forschung, Lehre und Bildung gerecht werden. Daneben stand die Etablierung eines Netzwerks für Universitätsmuseen und -sammlungen im deutschsprachigen Raum im Zentrum, um den dringend erforderlichen Austausch von Erfahrungen und Kenntnissen in Gang zu setzen, damit über gemeinsame Strategien nachgedacht, Möglichkeiten der Zusammenarbeit ausgelotet und kollektive Aktivitäten befördert werden können.[40]

---

[33] *UMIS – University Museums in Scotland*, http://www.umis.ac.uk/ (30.12.2013).

[34] AAMG – *Association of Academic Museums & Galleries*, http://www.aamg-us.org/ (30.12.2013).

[35] *Council of Australian University Museums and Collections* (CAUMAC), http://www.museumsaustralia.org.au/site/networks_caumac.php (30.12.2013).

[36] *The Korean Association of University Museums*, http://www.kaum.or.kr/modules/doc/index.php?doc=intro (30.12.2013).

[37] Kick-off-Meeting Januar 2012 am National Museum of Natural History and Science der Universität Lissabon.

[38] Am 13./14.9.2013 organisierte das Pharmazie-Historische Museum der Universität Basel eine Tagung mit dem Titel *Sammlungen des Wissens: Für ein nationales Netzwerk zur Erhaltung und Erforschung wissenschaftlicher Sammlungen in der Schweiz*, http://sammlungen.weebly.com/index.html (30.12.2013).

[39] Symposium des Helmholtz-Zentrums in Zusammenarbeit mit dem Berliner Medizinhistorischen Museum der Charité. Gefördert von der VolkswagenStiftung, http://universitaetsmuseen.hu-berlin.de (30.12.11).

[40] Cornelia Weber und Klaus Mauersberger, Vorwort, in: Cornelia Weber und Klaus Mauersberger

Nach dem Initialtreffen in Berlin gab es bisher vier Folgetreffen, und zwar in Jena[41], Erlangen[42], Göttingen[43] und Halle[44]. Diese Konferenzen haben dazu beigetragen, eine sehr aktive, dynamische und hochmotivierte Community zu bilden. Weitere Tagungen sind bereits geplant: 2014 an der Universität Tübingen[45] sowie 2015 an der Bergakademie/TU Freiberg sowie der TU Dresden.

Inzwischen existieren auch an einigen Universitäten kleine Netzwerke in Form von Arbeitskreisen, so z. B. an der Universität Hamburg, wo man auf diese Weise die interdisziplinäre Zusammenarbeit stärken möchte.[46]

5. Universitätssammlungen als wissenschaftliche Infrastruktur

Als die vom Wissenschaftsrat eingesetzte *Arbeitsgruppe zur sammlungsbezogenen wissenschaftlichen Forschung in Deutschland* im April 2009 ihre Arbeit aufnahm, konnte sie u. a. auf die Ergebnisse des Projekts *Universitätsmuseen und -sammlungen in Deutschland: Untersuchungen zu Bestand und Geschichte* zurückgreifen.

Die Empfehlungen des Wissenschaftsrats zu Sammlungen als wissenschaftliche Forschungsinfrastruktur haben deutlich zum Ausdruck gebracht, dass das Potential der Sammlungen noch nicht hinreichend erkannt und genutzt wird,[47] insbesondere sollte „das Potential im Interesse des Wissenschaftssystems besser nutzbar gemacht werden, um auch aktuell drängende gesamtgesellschaftlich relevante Fragen beantworten zu können".[48] Ein besonderer Handlungsbedarf wurde bei den Universitätssammlungen festgestellt. Daher hat der Wissenschaftsrat dem Bund „die mittelfristig angelegte Förderung einer entsprechend beratend und koordinierend tätigen Einrichtung" empfohlen. „Eine solche Einrichtung

(Hg.), *Universitätsmuseen und -sammlungen im Hochschulalltag. Aufgaben – Konzepte – Perspektiven: Beiträge zum Symposium vom 18.–20. Februar 2010 an der Humboldt-Universität zu Berlin,* Berlin 2010, S. 1–2, http://edoc.hu-berlin.de/conferences/ums2010 (30.12.2013).

41 *Selbstorganisation und Förderung von wissenschaftlichen Sammlungen. Die Empfehlung des Wissenschaftsrates,* http://www.conventus.de/index.php?id=4466 (30.12.2013).

42 Workshop in Erlangen, http://www.sammlungstagung.uni-erlangen.de (30.12.2013). Im Mittelpunkt des Workshops standen konkrete Beispiele aus der Alltagspraxis.

43 Internationale Tagung *Universität der Dinge* in Göttingen, http://www.uni-goettingen.de/de/350631.html (30.12.2013).

44 Arbeitstagung *Wissen im Objekt* an der Universität Halle-Wittenberg, 14.–16. Juni 2013: http://www.naturkundemuseum.uni-halle.de/sammlungstagung_2013/ (30.12.2013).

45 6. Sammlungstagung in Tübingen, http://www.unimuseum.uni-tuebingen.de/sammlungstagung.html (30.12.2013).

46 Arbeitskreis Sammlungen der Universität Hamburg, http://www.uni-hamburg.de/einrichtungen/zentrale-einrichtungen/museen/arbeitskreis-sammlungen.html (30.12.2013).

47 Vgl. Wissenschaftsrat 2011.

48 Ebd., S. 7.

sollte zunächst insbesondere die universitären Sammlungen bei der Erfassung und Bewertung ihrer Bestände unterstützen und es ihnen ermöglichen, konzeptionelle Entscheidungen abgestimmt zu treffen. Grundsätzlich sollten durch eine stärkere Vernetzung der Sammlungen Kooperationen und Synergien gefördert werden. Insgesamt sollte die Sichtbarkeit der Sammlungen wissenschaftsintern sowie für Finanzierungsentscheidungen erhöht werden."[49]

Zum 1. April 2012 wurde am Hermann von Helmholtz-Zentrum für Kulturtechnik der Humboldt-Universität zu Berlin die Koordinierungsstelle für wissenschaftliche Universitätssammlungen in Deutschland eingerichtet.[50] Hier werden in einem interdisziplinären Team Strategien zur Verbesserung der Sichtbarkeit und Nutzbarkeit der Sammlungen erarbeitet. Ziel ist es, die Sammlungen unter Beachtung ihrer Vielfalt und ihrer lokalen Besonderheiten fächer- und standortübergreifend als dezentrale Infrastrukturen für Forschung, Lehre und Bildung weiterzuentwickeln und zu vernetzen. Damit betritt das Team der Koordinierungsstelle für den akademischen Bereich Neuland, denn weder innerhalb Deutschlands noch international existiert bisher ein vergleichbares Projekt.

Im Mittelpunkt der Arbeit steht die bundesweite Koordinierung der universitären Sammlungen. Damit soll ein abgestimmtes Handeln aller beteiligten Akteure etabliert werden. Im Rahmen von Workshops und Tagungen erarbeitet die Koordinierungsstelle in Zusammenarbeit mit Expertinnen und Experten aktuelle Standards und Empfehlungen für den Umgang mit wissenschaftlichen Sammlungen und Kriterien für wissenschaftliche Sammlungen als Infrastrukturen in Forschung, Lehre und Bildung. Die Ergebnisse werden in Form von Handreichungen und Materialien publiziert. Die Handreichungen entstehen in enger Zusammenarbeit mit Vertreterinnen und Vertretern wissenschaftlicher Sammlungen an den Universitäten. Sie sind auf die Bedürfnisse der Universitätssammlungen abgestimmt und werden regelmäßig evaluiert und weiterentwickelt.

Alle Dokumente werden auf der Website der Koordinierungsstelle veröffentlicht und sind damit für jedermann verfügbar. Die Handreichungen zur *Statusbestimmung für wissenschaftliche Universitätssammlungen* sowie *Qualitätskriterien* sind bereits veröffentlicht; bald folgen Hinweise zu Sammlungskonzepten und -strategien.[51]

Die *Statusbestimmung* für wissenschaftliche Universitätssammlungen dient der systematischen Erfassung des gegenwärtigen Zustandes der Sammlung(en). Sie soll helfen, Aussagen zu Relevanz der Sammlung(en), zur Nutzbarkeit und

---

[49] Ebd., S. 8.

[50] *Koordinierungsstelle für wissenschaftliche Universitätssammlungen in Deutschland*, http://wissenschaftliche-sammlungen.de (30.12.2013).

[51] Handreichungen der Koordinierungsstelle, http://wissenschaftliche-sammlungen.de/de/service-material/handreichungen/ (30.12.2013).

zur Nutzung zu formulieren. Eine Statusbestimmung ist eine notwendige Grundlage für die Erstellung eines Sammlungskonzeptes.

Die *Qualitätskriterien* sollen dazu beitragen, eine qualitative Einordnung von Sammlungen vorzunehmen und gegebenenfalls entsprechende Maßnahmen zur zielgerichteten Verbesserung einzuleiten. Sie können als Grundlage für Sammlungskonzepte, -leitbilder, -strategien und -perspektiven dienen. Zudem eignen sie sich als Basis für Evaluierungsaktivitäten.

Daneben erarbeitet die Koordinierungsstelle spezifisch auf die Bedürfnisse der Universitätssammlungen zugeschnittene Leitfäden, die thematisch für die Arbeit in und mit universitären Sammlungen relevant sind.[52]

Neben den Handreichungen und Materialien bietet die Website der Koordinierungsstelle[53] einen umfangreichen Nachrichtenbereich mit aktuellen Hinweisen zu Veranstaltungen, Publikationen, Projekten, Förder- und Stellenangeboten. Ein weiterer zentraler Bereich der Website widmet sich dem Sammlungsnetzwerk und stellt Erfahrungsberichte, aktuelle Projekte, Best Practice-Beispiele, Informationen zu Ansprechpartnern, Datenbanken, Initiativen, Netzwerken etc. zur Verfügung.

Darüber hinaus informiert die Koordinierungsstelle in ihrem regelmäßigen Newsletter über ihre Aktivitäten sowie über Aktuelles aus dem Bereich der Universitätssammlungen und der Förderlandschaft.[54] Die Mailingliste *Sammlungsnetzwerk* dient daneben als Forum für den informellen Austausch und die aktive Kommunikation innerhalb der Sammlungscommunity.[55]

Ein weiteres Ziel der Koordinierungsstelle ist die Erhöhung der Sichtbarkeit und damit Nutzbarkeit wissenschaftlicher Sammlungen durch digitale Erschließung und Digitalisierung. Zu diesem Zweck wird ein zentrales Portal aufgebaut. Das Portal wird Informationen zu Objekten und Sammlungen sowie Digitalisate von Objekten miteinander in Beziehung setzen und auf unterschiedlichen Wegen so zugänglich machen, dass sie für Forschung und Lehre verfügbar sind und zugleich die Leistungsfähigkeit und Relevanz universitärer Sammlungen aufzeigen.[56] Außerdem werden Projekte zur Erschließung und Digitalisierung von Sammlungen auf Wunsch begleitend unterstützt.

---

[52] Leitfäden, die derzeit erarbeitet werden, behandeln die Themenfelder Urheber- und Nutzungsrechte (auch Open Access), Sammlungskonzepte, Materialienkunde sowie Eigentums- und Besitzrecht.

[53] Website der Koordinierungsstelle, http://wissenschaftliche-sammlungen.de (30.12.2013).

[54] Newsletter-Archiv, http://wissenschaftliche-sammlungen.de/de/nachrichten/newsletter-archiv/ (30.12.2013).

[55] Mailingliste Sammlungsnetzwerk, http://sympa.cms.hu-berlin.de/sympa/info/sammlungsnetzwerk (30.12.2013).

[56] Weitere Erläuterungen zum Portal *Wissenschaftliche Sammlungen digital* siehe http://wissenschaftliche-sammlungen.de/de/portal/ (30.12.2013).

Zusätzlich zu dieser koordinierend-konzeptionellen Arbeit bietet die Koordinierungsstelle individuelle Beratungen in sammlungsbezogenen Bereichen an. Überhaupt nehmen die Service- und Beratungsangebote viel Raum ein. Beispielsweise wurde zur Bündelung von spezifischem Expertenwissen eine interne Datenbank angelegt. Die Expertendatenbank dient der Vermittlung individueller Beratungen und ermöglicht einen nachhaltigen Transfer von Fachexpertise.

Die Koordinierungsstelle hilft auch bei der Vermittlung von Kooperationen, z. B. für die Durchführung von Forschungsprojekten. Last but not least ist die Koordinierungsstelle eine wichtige Verbindungsstelle zu den Netzwerken im In- und Ausland.

6. Einheit in der Vielfalt

Die Universitäten verfügen über ein außerordentlich breites Spektrum an Sammlungen mit einer einzigartigen Materialkultur. In den letzten 15 Jahren ist es glücklicherweise gelungen, deutlich zu machen, dass hier ein immenses Potential vorhanden ist, das für Lehre, Forschung und Bildung genutzt werden kann. Allein die Anerkennung der universitären Sammlungen als zu fördernde Forschungsinfrastrukturen durch den Wissenschaftsrat und die Umsetzung erster Maßnahmen durch das Bundesministerium für Bildung und Forschung hat an den Universitäten und in den Sammlungen eine Vielzahl an Aktivitäten ausgelöst. Dadurch wurden Sichtbarkeit, Nutzbarkeit und Nutzung der Sammlungen wesentlich verbessert.

Allerdings fehlt es vielerorts (noch) an Strukturen, um die Sammlungsarbeit weiter zu professionalisieren und eine dauerhafte Nutzung und Zugänglichkeit dieser Sammlungen zu ermöglichen.

Die Koordinierungsstelle für wissenschaftliche Universitätssammlungen fördert die fächer- und standortübergreifende Weiterentwicklung der Sammlungen bei gleichzeitigem Erhalt der Vielfalt wissenschaftlicher Sammlungen als Infrastruktur für das Wissenschaftssystem. Sie ermöglicht zudem ein abgestimmtes Handeln der für die Sammlungen zuständigen Akteure, denn durch die Entwicklung entsprechender Kommunikationsstrukturen können die bisher mehr oder weniger individuell agierenden universitären wissenschaftlichen Sammlungen auf verschiedenen Ebenen bundesweit organisiert und miteinander vernetzt werden.

Durch die Arbeit der Koordinierungsstelle können wissenschaftliche Universitätssammlungen in Deutschland in Zukunft trotz aller Vielfalt als eine bundesweit abgestimmte Forschungsinfrastruktur und damit als Einheit begriffen werden. Davon profitieren nicht nur die einzelnen Sammlungen und deren Vertreter/innen, sondern insbesondere auch diejenigen Wissenschaftler/innen, die das vorhandene Material in Lehre, Forschung und Bildung nutzen möchten.

Ernst Seidl

Laboratorien des Wissens. Die Sammlungen des Museums der Universität Tübingen MUT

Wohl nicht einmal allen Mitgliedern der Universitäten dürfte bewusst sein, dass der in ihnen versammelte universelle Schatz zuweilen sogar jenen großer Landesmuseen übersteigt. So lassen sich – und besonders in den vernachlässigten Sammlungen – immer wieder Objekte entdecken, die selbst die Fachkustoden und Instituts-Mitarbeiter in Staunen versetzen. Diese Sammlungen sind es, die es als Quellen der Forschung neu zu fokussieren gilt. Die in ihnen verborgenen Möglichkeiten sollten dringend für die Lehre, zum Nutzen der Öffentlichkeit und zur Profilbildung der Universitäten wiederentdeckt werden. Vor allem aber, und dies scheint nicht allen Wissenschaftlerinnen und Wissenschaftlern sofort einzuleuchten: Die Sammlungen bergen immer noch einen ungeheuren Wissensschatz, den es auch heute noch zu heben gilt; sie sind von höchstem Nutzen für die Forschung. Um dies zu unterstreichen und den Universitäten ins Stammbuch zu schreiben, gab der deutsche Wissenschaftsrat seine expliziten *Empfehlungen zu wissenschaftlichen Sammlungen als Forschungsinfrastrukturen* heraus.[1]

So vereint beispielsweise das Museum der Universität Tübingen MUT mit 45 Fachkonvoluten vermutlich die größte Anzahl an universitären Sammlungen im deutschsprachigen Raum.[2] Darunter lassen sich auch einige der umfangreichsten an europäischen Universitäten entdecken, wie etwa die paläontologische oder die islamisch-numismatische. Eine Vielzahl von Superlativen, Kuriosa und weltweit herausragenden Einzelobjekten finden sich hier, so die ältesten Kunstwerke der Menschheit (Abb. 1), das einzige, mehrmals aus dem All zurückgekehrte Weltraumteleskop, das von Friedrich Miescher entdeckte Nuclein (DNA) oder Originalzeugnisse des schönsten physikalischen Experiments der Menschheit (Abb. 2), um nur wenige Beispiele zu nennen. Auch die archäologischen Sammlungen, die mineralogische, die paläontologische, die graphische oder die Musikinstrumenten-Sammlung gehören unzweifelhaft zu den qualitativ besten ihrer Art an einer deutschen Universität.

1 Wissenschaftsrat, Drs. 10464–11, Berlin 28.1.2011.

2 Darin sind noch nicht die Sammlungen enthalten, die nachträglich in Fachsammlungen integriert wurden. Vgl. die Informationen zu den Sammlungen des MUT in: http://www.unimuseum.de, hier: http://www.unimuseum.uni-tuebingen.de/sammlungen.html (2.2.2014) mit dem PDF des MUT-Sammlungsbooklets.

Abb. 1: Das rund 40.000 Jahre alte Wildpferd aus Mammutelfenbein.

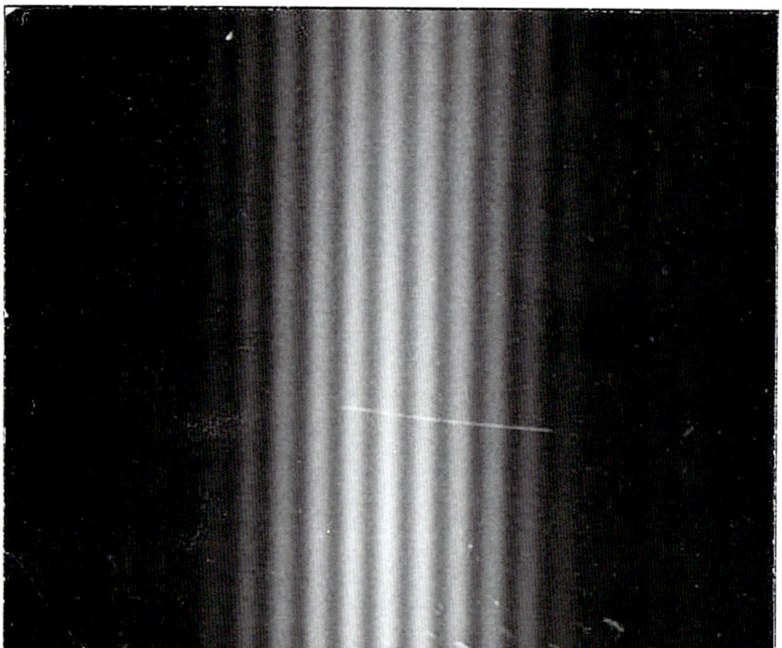

Abb. 2: Interferenzmuster von Elektronen am Doppelspalt des „schönsten physikalischen Experiments der Menschheit“ von Claus Jönsson.

1. Chancen

Die Möglichkeiten, die meist noch versteckt in den Sammlungen ruhen, sind dabei ebenso vielfältig wie die Fächer, denen sie angehören. Beispielsweise stehen die Sammlungsobjekte insbesondere der Archäologien immer im Zentrum ihrer Disziplinen: sie werden entdeckt, erfasst, erforscht; mit ihnen wird gelehrt und sie werden der Öffentlichkeit, auch zum Nutzen der Institute, vermittelt. In anderen, sogenannten ‚zukunftsorientierten' Fächern, scheinen die Objekte dagegen nicht selten nur noch Last und Relikte vergangener, vermeintlich überholter Zeiten zu sein. Sie rauben kostbaren Raum und machen nur Mühe, so die weit verbreitete Meinung. In diesen Sammlungen tritt der scheinbare Konflikt zwischen den sogenannten ‚Kernaufgaben' einer Universität, der Forschung und der Lehre, einerseits und der ‚Luxusbeschäftigung' des Erhalts des disziplinären und wissenschaftsgeschichtlichen Erbes andererseits am deutlichsten zu Tage. Dabei können die Sammlungen sowohl nach außen, für die gesamte Universität, als auch nach innen, für die Fächer und ihre Protagonisten, wozu auch die Studierenden zählen, von außerordentlichem Nutzen sein.

Dass jedoch eine Universität im Kampf um Exzellenzpunkte sich auch ihrer großen wissenschaftsgeschichtlichen Momente besinnen muss, um an Traditionen der Forschung, der Geschichte und der Kultur anzuknüpfen, dürfte mittlerweile kein allzu großes Geheimnis mehr sein. Denn damit kann nach außen das Image aufgewertet und das Profil der Universität geschärft werden. Gleichzeitig wird die Universität auf diese Weise auch im Wettlauf der bildungspolitischen Wahrnehmung entscheidende Schritte nach vorn machen. Mit der steigenden Relevanz des Erbes vergrößert sich auch die Resonanz und damit die Bedeutung der Universität in der öffentlichen Wahrnehmung. Die Universität präsentiert sich dabei als verantwortungsvolle Institution, die ihrer Verpflichtung zum Erhalt des materiellen und kulturellen Erbes nachkommt und es gleichzeitig zu nutzen versteht.

Aber auch nach innen steigt mit der Betreuung und Öffnung, also der damit zusammenhängenden Wertschätzung der Sammlungen, ihre Neubewertung durch alle Mitglieder der Universität: Die Sammlungen werden wieder stärker in die Lehre integriert, sie dienen der Imagepflege der Institute und der Identitätsbildung ihrer Angehörigen, und schließlich regen sie häufig neue Forschungsfragen an wie sie auch mit neuen technischen Verfahren ganz anders erforscht werden können. Man denke nur an die DNA-Analyse bei historischen Präparaten der Anatomie, Pathologie, Zoologie oder Botanik.

2. Probleme

Dem ebenso ungeheuren wie ungenutzten Potential der Sammlungen steht bedauerlicherweise eine erst allmählich in das öffentliche, das heißt auch das politische Bewusstsein dringende Wahrnehmung des reichen Kultur- und Wissenschaftserbes zum Nutzen aller gegenüber. Selbst viele Universitäten hinken oft noch hinter Lösungsansätzen für die akuten Probleme und zuweilen bedrohlichen Zustände der Sammlungen hinterher. Dies beginnt bei den kaum je konservatorisch angemessenen Depoträumen. Oft werden Objekte und Sammlungen in Abstellräumen, Fluren und Kellern verwahrt, die weder den klimatischen noch anderen konservatorisch notwendigen Bedingungen oder Sicherheitsstandards entsprechen. Mangelhafte oder ganz fehlende Depoträume sind daher neben der herrschenden allgemeinen Unwissenheit einer der eklatantesten Bedrohungsgründe für die universitären Sammlungen.

Dieser Missachtung entspricht im nächsten Schritt auch der häufig zu beobachtende Mangel an zeitgemäßen Inventarisierungsstrukturen: Das Erfassen, Erschließen und heute auch das Digitalisieren der Sammlungen liegt nicht selten in unerreichbarer Ferne. Für die Präsentation von Sammlungen und Konvoluten zum Nutzen der Institute, der Universitätsangehörigen und der Öffentlichkeit fehlen zudem angemessene Ausstellungsräume und ihre entsprechende Ausstattung. Vor allem die finanziellen Defizite fördern nicht eben die Erkenntnis des Potentials der Sammlungen. Meist existieren auch keine Verwaltungsordnungen, Sammlungsrichtlinien und Handreichungen, die sowohl die organisatorischen als auch konservatorischen Strukturen definieren. Schließlich erschwert die extreme Heterogenität der universitären Sammlungen die Erstellung von grundlegenden Konzepten zum Wohl der Sammlungen und zu ihrer sinnvollen Nutzung.

Diese spezifische Situation scheint noch nicht einmal bei den museologischen Fachverbänden angekommen zu sein: So ist zu beobachten, dass bei allen Tagungen, in Workshops und Ratgebern die Museen zwar in Kunst- und Kulturmuseen, in historische oder technikgeschichtliche Häuser eingeteilt werden. Die Universitätssammlungen finden sich jedoch in ihrer besonderen Spezifik weder mit Perspektive auf ihre äußerst komplexen Funktionen noch auf ihre Sammlungsstruktur in diesen Organisationsformen wieder.[3]

[3] Vgl. Philipp Aumann und Ernst Seidl, MUT zum „KörperWissen“! Aufgaben und Strategien des Museums der Universität Tübingen, in: Cornelia Weber und Klaus Mauersberger (Hg.), *Universitätsmuseen und -sammlungen im Hochschulalltag*, Berlin 2010, S. 119–126.

3. Kontexte der Objekte

Die Kontexte der Universitätssammlungen sind ebenso heterogen wie die wissenschaftlichen Disziplinen, denen sie angehören, und die Interessen der Wissenschaftler, die sie aufbauten und nutzen. Diese Heterogenität sollte unbedingt als Chance für die Universität begriffen werden. Im Instituts-Alltag steht dem manchmal ein – allerdings nur vermeintliches – Spannungsfeld zwischen der Bewahrungspflicht der Universitäten gegenüber den Sammlungen einerseits und den universitären Kernaufgaben andererseits entgegen. Deshalb unterscheiden sich die Universitätssammlungen, ihre Funktionen, aber auch ihre Möglichkeiten von jenen klassischer Museen.

Die Kontexte, das heißt auch die Funktions- und Bedeutungszusammenhänge, in welche diese Objekte eingebunden sind, können in folgende Gruppen eingeteilt werden:

1. Unter dem *Originalkontext* verstehen wir den Fund-, Entstehungs- oder Anschaffungszusammenhang, wie etwa Objekte der Forschung, aber auch Geräte zur Erforschung sowie Dinge des Lehrbetriebs und der universitären Repräsentation.

2. Als *sekundärer oder Sammlungs-Kontext* ist ein universitärer Sammlungszusammenhang zu bezeichnen, der aus universitätsspezifischen Gründen entstand. So etwa eine geographische Kartensammlung oder eine graphische Sammlung für den Einsatz in der Lehre oder aber eine Materialsammlung eines Forschungsprojekts.

3. Als *tertiärer, musealer Kontext* muss der nachträglich installierte, spezifisch museale Zusammenhang in der Universität betrachtet werden: Dies kann ein universitätsgeschichtliches, ein archäologisches oder naturkundliches Teilmuseum der Universität für die Öffentlichkeit sein.

4. Schließlich – und darauf soll hier ausdrücklich hingewiesen werden – kann noch ein *temporärer Kontext* definiert werden: Er entsteht aus einem neuen, meist befristeten Bedeutungszusammenhang. Dabei wird ein Objekt oder Relikt etwa für eine zeitlich begrenzte Ausstellung, für ein Forschungsprojekt oder eine Lehrveranstaltung ganz eigenen Fragestellungen ausgesetzt. Dieser neue, vorübergehende Zusammenhang muss mit der engeren fachlichen Bedeutung des Objektes nicht zusammenfallen. Und das ist auch die große Chance: So können ungewohnte Perspektiven neue Einsichten generieren. Vor allem damit kann Neues zum Vorschein kommen und eine vielleicht sogar gewagte Kontextualisierung positiv auf das fragende Interesse von Wissenschaftlern rückwirken. Es können experimentelle Kontexte

> kreiert werden und ungewohnte Bedeutungszusammenhänge können Anregungen für wissenschaftliche Fragestellungen liefern. Sie wiederum beeinflussen nicht selten das fachspezifische Erkenntnisinteresse, zum Nutzen der Disziplin.

Das ist es, was wir auch ‚forschende Ausstellung' nennen können. Mit diesen Ausstellungsexperimenten kommen wir dem erwähnten Ziel des Wissenschaftsrates, nämlich die universitären Sammlungen stärker als Quellen und Strukturen der Forschung wiederzuentdecken, auf öffentlich attraktive Weise entgegen.

Für dieses Konzept der forschenden, interdisziplinären Ausstellung stand unter anderem der im Frühjahr 2013 verstorbene langjährige Direktor der Hamburger Kunsthalle, Werner Hofmann. Er war einer der Bahnbrecher mit seinen fragenden Ausstellungen. So schrieb er schon im Jahr 1989 von der Ausstellung als einer ‚Werkstatt der Ideen', statt einem Denkmal.[4] Diese Idee von der Ausstellung als einem Laboratorium statt einem Denkmal ist es, die das Museum der Universität Tübingen MUT auch bei seinen Jahresthemen leitet.

4. Ausstellungen als differenzierte Medien

Drei grundsätzlich zu unterscheidende Ausstellungsarten bietet das Museum der Universität Tübingen dabei an. Zum einen die fachspezifischen Präsentationen, die aus den einzelnen Disziplinen heraus erarbeitet werden. Zum anderen die großen universitätsweit angelegten interdisziplinären Jahresthemen des MUT mit komplexem Begleitprogramm. Und drittens die Praxisseminare in Kooperation mit dem Studium Professionale des Career Service der Universität zur Vermittlung praxisrelevanten Wissens aus der Museumsarbeit für Studierende:

Die fachspezifischen Ausstellungen können ihrerseits je unterschiedliche Intentionen verfolgen. Sie können fachhistorische Themen aufbereiten,[5] wissenschaftliche Kooperationen zwischen gleichen Disziplinen verschiedener Universitäten der Öffentlichkeit näherbringen,[6] oder aber aus Lehraufträgen und

---

[4] Vgl. Werner Hofmann, Exposition – Monument ou chantier d'idées?, in: *Les Cahiers du Musée National d'Art Moderne* 29 (1989), S. 6–15.

[5] Die Ausstellung *Das andere Ägypten: Die Expedition Ernst von Sieglin nach Alexandria* (11.5.2012–30.9.2012) verdeutlichte anschaulich die Bedeutung des Industriellen Ernst von Sieglin und seines Mäzenatentums für die Klassische Archäologie, insbesondere an der Universität Tübingen.

[6] So ging etwa die Präsentation *KultOrte. Mythen, Wissenschaft und Alltag in den Tempeln Ägyptens* am MUT im Schloss Hohentübingen (18.10.2012–24.3.2013) auf ein Forschungsprojekt der Heidelberger Akademie der Wissenschaften zurück und entstand in enger Kooperation zwischen den Instituten für Ägyptologie der Universitäten Würzburg und Tübingen.

kleineren Seminareinheiten innerhalb des Curriculums eines Faches entstehen.[7] Ebenso gut sind sie geeignet, aktuelle Forschungsergebnisse, neue Forschungsprojekte oder Neuentdeckungen[8] öffentlich zu machen.

Insbesondere die sogenannten *Jahresthemen* des MUT haben sich als wichtige Ventilatoren und Innovatoren des Mediums Ausstellung innerhalb der Universität sowie darüber hinaus erwiesen. Sie erlauben es – gemäß der oben erläuterten Darstellung eines neuen temporären Kontextes, in den Objekte gestellt werden –, die fragende und forschende Perspektive zu verschieben, Wissen nach außen attraktiv zu präsentieren, neue Fragestellungen auch nach innen zu richten und bei Forschern, Studierenden und externen Besuchern Neugierde zu wecken. Zudem ermöglichen sie, die Relevanz von Forschung zu belegen und die Exzellenz der ansässigen Institution zu unterstreichen.

Die Themenfelder der Jahresausstellungen der vergangenen Jahre erstreckten sich auf die Wissenskomplexe „Himmel“, „Körper“ und „Ästhetik der Forschung“ (Abb. 3).[9] Die Ausstellungen wurden zunächst vorbereitet von Fachsymposien und während ihrer Laufzeit begleitet von Publikationen mit vertiefenden Beiträgen,[10] von Studium-Generale-Vorlesungsreihen, von thematischen Sonderführungen, von museumspädagogischen Aktionen und Schülerheften, bis hin zu Kinofilmreihen. Neben dem äußerst positiven inneruniversitären Erfolg einer steigenden Wertschätzung der Sammlungen – auch in zunächst ‚sammlungsfernen‘ Disziplinen – ist insbesondere der Effekt der Entdeckung besonders hervorzuheben. In allen Konvoluten lassen sich Objekte finden, die unbekannt, verschollen oder zumindest nicht mehr im Bewusstsein der Fachwissenschaftler lagen und für erneutes – auch wissenschaftliches – Interesse sorgten.

Die dritte Kategorie von Ausstellungen sind die Praxisseminare, zu deren Umsetzung am MUT ein detailliertes Curriculum erarbeitet wurde. Grundsätzliches Ziel dabei ist, die nicht selten verkannten oder gar akut bedrohten Konvolute in den 45 Sammlungen der Universität zu retten, sie zu inventarisieren und einer (Fach-)Öffentlichkeit zugänglich zu machen.

---

[7] Die ethnologische Kabinettausstellung *Naga in Bildern. Christentum und Heilung bei den Angami-Naga in Nordost-Indien* beruhte auf einem Lehrauftrag und der Aktivität einer kleinen studentischen Gruppe.

[8] So beispielsweise die Kabinett-Ausstellung *Bemalte Steine* (10.11.2011–19.2.2012) des Instituts für Ältere Urgeschichte der Universität Tübingen in Kooperation mit dem MUT. Sie präsentierte die Neuentdeckung der ältesten Malerei Mitteleuropas.

[9] Die Jahresthemen lauteten: *KörperWissen. Erkenntnis zwischen Eros und Ekel* (2009/10), *Der Himmel. Wunschbild und Weltverständnis* (2011) und *Wie Schönes Wissen schafft* (2013). Vgl. dazu http://www.unimuseum.uni-tuebingen.de/ausstellungen.html.

[10] Jüngst: Ernst Seidl, Thomas Beck und Frank Duerr (Hg.), *Wie Schönes Wissen schafft*, Tübingen 2013.

Abb. 3: Plakatmotiv der Ausstellung *Wie Schönes Wissen schafft*.

Exemplarisch gilt dies für die Sammlung der Psychologie: Fast 50 Jahre lang entwarf der Feinmechaniker des Fachbereichs Psychologie, Wolfgang Kern, Experimentiergeräte zur Messung und Quantifizierung des menschlichen Verhaltens und betreute die teilweise 100 Jahre alten Objekte, die bereits vor seiner Zeit eingelagert wurden. Diese Apparate und Relikte sind dabei auch wichtige Zeugen für die Bedeutung von Technikern für die wissenschaftliche Innovationsfähigkeit.

Abb. 4: Buchcover *Mind/Things – Kopf/Sache*.

Vor dem geplanten Umzug des Fachbereichs in ein neues, attraktives Gebäude lagerten die Objekte unsystematisch und nicht inventarisiert in einem Kellerraum und sollten entsorgt werden. Dieser akuten Bedrohung wurde entgegengewirkt, indem das Museum der Universität Tübingen MUT für Studierende aller Fachbereiche das Praxisseminar *Mind/Things – Kopf/Sache* anbot (Abb. 4) – ein Glücksfall für die Universität, den Fachbereich und die Studierenden. Das Projekt stellte die Sammlung in den Mittelpunkt der Arbeit: Innerhalb eines zweisemestrigen Praxisseminars wurden Ausstellungstheorie und

Museumspraxis vermittelt sowie das erworbene Wissen parallel in einer Dauerausstellung umgesetzt. Mehr als 30 Studierenden wurde es ermöglicht, über die eigene Fachdisziplin hinaus eigenständig museologisch zu arbeiten und dabei ausstellungsspezifische und berufsorientierte Schlüsselqualifikationen wie Team- und Kommunikationsfähigkeit, zielgerichtetes Arbeiten, Medienkompetenz, psychologische und apparative Grundlagen sowie Projekt- und Eventmanagement, aber auch Kenntnisse der musealen Szenografie zu erwerben. Experten aus dem universitären Betrieb und der freien Wirtschaft gaben praktische Einblicke in die vielfältigen Anforderungen der Ausstellungsarbeit. Die Studierenden erarbeiteten sich dadurch zunächst die theoretischen Grundlagen, die für die Organisation einer Ausstellung nötig sind. Hauptsächlich im zweiten Semester entwarfen sie in Gruppenarbeit ein konkretes Konzept, suchten Objekte, kümmerten sich um Finanzen und Öffentlichkeitsarbeit mit dem Ziel der Aufarbeitung, Instandsetzung und Präsentation der psychologischen Exponate.

Das Konzept der Ausstellung verfolgt eine durchgängige Dreiteilung in der Objektpräsentation: Erstens führt eine Forschungsfrage das Thema ein, das sich zweitens in einem Objekt materialisiert; drittens hilft dem Besucher ein kurzer Objekttext beim Verstehen der Geräte. Dabei sollte der potentielle Besucher nicht überfordert werden. Er soll nicht ‚aktiv dösen', sondern Neugier entwickeln und auch etwas dazulernen können.[11] Diese Dreigliederung hat die Studierenden gefordert und gefördert. Fast alle Objekttexte wurden von Studierenden verfasst, wodurch jeder Teilnehmer mit den Objekten und der Erstellung von Ausstellungstexten betraut war.

Neben der Aufarbeitung der historischen Geräte war es auch Ziel des Projektseminars, einen Bezug zur aktuellen Forschung des Psychologischen Instituts herzustellen. Die Gruppe Neueste Forschung beschäftigte sich mit aktuellen Forschungsinhalten der Tübinger Psychologie, pflegte den Kontakt zu den Professoren und erstellte Präsentationen der dadurch erlangten Erkenntnisse für die Seminarteilnehmer. Zu den grundlegenden Aufgaben des Projekts gehörte die Inventarisierung des Archivs der Psychologie. Es wurden vollständige Objekterfassungsbögen inklusive Abbildungen mit Hilfe einer Open-Source-Inventarisierungssoftware verfasst. Die Gruppe erstellte dabei nicht nur eine Auswahl der Objekte für die Dauerausstellung, sondern sie schaffte es, eine komplette Inventarisierung der rund 400 Objekte vorzunehmen (Abb. 5).

[11] Vgl. Gerhard Kilger, Raumbildung und Publikumserwartung, in: Ders. (Hg.), *Szenografie in Ausstellungen und Museen V. Raum und Wahrnehmung – Bewegte Räume*, Essen 2011, S. 110–115, hier S. 111.

Abb. 5: Vitrinen in der Ausstellung *Mind/Things – Kopf/Sache*.

Die zur Ausstellung erschienene Katalogpublikation präsentiert nicht nur die Objekte der Ausstellung, sondern enthält auch Beiträge aller Professoren des Fachbereichs, einer Darstellung der Institutsgeschichte, Abbildungen aus dem Archiv, professionelle Exponatabbildungen und eine Inventarliste.[12] Als ein weiteres Ergebnis dieses Ausstellungsseminars und seines Vorgängers kann der Ratgeber *Ausstellungen machen* bezeichnet werden, der den Ablauf eines Ausstellungsprojektes vom Konzept über die Objektarbeit bis hin zu Finanzierung und Pressearbeit auf praktischer Ebene erklärt.[13]

Das klare Ziel des Projekts *Mind/Things – Kopf/Sache* war die Bewahrung, Erfassung und systematische Erschließung der gefährdeten und nur teilweise inventarisierten Objektsammlung der Psychologie. Für ein Studierendenprojekt wird der Ausstellung immer wieder eine ästhetisch ansprechende Form der Objektpräsentation und eine angemessene Verknüpfung mit dem bespielten Raum attestiert. *Mind/Things – Kopf/Sache* galt auf den Tagungen für Universitätssammlungen in Erlangen, Göttingen und Halle als innovatives Studierenden-

[12] Frank Duerr (Hg.), *Mind/Things – Kopf/Sache. Die psychologische Sammlung der Universität Tübingen*, Tübingen 2012.

[13] Philipp Aumann und Frank Duerr, *Ausstellungen machen*, Stuttgart ^{2}2014.

projekt und wurde als Paradebeispiel für die Symbiose von Lehre, Sammlungstätigkeit und Ausstellungsgestaltung hervorgehoben.[14]

Die Systematisierung und Aufarbeitung der Sammlung führte hier zu einer Dauerausstellung, die die historischen Geräte bewahrt; sie sichert aber auch die Objekte im Depot für weiteres wissenschaftliches Lernen und Forschen. Schließlich dient die Ausstellung als aktiver Beitrag zur Rettung des fachwissenschaftlichen Erbes und des Wissens darum sowie nicht zuletzt der Identitätsbildung Lehrender und Studierender des Faches Psychologie.[15]

5. Drittmittelprojekt

Auf der Basis dieses Pilotprojekts entstand der Projektantrag *MAM/MUT – Museologische Aufarbeitung der Museumsbestände am MUT*. Er wurde 2013 vom Ministerium für Wissenschaft, Forschung und Kunst des Landes Baden-Württemberg bewilligt. Die Umsetzung des Projektes begann im Wintersemester 2013/14 und verfügt für drei Jahre über eine Fördersumme von 400.000 Euro. Damit sollen entsprechende technische Infrastrukturen sowie dauerhafte Standards implementiert und zum nachhaltigen Nutzen der Sammlungen der Universität Tübingen generiert werden. Nur so sind das Erbe im Ganzen oder einzelne Objekte vor ihrem Verschwinden zu bewahren; nur so werden die Objekte für interne wie externe Forscher recherchierbar und öffentlich einsehbar.

Gerade für wissenschaftliche Spezialsammlungen, wie sie an Universitäten bestehen, fehlen oft die personellen und materiellen Mittel, um die Sammlungen adäquat aufzuarbeiten. Zudem existiert in den meisten Fällen dieser Spezialsammlungen keinerlei öffentliche Einsehbarkeit. Solche gravierenden Defizite wiegen in Zeiten zunehmender Transparenz des Wissens schwer und stehen mit dem aus Politik und Wissenschaft geforderten öffentlichen Zugriff, wie er in der Berliner Open-Access-Erklärung und in den *Empfehlungen zu wissenschaftlichen Sammlungen als Forschungsinfrastrukturen*[16] des deutschen Wissenschafts-

[14] Ein völlig anders geartetes innovatives Experiment entstand am MUT durch das Praxisseminar *GREENguide – App in den Garten*: Der Wissenschaftliche Mitarbeiter Thomas Beck entwickelte gemeinsam mit Studierenden zum Sommer 2013 eine App für Smartphones als Leitsystem für den Botanischen Garten der Universität Tübingen: Vgl. http://www.unimuseum.uni-tuebingen.de/greenguide.html.

[15] Das folgende studentische Praxisseminar *Aufmacher* widmete sich der Aufarbeitung – das heißt der Inventarisierung und Ausstellung – der historischen Zeitschriftensammlung des Ludwig-Uhland-Instituts für Empirische Kulturwissenschaft. Die Eröffnung fand während der Tübinger Sammlungstagung am 12. Juli 2014 statt. Mehr unter http://www.unimuseum.de/aufmacher.html.

[16] Vgl. hier noch einmal Anm. 1.

Abb. 6: Viele Schränkchen in einem Schrank: Das Museum der Universität Tübingen beherbergt rund 45 Fach-Sammlungen.

rates formuliert worden sind, im eklatanten Widerspruch. Auf der Basis der Erfahrungen des überdisziplinär angebotenen Pilot-Lehrprojekts *Mind/Things – Kopf/Sache* gehören die geplanten Erfassungs- und Praxisseminare daher nicht zum klassischen Lehrkanon, sondern sind als Service-Learning-Seminar des Career Service eine qualitätsorientierte Strukturmaßnahme. Sie zielen auf die Bewahrung und öffentlichkeitswirksame Sichtbarmachung von universitärem Kulturgut.

Die Projekte sollen eine breite Öffentlichkeit erreichen und als experimentelle Strukturen der Universität Tübingen mit Vorbildcharakter wahrgenommen werden. Die entstehenden Ausstellungen können auf diese Weise die Instituts- oder Fachgeschichte sichtbar werden lassen sowie die aktuellen Forschungen anhand historischer Geräte, Konvolute oder wissenschaftsgeschichtlicher Relikte repräsentieren.

6. Wissensgenerierung

Die Produktion von Wissen aus den nicht selten improvisierenden universitären Sammlungen vollzieht sich somit auf denkbar vielfältige Weise: Zum einen entdecken die Länder als Träger der Sammlungen und damit die öffentliche Hand ihr reiches Erbe neu. Zum anderen erkennen die Universitäten zunehmend die ungenutzten Möglichkeiten, die in ihren Depots ruhen: als Quellen der Forschung, als Medien der Lehre, aber auch als Ventilatoren eines positiven Profils der Universität (Abb. 6). Die Fachdisziplinen können zudem durch die Objekte ganz neue Fragen und Forschungskontexte entwickeln. Für die Identitätsbildung jeder Alma Mater und ihrer Alumni sind die bedeutsamen Sammlungen und herausragenden Objekte wie auch die experimentellen Projekte entscheidend. Darüber hinaus ermöglichen unbekannte Konvolute als materielle Träger des Wissens auch neue Lehrmöglichkeiten. Und schließlich machen wir, die Mitarbeiter der Museen und Sammlungen an Universitäten, mit jedem neuen Projekt neue Entdeckungen in den Sammlungen.

So kann vor allem in diesen Ausstellungsexperimenten ganz unbescheiden von einer Win-win-win-win-Situation gesprochen werden: Erstens kommt die Universität und damit die öffentliche Hand ihrem Auftrag zur Bewahrung ihres wissenschaftsgeschichtlichen und kulturellen Erbes nach. Das in den Objekten versteckte Wissen wird zweitens wieder in den Fokus der Wissenschaft gerückt und erfährt dadurch eine forschende Wertschätzung. Der Öffentlichkeit werden drittens bislang unbekannte, bildungsrelevante Gebiete erschlossen, und den Studierenden werden nicht zuletzt viertens neue Möglichkeiten des Lernens und der Schärfung praxisrelevanter Soft Skills eröffnet. Und wenn dies alles den Beteiligten auch noch Spaß macht – umso besser.

Birte Barbian

Begreifbare Dimensionalität(en) anatomischer Objekte. Mikro- und Makroebenen einer Anatomischen Sammlung

In der Düsseldorfer Anatomie finden sich (historische) stoffliche Objekte, die zur Anschauung im Unterricht und für das studentische Selbststudium gesammelt wurden. Auf ihrer Grundlage ist ein multidirektionaler Sammlungsprozess nachzuzeichnen, der eine Retrospektive auf die anatomische Forschung und Lehre in Düsseldorf zu Zeiten der Medizinischen Akademie (1910–1961) und Universität (1961–heute) ermöglicht. Hierbei werden Mikro- und Makroebenen der anatomischen Sammlung erkennbar, deren Gemeinsamkeit das ‚Begreifen' und ‚begreifbar machen' anatomischer Zusammenhänge ist.

1. Anatomie ‚begreifen'

Anatomie als Lehre vom Bau des Organismus kann in Makroskopische und Mikroskopische Anatomie untergliedert werden. In der Makroskopischen Anatomie beschäftigt man sich mit bloßem Auge mit Formen und Strukturen des menschlichen Körpers. Für die Mikroskopische Anatomie nutzt man verschiedene Mikroskopierverfahren, um den Feinbau des Körpers zu analysieren.[1] Anatomie ist im wahrsten Sinne des Wortes ein ‚begreifbares' Fach. Es gilt, dreidimensionale Strukturen des menschlichen Körpers zu verstehen – zu ‚begreifen'.

Hierfür bedient man sich beim Lehren und Lernen plastischer, dreidimensionaler Objekte oder abbildender, zweidimensionaler Objekte. Über die Beschäftigung mit konkreten und abstrahierten Inhalten und somit unmittelbarer Anschauungs- und Begriffsbildung entwickelt der Betrachter anatomische Kompetenz, die die Grundlage jeder medizinisch-klinischen Kompetenz bildet.

Diese Betrachtungsweise kann gleichermaßen auf eine anatomische Sammlung übertragen werden: Eine anatomische Sammlung als Entität verschiedener human- (und vergleichend-) anatomischer Sammlungsobjekte der Makro- und Mikroskopie weist, analog zur grundlegenden Definition der Anatomie, Makro- und Mikroebenen auf.

---

[1] Vgl. Franz Pera, Jochen Fanghänel, Timm J. Filler und Hans-Peter Schmiedebach, Gegenstand und Arbeitsgebiet der Anatomie – Orientierung am menschlichen Körper, Was ist Anatomie?, in: Jochen Fanghänel, Franz Pera, Friedrich Anderhuber und Robert Nitsch (Hg.), *Anatomie des Menschen*, Berlin 2003, Seite 1–13, hier S. 1 f.

Auf der Makroebene ist die frei ersichtliche Struktur, die Organisation und der Kontext der Sammlung zu erfassen. Auf der Mikroebene ist eine feinere, substanzielle Betrachtung eines einzelnen Sammlungsobjektes durchführbar. Weitere Aspekte wie z. B. die Geschichte, der daraus resultierende Charakter oder die Identität sowie die Nutzbarkeit können für die gesamte Sammlung und für einzelne Objekte betrachtet werden.

Der Terminus „Anatomische Sammlung" schafft bei oberflächlicher Betrachtung der Einzelbegriffe[2] den Eindruck einer *contradictio in adiecto.*[3] Bei ihrer offensichtlichen Divergenz repräsentieren beide Begriffe gleichwohl Prozesse sukzessiven Selektierens, da sowohl anatomisches Zergliedern als auch Sammeln stückweises und ordnendes bzw. geordnetes Auswählen zum Gegenstand haben.

Traditionell setzt sich eine Anatomische Sammlung aus folgenden Objekten zusammen:

Human- und vergleichend-anatomische Präparate und Modelle sowie entsprechende Zeichnungen (Abb. 1), Fotografien, Dokumente und Archivalien.[4]

Reale, dreidimensionale Objekte können durch aktives, exploratives Handeln in ihrer Haptik in allen drei Raumdimensionen erfasst werden und die Medizinstudierenden so auf die praktische, ärztliche Tätigkeit vorbereiten. Dies ist essentiell für jeden Mediziner, um komplexe dreidimensionale Verhältnisse oder auch anatomische Varianten beurteilen zu können.

Optisch-visuelles Erfassen von zweidimensionalen Objekten ist neben dem aktiven Begreifen ein zweiter Weg des Verstehens in einer Anatomischen Sammlung. Angesichts des stetig zunehmenden Einsatzes von (digitalen) Bilddaten in der Klinischen Diagnostik bis hin zur dreidimensionalen/vierdimensionalen Nachbearbeitung ist die Vermittlung eines grundlegenden Verständnisses für zwei- und dreidimensionale anatomische Informationen ein wesentlicher Aspekt der anatomischen Lehre.[5]

---

2 Anatomie (griech. anatemnein: zerschneiden, sezieren); Sammlung (ahd. samanōn, spätmhd. samelen, mnd. sāmelen = zusammen[bringen]).

3 Bernhard N. Tillmann, Karl Zilles und Hendrik Bolte, Einführung in die Anatomie und bildgebende Verfahren, in: Karl Zilles und Bernhard Tillmann (Hg.), *Anatomie*, Heidelberg 2010, S. 1–19, hier S. 2; Friedrich Kluge, *Etymologisches Wörterbuch der deutschen Sprache*, Straßburg 1899, S. 327.

4 Vgl. Participants, delegates and supporters of the International Conference on „Cultures of Anatomical Collections" held at Leiden University, 15–18 February 2012, *The Leiden Declaration on human anatomy/anatomical collections, concerning the conservation & preservation of anatomical and pathological collections*, (http://hum.leiden.edu/icd/news-events/cultures-of-anatomical-collections.html), Leiden 2012, hier S. 1–2.

5 John C. McLachlan und Debra Patten, Anatomy teaching: ghosts of the past, present and future, in: *Medical Education* 40 (2006), S. 243–253, hier S. 253.

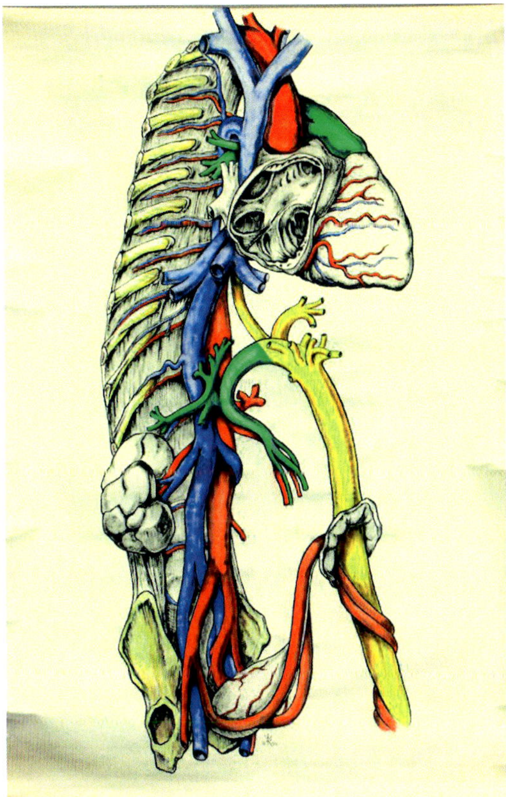

Abb. 1: Fetaler Kreislauf (Zeichner unbekannt, 1950), Institutsstempel auf der Rückseite; Anatomische Sammlung Düsseldorf.

2. Begreifbare Dimensionalität(en)

Das Sammeln und Archivieren von human- und vergleichend-anatomischen Präparaten und Modellen aus und zu wissenschaftlichem, medizinischem Erkenntnisgewinn ist weitaus mehr als reiner Informationstransport. Die Beschäftigung mit Objekten einer anatomischen Sammlung kann bei der Entwicklung eines komplexen, kognitiven anatomischen Wissens und der Festigung des entsprechenden Fachvokabulars förderlich eingesetzt werden (Demonstrationen, Eigenstudium, Gruppenstudium).[6] Des Weiteren werden die begreifbaren Dimensionen einer anatomischen Sammlung, aber auch einzelner anatomischer Sammlungsobjekte, nicht allein durch die räumliche, anatomische Mehrdimensionalität bestimmt.

[6] Vgl. McLachlan und Patten 2006, S. 247.

Um begreifen zu können, dass anatomische Strukturen häufig erst durch technische Bearbeitung und bestimmte Herstellungsverfahren sichtbar gemacht werden müssen, ist es wesentlich, die Grundsubstanz und Materialität eines anatomischen Objektes zu (er)kennen.

Über diese fundamentalen, spezifischen Objektinformationen hinaus könnten weitere Objektdimensionen erschlossen werden. So kann jedes Objekt aus verschiedenen Perspektiven betrachtet werden. Medizin- oder wissenschaftsgeschichtliche, naturwissenschaftliche, geistes- oder sozialwissenschaftliche Einordnungen finden jedoch fast ausschließlich getrennt voneinander statt. Gleichwohl hat die Sammlung universitätshistorische Bedeutsamkeit; sie ist ein Spiegel der Entwicklungen und Richtungsentscheidungen einer Universität, eines Instituts.

3. Anatomie der Düsseldorfer Sammlung

Als es Anfang der 1960er Jahre zur Gründung der Universität Düsseldorf kam, konnte man auf fast 60 Jahre anatomischen Unterricht am Standort Düsseldorf zurückblicken.[7] Zu diesem Zeitpunkt gab es keine anatomische Sammlung mehr, da jeglicher Sammlungsbestand aus Akademie-Zeiten der vollständigen Zerstörung des Topographisch-Anatomischen Instituts durch Bombardierung im November 1943 zum Opfer gefallen war:[8] Welche Präparate die in „zwei Blechkisten untergebrachte Sammlung" bis 1943 ausmachten, und von welcher Qualität diese Präparate waren, ist bis heute ungeklärt.[9]

Die heutige Anatomische Sammlung der Heinrich-Heine-Universität ist mit ihrem ungefähren Alter von 60 Jahren eine ‚junge' anatomische Sammlung. Der bekannte und inventarisierte Bestand der Sammlung setzt sich zusammen aus human- sowie vergleichend-anatomischen Feucht- und Trockenpräparaten, mikroskopischen Präparaten, Modellen aus verschiedenen Materialien (Gips, Wachs, Kunststoff, Somso-Plast®) und Mikroskopen. Dieser Bestand geht vor allem auf die Sammlung- und Forschungsarbeit der Professores Anton Kiesselbach (1907–1984), Hans Günther Goslar (1918–2000) und Karlheinz Rosenbauer (1927–2006) zurück.

Kiesselbach unterteilte die Sammlung in eine Lehr- und eine Lernsammlung.[10] Die noch heute gültige Aufteilung trennt die human- und vergleichend-anato-

---

[7] Vgl. Philipp Pátek, *Die Entwicklung der Anatomie in Düsseldorf, Von der Akademie für praktische Medizin zur Universität Düsseldorf*, zugl. Diss. Univ. Düsseldorf, Düsseldorf 2010, S. 103.

[8] Vgl. Pátek 2010, S. 132.

[9] Vgl. Pátek 2010, S. 131.

[10] Vgl. Pátek 2010, S. 148.

mischen Feucht- und Trockenpräparate von den Modellen, den mikroskopischen Präparaten und Mikroskopen. Letztere drei Objektgruppen werden größtenteils, vergleichbar mit einer Bibliothek, zum außeruniversitären Eigenstudium verliehen.

Die Zweiteilung der Sammlung spiegelt die zwei Formen des Begreifens sehr deutlich wider. In der Lehrsammlung begreift man besonders stark ikonisch, da die Feuchtpräparate nicht aus den Glasbehältern genommen werden können. In der Lernsammlung kann insbesondere das aktive Begreifen stattfinden, da alle Objekte vom Besucher ‚händisch' erfahren werden können.

Bei einem 2013 durch Umbaumaßnahmen des Institutsgebäudes erforderlichen Umzug wurden in verschiedenen Kellerräumen Kartons zu Tage gefördert, die lange als verloren gegolten hatten. Sie enthielten Inventarlisten der Lehrsammlung, d. h. Teile des Real-Karteikarten-Inventars sowie eine komplette Erfassung aller dreidimensionalen Sammlungsobjekte in Diapositiven.

Zusätzlich wurden historische Lehrmittel und Forschungsbestände gesichert, die nach einer ersten Durchsicht aus der Zeit der Akademie für Praktische Medizin stammen. Dazu zählen:

- *Wandtafeln aus der Düsseldorfer Anatomie (vgl. Abb. 1) und von diversen Wandtafel-Herstellern, z. B. Deutsches Hygiene Museum, Verlag F. E. Wachsmuth.*
- *Glasdiapositiv-Reihen, z. B. „Funktionelle Anatomie des Bewegungsapparates" (Abb. 2) oder „Röntgenanatomie" (Abb. 3).*
- *Mikroskopische Präparate von Dr. v. Heuss, Heidelberg ca. 1900*[11] *(Abb. 4).*
- *Anatomische Lehrfilme, Institut für wissenschaftlichen Film (IWF) z. B. „Der Muskelmann Wilhelm Emter aus Lörrach".*
- *Histochemische Farbstoffsammlung Professor Goslar, Farbstoffe zu histochemischen Untersuchungen.*

[11] Vgl. Karlheinz Rosenbauer, *Mikroskopische Präparate, Band 1 von Deutschland, Niederlande, Belgien, Österreich, Schweiz, Spanien, Tschechoslowakei, Dänemark,* Darmstadt 2003; Wissenschaftsrat 2011, S. 52–54.

Abb. 2: Bewegungsanalyse der Ventralflexion des Rumpfes, Glasdiapositiv. Anatomische Sammlung Düsseldorf.

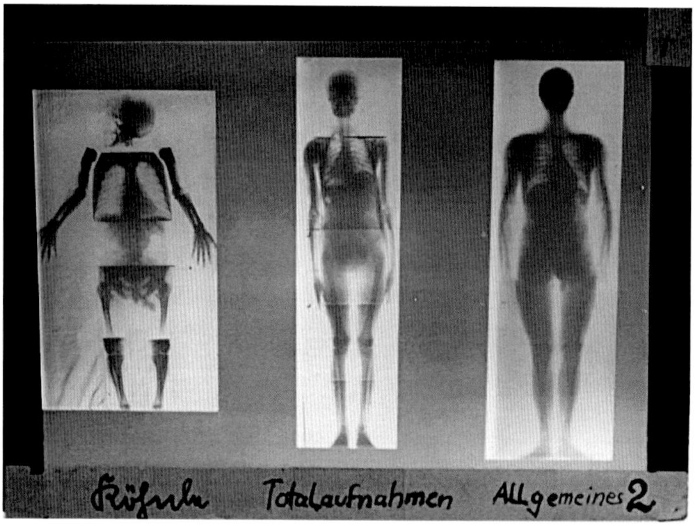

Abb. 3: Röntgentotalaufnahmen, Glasdiapositiv. Anatomische Sammlung Düsseldorf.

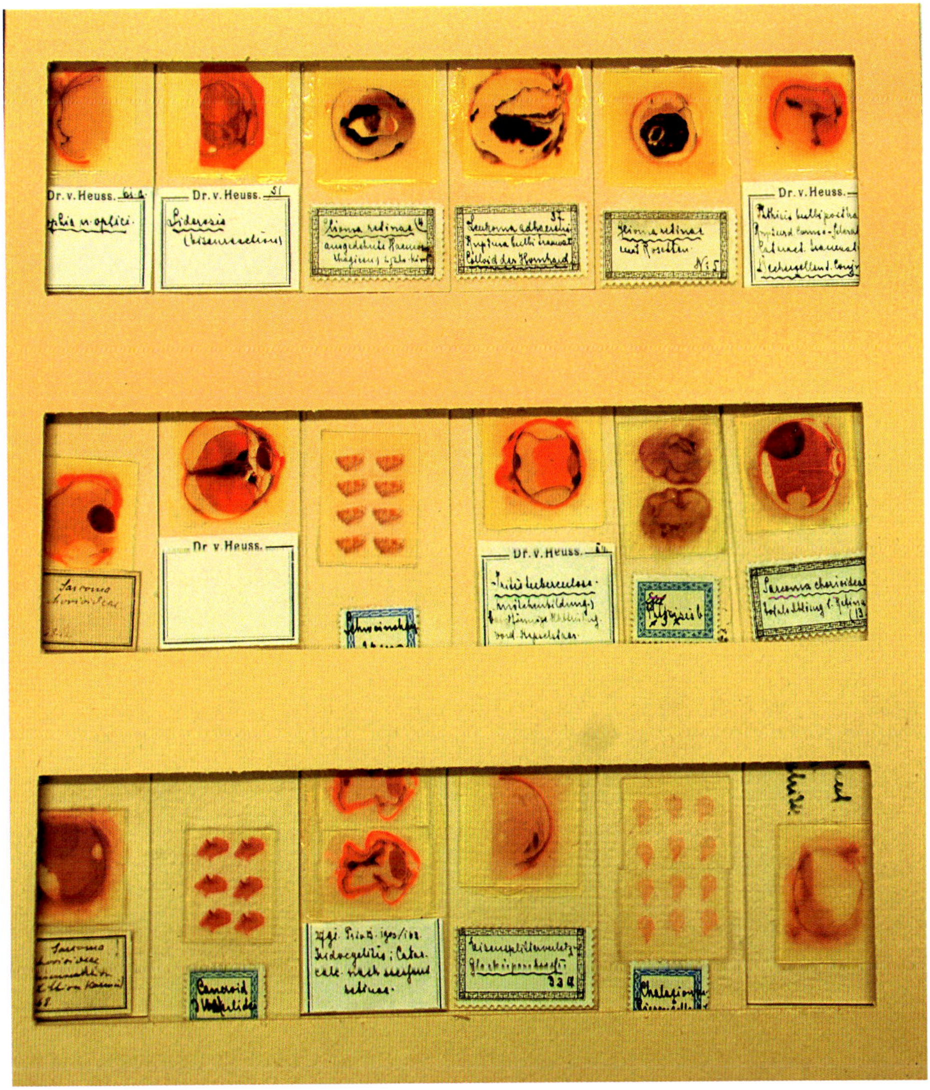

Abb. 4: Mappe mit opthalmologischen Präparaten von Dr. v. Heuss. Anatomische Sammlung Düsseldorf.

Alle Funde werden auf ihre wissenschaftliche Relevanz und Nutzbarkeit für die anatomische Lehre und Forschung in Düsseldorf qualitativ überprüft, erfasst und eingeordnet werden müssen.[12] Nach der ersten Durchsicht ist deutlich, dass die historischen Lehrobjekte aufgrund ihrer Multidimensionalität insbesondere als transdisziplinärer Arbeits- und Forschungsbestand genutzt und zur Verfügung gestellt werden können. Für die Sammlung bedeutet die Einordnung des wiedergefundenen Altbestandes eine grundlegende Neuorganisation des Sammlungskonzepts und der Sammlungsordnung.[13] Der bisher unbekannte und inaktive Sammlungsbestand wandelt sich somit über die sammlungserschließende Tätigkeit in aktiven Sammlungsbestand.

[12] Vgl. Wissenschaftsrat 2011, S. 52–54.

[13] Vgl. Monika Hagedorn-Saupe, *Leitfaden für die Dokumentation von Museumsobjekten – von der Eingangsdokumentation bis zur wissenschaftlichen Erschließung*, hg. vom Deutschen Museumsbund e. V., Berlin 2011, S. 5–14; Hans Lochmann, Sammeln, in: *Standards für Museen*, hg. vom Deutschen Museumsbund e. V. gemeinsam mit ICOM-Deutschland, Kassel/Berlin 2006, S. 15–19.

Sabine Etges

Pflanzen sammeln und bewahren …

1. Der Botanische Garten der Heinrich-Heine-Universität Düsseldorf

„Inwiefern können Sammlungen eine Universität attraktiver machen?" – Dies war eine der Fragen des Symposiums. Für die Lebendsammlungen[1] Botanischer Gärten ist die Antwort einfach, denn sie dienen nicht nur der Wissenschaft und Lehre, sondern bieten Besuchern mit ihrem Blumenreichtum Raum für Erholung und Entspannung. Der Botanische Garten der Heinrich-Heine-Universität Düsseldorf erstreckt sich über ein Gelände von ca. 8 ha mit einer zentral gelegenen Wildblumen-Wiese, vielen verschiedenen Abteilungen und Beeten und eindrucksvollen Gewächshäusern mit einer Gesamtfläche von 3.500 m² (Abb. 1). Hier kann man sich an über 5.000 verschiedenen Pflanzenarten und Sorten erfreuen.[2]

Den Grundstock und den Anfang der Botanischen Gärten in Europa bildeten häufig Arzneipflanzensammlungen, die mit den ersten Universitäten ab 1500 angelegt wurden.[3] Sie waren zunächst rein wissenschaftliche Einrichtungen. Botanische Gärten dienen jedoch schon seit dem 19. Jahrhundert auch dem allgemeinen Bildungsauftrag der Universitäten. Lange Zeit wurden sie als selbstverständliche Institutionen angesehen und so wurde auch beim Bau der Heinrich-Heine-Universität Düsseldorf ein Botanischer Garten eingeplant. Er entstand als Teil des Freilandkonzeptes im Süden des Campus. Der Landschaftsarchitekt Franz Joseph Greup greift in seinem gestalterischen Entwurf die verschiedenen Aufgaben eines modernen Botanischen Gartens auf (Abb. 2): Formale Beete sind der Lehre sowie Aus- und Weiterbildung vorbehalten (z. B. Morphologie, Gefährdete Pflanzen, Nutzpflanzen). Eine naturnahe Gestaltung erfolgte dort, wo dem Besucher Entspannung geboten wird (z. B. Geographische Abteilung von

1 Auf wissenschaftliche Sammlungen getrockneter Pflanzen (Herbar-Material) und Saatgut-Sammlungen wird im vorliegenden Artikel nicht eingegangen.

2 Dazu ausführlich: Sabine Etges und Martin Jahns, *Erlebnis Garten – Der Botanische Garten der Heinrich-Heine-Universität Düsseldorf*, Düsseldorf 2013.

3 Vgl.: Friedrich Ebel, Fritz Kümmel und Christine Beierlein (Hg.), *Botanische Gärten Mitteleuropas – Geschichte, technische Einrichtungen, Anlagen, Sammlungen und Aufgaben*, Wissenschaftliche Beiträge der Martin-Luther-Universität Halle-Wittenberg 27, Halle a. d. Saale 1990; Loki Schmidt, *Die Botanischen Gärten in Deutschland*, Hamburg 1997.

Abb. 1: Blick über den Botanischen Garten zum Campus, © Andreas Burkart.

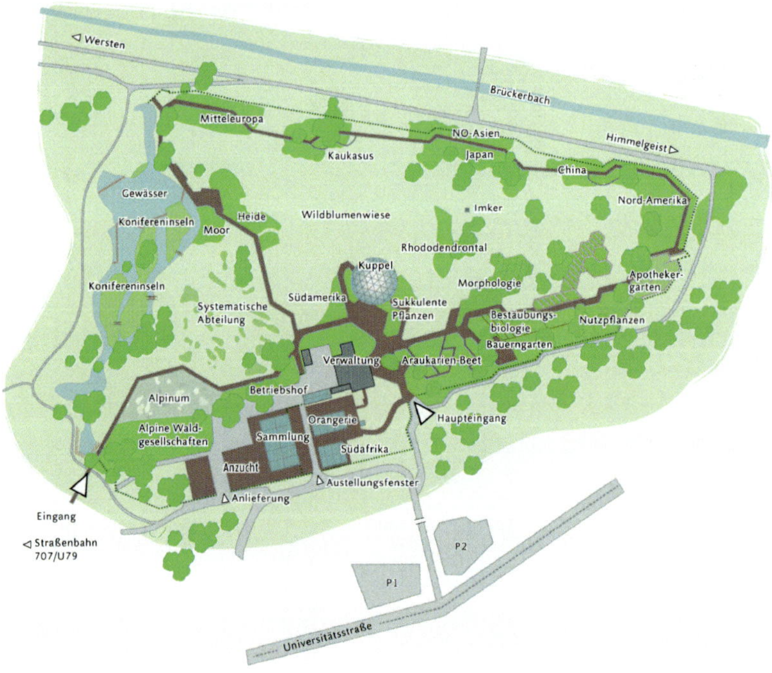

Abb. 2: Geländeplan des Botanischen Gartens der Heinrich-Heine-Universität Düsseldorf.

Nordamerika bis Mitteleuropa). Versuchsflächen für die Forschung wurden außerhalb des öffentlichen Bereiches angelegt. Nachdem es gelang, die gewünschten Pflanzen aus nahezu allen Teilen der Erde zu beschaffen, wurde der Garten schließlich im Jahr 1979 eröffnet.

Im Laufe der Zeit haben sich die Finanzierung der Universität und auch die Forschungsmethoden und -richtungen gewandelt. War der Botanische Garten der Heinrich-Heine-Universität Düsseldorf früher Teil der Wissenschaftlichen Einrichtung Biologie und damit der Mathematisch-Naturwissenschaftlichen Fakultät zugeordnet, so ist er seit 2008 eine Zentrale Einrichtung der Universität und direkt dem Rektorat unterstellt. Seine Aufgaben, die vormals vornehmlich in der Lehre und Forschung lagen, haben sich dadurch verlagert. Heute ist es ein strategisches Ziel der Universität, den Botanischen Garten als Werbeinstrument auszubauen.[4] Vor diesem Hintergrund muss auch der Sammlungsbestand gezielt strukturiert und weiterentwickelt werden. Welche Aspekte im Umgang und beim ‚Sammeln' von Pflanzen von Bedeutung sind, wird im Folgenden erläutert.

2. Internationaler, unentgeltlicher Austausch von Saatgut und Pflanzenmaterial (Index Seminum)

Die gewünschten Pflanzen, insbesondere Wildherkünfte (s. u.), sind meist nicht im kommerziellen Gartenbau erhältlich. Botanische Gärten und vergleichbare öffentliche Forschungsinstitutionen tauschen deshalb untereinander Saatgut und Pflanzenteile über Samenkataloge (Indices Seminum) aus. Eine Abgabe an Privatpersonen ist in diesem Rahmen nicht möglich. Der Index Seminum des Botanischen Gartens der Heinrich-Heine-Universität erscheint zum Ende jeden Jahres und enthält ca. 150 Pflanzenarten. Die angebotenen Samen und Pflanzenteile werden nach ihrer Reife gesammelt, geputzt, portioniert und gegebenenfalls in einem geeigneten Substrat verpackt. Der Katalog wird weltweit verschickt und kann auch online abgerufen werden. Im März erfolgt regelmäßig die Versendung des angeforderten Materials. Jedes Jahr werden durchschnittlich 1.500 Proben an mehr als 100 Gärten versandt. Gleichzeitig erhält der Botanische Garten Samenkataloge aus der ganzen Welt, mit denen er seinen Bestand pflegen und ausbauen kann.

Zur Einhaltung der gesetzlichen Bestimmungen, die sich aus dem Rio-Artenschutzabkommen (CBD[5]) ergeben, hat sich der Botanische Garten der Heinrich-

[4] Vgl.: Heinrich-Heine-Universität Düsseldorf, Rektorat (Hg.), *Hochschulentwicklungsplan der Heinrich-Heine-Universität Düsseldorf*, Düsseldorf 2011, S. 43.

[5] CBD: Convention on Biological Diversity (http://www.cbd.int/).

Abb. 3: Gesägtblättrige Banksie (*Banksia serrata* L.f.), IPEN: AU-O-DUSS-109.

Heine-Universität dem internationalen Netzwerk IPEN[6] angeschlossen. Ein Instrument ist die Vergabe einer IPEN-Nummer für jede Pflanze, mit der deren ursprüngliche Herkunft nachvollzogen werden kann. Die IPEN-Nummer wird bei der Abgabe von Saatgut oder von Pflanzenteilen weitergegeben. Eine Gesägtblättrige Banksie (Abb. 3) aus dem Kuppelgewächshaus trägt z. B. die Nummer AU-O-DUSS-109. Dies bedeutet im Einzelnen:

[6] IPEN: The International Plant Exchange Network (http://www.bgci.org/resources/ipen/).

AU Das Saatgut der Pflanze/die Pflanze selbst wurde in Australien gesammelt.

O Eine Weitergabe der Pflanze an andere Institutionen unterliegt keiner Beschränkung. (1 = Die Weitergabe ist eingeschränkt, z. B. durch Naturschutzbestimmungen.)

DUSS Der Botanische Garten der Heinrich-Heine-Universität hat die Pflanze in den IPEN Zirkel eingebracht.

109 Dies ist die Zugangsnummer (Akzessionsnummer) der Pflanze im Botanischen Garten der Heinrich-Heine-Universität.

3. Benennung und systematische Zuordnung von Pflanzen

Im wissenschaftlichen Alltag hat sich schon seit dem 18. Jahrhundert die Binäre Nomenklatur zur Benennung von Pflanzen (und Tieren) durchgesetzt. Diese zweiteiligen Namen wurden erstmals 1753 von Carl von Linné in seinem Buch *Species Plantarum* durchgängig benutzt. Der Name besteht hierbei aus dem Gattungsnamen und dem Art-Epitheton, ergänzt durch den Namen des Autors, der die Pflanze beschrieben hat. Zur Dokumentation wird ein Herbarbeleg der Pflanze als sogenannter Holotypus in einem international zugänglichen Herbar abgelegt. Diese Vorgehensweise ist notwendig, da Trivial-Namen häufig nicht eindeutig sind und man oft schon regionale Unterschiede findet: Als ‚Butterblume' wird z. B. sowohl ein Hahnenfuß-Gewächs (Gattung *Ranunculus*) als auch in manchen Regionen der Löwenzahn (Gattung *Taraxacum*) bezeichnet. Das Gänseblümchen (*Bellis perennis* L.[7]) wird auch Maßliebchen oder Tausendschön genannt. Pflanzen-Arten, die für die Menschen im Alltag keine Bedeutung hatten, haben häufig sogar gar keine eigenen Volksnamen bekommen, z. B. Gräser, Moose oder Flechten.

Doch selbst die wissenschaftliche Benennung der Pflanzen ist nicht immer eindeutig, und es gibt von vielen Pflanzen-Arten sogenannte Synonyme. Auch neue Erkenntnisse in der Forschungsrichtung Systematik können zur Umbenennung von Pflanzen oder auch zur Änderung ihrer verwandtschaftlichen Zuordnung führen. In der gärtnerischen Praxis zieht dies unweigerlich eine arbeitsaufwändige Neu-Etikettierung oder gar die Umgestaltung einer ganzen Abteilung, dem ‚System', nach sich.

[7] Die Autorennamen werden häufig abgekürzt. L. steht für Carl von Linné; das Kürzel L.f. steht für seinen Sohn.

4. Pflanzen sind lebende ‚Exponate'

Die Arbeit mit Pflanzensammlungen weist zwar einige Parallelen zu der Arbeit mit anderen Sammlungen auf, jedoch sind Pflanzen lebende Organismen und dies hat diverse Konsequenzen: Sie wachsen und vermehren sich, häufig unkontrolliert – ein Aspekt, den jeder Gartenbesitzer kennt. Spontan-Besiedlungen, besser bekannt als Verunkrautung, sind unvermeidlich. Ihre Beseitigung verursacht nicht nur eine erhöhte Arbeitsbelastung, sondern zuweilen stellen sie auch geschulte Mitarbeiter/innen vor die Frage, um welche Art es sich handelt. Damit einher geht die Frage, ob die Pflanze beseitigt oder als Teil des Bestandes weiter kultiviert werden soll.

Zusätzlich kann es zu einer Einkreuzung von gärtnerisch veränderten Pflanzen (Sorten) oder einer Kreuzung mit einer anderen Art oder Gattung kommen (Hybridisierung). Dies ist gerade in naturnah angelegten Abteilungen (z. B. dem Alpinum oder dem Moor) oder bei Erhaltungskulturen (Ex situ-Kulturen, s. u.) unerwünscht. In der Natur ist dieser Effekt wesentlich seltener zu beobachten, weil die verschiedenen Pflanzenarten häufig räumlich weit von einander getrennt stehen. Insbesondere bei Pflanzen mit einem schnellen Generationswechsel (ein- und zweijährige Pflanzen) wirkt sich dieses Phänomen natürlich schneller auf eine Pflanzenpopulation aus als z. B. bei Bäumen. Es führen jedoch nicht nur die beschriebenen Einkreuzungen zu einer ‚Verfälschung des Originals' – schon die unvermeidliche gärtnerische Betreuung der Pflanzen kann eine Veränderung der Wildform bewirken (s. u.).

Ein weiterer, ganz wichtiger Aspekt ist, dass Pflanzen als lebende Organismen eine begrenzte Lebensdauer haben. Eine Sammlung von Bäumen (Arboretum) ist wesentlich langlebiger, als eine Aufpflanzung von Stauden oder gar ein- oder zweijährigen Pflanzen.

5. Wildherkunft als Qualitätskriterium

Gärtnerische Kultur führt – bewusst oder unbewusst – zu einer künstlichen Auslese. Unbewusste Selektionen können unter anderem die Verbreitungsmechanismen sowie die Samenkeimung und -reifung betreffen. So werden oft nur Pflanzen aus Saatgut mit normaler Keimzeit weiterkultiviert. Individuen der gleichen Art, die sich erst aus lange ruhendem Samen entwickeln würden, haben so keine Chance. In der Natur würde dieses Saatgut jedoch eine im Boden ruhende ‚Reserve für schlechte Zeiten' darstellen (Abb. 4).

Im kommerziellen Gartenbau selektiert man bewusst auf bestimmte Merkmale der Wuchsform oder der Blüten, wobei man auffällige Veränderungen der Wildform erreichen kann. Auch im Botanischen Garten der Heinrich-Heine-

Abb. 4: Aussaatschale mit zwei Wochen alten Keimlingen des Blut-Spindelstrauchs (*Euonymus sanguineus* Loes. Ex Diels). Die Samen auf der rechten Seite sind deutlich schlechter gekeimt.

Universität bilden züchterisch veränderte Arten und Sorten dekorative Elemente. Für einen wissenschaftlich geführten Botanischen Garten ist es jedoch vorrangig, die Pflanzen in ihrer ursprünglichen Ausprägung zu zeigen und zu erhalten und auch der Forschung und Lehre zur Verfügung zu stellen. Soweit es möglich und sinnvoll ist, werden deshalb Wildformen der Pflanzen vom natürlichen Standort herangezogen.

6. Die Sammlungen des Botanischen Gartens der Heinrich-Heine-Universität Düsseldorf

Nach IUCN [8] gibt es ca. 380.000 Höhere Pflanzen und darüber hinaus noch viele unentdeckte Arten. Mit seinen ungefähr 5.000 Arten zeigt der Botanische Garten der Heinrich-Heine-Universität also nur einen kleinen Ausschnitt aus der großen Vielfalt. Wie für alle vergleichbaren Institutionen ergibt sich natürlich die Frage nach einer Auswahl. Sie wurde erstmalig bei der Planung des Gartens von dem Landschaftsarchitekten gemeinsam mit dem ersten Direktor Prof. Dr. Wilfried Stubbe und dem früheren Kustos des Botanischen Gartens Dr. Werner Gelius-Dietrich getroffen. Hierbei war man schon damals dadurch eingeschränkt, dass nicht alle wünschenswerten Pflanzen auch beschafft werden konnten. Dieser Effekt hat sich durch die heutigen Naturschutzbestimmungen noch verstärkt.

Seit der Gründung ist der Pflanzenbestand – wie in den meisten Botanischen Gärten – weiter historisch gewachsen. Hierzu trugen u.a. Sammelreisen von Wissenschaftler/-innen der Universität und von Mitarbeiter/-innen des Botanischen Gartens bei. Traditioneller Weise ist die Entwicklung des Pflanzenbestands auch eng mit den Kulturerfahrungen und -fertigkeiten der Gärtner/-innen verknüpft.

Die enorme Pflanzenvielfalt lässt sich nach verschiedenen Kriterien zu einzelnen Sammlungen untergliedern, wie im Folgenden beispielhaft erläutert wird.

Einige *Forschungssammlungen* wurden schon mit der Gründung des Botanischen Gartens etabliert und werden immer wieder für wissenschaftliche Untersuchungen herangezogen. Sie spiegeln auch die Kalthauskultur als einen Schwerpunkt des Botanischen Gartens der Heinrich-Heine-Universität wider. Folgende Sammlungen sind in einem Zentralregister für Forschungssammlungen (ZEFOD[9]) gemeldet:

- „Crassulaceae der Makaronesischen Inseln“, gegründet von Prof. Dr. Rainer Lösch (ehem. Institut für Geobotanik, Heinrich-Heine-Universität Düsseldorf)
- „Nicht-winterharte Gymnospermae (Nacktsamer) der Südhemisphäre“, gegründet von Prof. Dr. Wilfried Stubbe (ehem. Direktor des Botanischen Gartens der Heinrich-Heine-Universität)[10]

---

[8] IUCN: International Union for Conservation of Nature (www.iucn.org).

[9] ZEFOD: Zentralregister biologischer Forschungssammlungen in Deutschland (http://zefod.genres.de/).

[10] Dazu vgl.: Shabnam Shaneh Sazzadeh, *Nicht-winterharte Gymnospermae der Südhemisphäre: Charakterisierung, Bewertung und Entwicklungspotential einer Lebendsammlung des Botanischen*

- „Lithops (Lebende Steine)“, gegründet von Hr. Tolksdorf (ehem. Mitarbeiter des Botanischen Gartens der Heinrich-Heine-Universität)

Die *Kultur seltener und/oder gefährdeter Pflanzen-Arten* gehört mit zu den originären Aufgaben eines Botanischen Gartens und stellt einen Beitrag zum Erhalt der Biologischen Vielfalt dar.[11] Im Botanischen Garten der Heinrich-Heine-Universität werden zur Zeit sogenannte Ex-situ-Kulturen[12] von 13 gefährdeten Arten betreut, die in Deutschland beheimatet sind. Als Beispiel sei der Zarte Gauchheil [*Anagallis tenella* (L.) L.] genannt. Dies ist eine kleine, unscheinbare Pflanze, die an Quellen, Mooren und Moorwäldern vorkommt. Durch menschlichen Einfluss ist die Pflanze vom Aussterben bedroht. In NRW gibt es nur noch einen einzigen, sehr kleinen Standort in der Nähe von Salzkotten. Bei Bauvorhaben in NRW ist der Zarte Gauchheil „planungsrelevant“.[13] Koordiniert durch den Verband der Botanischen Gärten e. V. konnten schon fast alle hochgradig gefährdeten Pflanzen der BRD in den verschiedenen Gärten Deutschlands aufgenommen werden.[14]

Insgesamt stehen 10 % der im Botanischen Garten der Heinrich-Heine-Universität kultivierten Pflanzen-Arten unter besonderem bzw. strengem Schutz (nach BNatSchG[15]). Mit der Pflege und Vermehrung der gefährdeten Pflanzen-Arten aus anderen Regionen der Erde leistet der Botanische Garten einen wichtigen Beitrag für den Erhalt und für die nachhaltige Nutzung der globalen Biodiversität. Bei öffentlichen Veranstaltungen (Ausstellungen, Führungen, o. ä.) kann auch in der breiten Bevölkerung ein Bewusstsein für die Problematik geschaffen werden.[16]

Gartens Düsseldorf, Bachelorarbeit zur Erlangung des akademischen Grades „Bachelor of Science (B.Sc.)“, Düsseldorf 2013.

[11] Vgl.: Bundesministerium für Umwelt, Naturschutz und Reaktorsicherheit (Hg.), *Nationale Strategie zur biologischen Vielfalt*, Berlin 2007, S. 113; Georg Rauer, Marliese von den Driesch, Pierre L. Ibisch, Wolfram Lobin und Wilhelm Barthlott (Bearb.), *Beitrag der deutschen Botanischen Gärten zur Erhaltung der Biologischen Vielfalt und Genetischer Ressourcen – Bestandsaufnahme und Entwicklungskonzept*, hg. vom Bundesamt für Naturschutz, Bonn 2000, S. 101.

[12] Ex situ-Kulturen: Kultur und Vermehrung von Wild-Pflanzen außerhalb ihres natürlichen Lebensraums (http://www.ex-situ-erhaltung.de).

[13] Vgl.: Ministerium für Klimaschutz, Umwelt, Landwirtschaft, Natur- und Verbraucherschutz des Landes Nordrhein-Westfalen (Hg.), *Geschützte Arten in Nordrhein-Westfalen: Vorkommen, Erhaltungszustand, Gefährdung, Maßnahmen*, Düsseldorf 2007, S. 46.

[14] Siehe: http://www.ex-situ-erhaltung.de.

[15] BNatSchG (Bundesnaturschutzgesetz): Gesetz über Naturschutz und Landschaftspflege.

[16] Vgl.: Sabine Etges und Peter Westhoff, Biodiversität – Vielfalt des Lebens: Die Vielfalt der Pflanzen und ihre Zukunft, in: *Neues aus Wissenschaft und Lehre – Heinrich-Heine-Universität Düsseldorf*, Düsseldorf 2010, S. 217–234.

Abb. 5: In der Ausstellung JUNGLE FOOD wurde die Orangerie in einen Supermarkt umgebaut.

Lehr- und Schausammlungen erlangen immer größere Bedeutung im Botanischen Garten der Heinrich-Heine-Universität, da sie auch für die breite Öffentlichkeit von enormem Interesse sind, z. B. die Medizinalpflanzen oder die Nutzpflanzen. Die eindrucksvolle Sonder-Ausstellung *JUNGLE FOOD – Von der lebenden Pflanze zum Konsumgut* (2012) zeigte unsere tropischen und subtropischen Nutzpflanzen in einem ungewöhnlichen Umfeld. Studierende der Fachhochschule Düsseldorf (Fachbereich Kommunikationsdesign) entwickelten das Konzept, die Orangerie des Botanischen Gartens in einen Supermarkt umzubauen und haben diese Idee professionell umgesetzt (Abb. 5, 6). Die Ausstellung war außergewöhnlich gut besucht und ist auf großes Medieninteresse gestoßen.

Abb. 6: Rundflug durch die Ausstellung JUNGLE FOOD.

In diesem Jahr wird die Nutzpflanzenabteilung im Freigelände aufwändig modernisiert. Bei Führungen mit Schulklassen erlebt man immer wieder, dass Gemüsearten wie Grünkohl, Gurke oder Tomate als Pflanze nahezu unbekannt sind. Gerade Kindern aus Großstädten und Ballungsgebieten fehlt heute der Bezug zur Natur und schon elementares Wissen über unsere Nahrung ist nicht mehr vorhanden. Aber auch bei Erwachsenen findet die Nutzpflanzenabteilung sehr großes Interesse, denn hier findet man die Nahrungsmittel des täglichen Bedarfs in ihrer unverarbeiteten Form, und man kann z. B. beobachten, wie ein Brokkoli-Kopf erblüht oder erfahren, aus welcher Pflanze das Blau unserer Jeans stammt.

Im Apothekergarten ist der Pflanzenbestand eng in die Lehre der Pharmazeutischen Institute eingebunden und wird regelmäßig von Studierenden aufgesucht. Über eine Internet-Plattform können mit Hilfe eines Smartphones vielfältige Informationen zu den Pflanzen abgerufen werden, z. B. zu den Inhaltstoffen und ihrer Wirkungsweise, aber auch Bilder der Pflanzen und ihrer Teile. Dieser Service steht auch allen anderen Besuchern zur Verfügung.[17]

7. Qualitätskriterien für Pflanzensammlungen

In der Gründungsphase des Botanischen Gartens der Heinrich-Heine-Universität wurden noch viele Pflanzen kommerziell erworben; sie hatten also keine nachgewiesene Wildherkunft. Außerdem war man bestrebt, so viele Pflanzen-Arten wie möglich zu zeigen. Seither ist die Mitarbeiterzahl jedoch stark reduziert worden, und es ist notwendig, den Pflanzenbestand auch unter dem Aspekt der Arbeitserleichterung gezielt weiterzuentwickeln. Hierbei orientiert sich der Botanische Garten an Qualitätskriterien, die im Einzelfall immer wieder abgewogen werden müssen.

In den ökologischen und geographischen Abteilungen ist es heute entscheidend, dass die Pflanzen aus einer *bekannten Wildherkunft* oder zumindest aus einer direkten Nachzucht stammen (s. o.).[18] Auch Pflanzen, die einen Gefährdungs- und/oder Schutzgrad besitzen, sollten eine Wildherkunft besitzen. Nur dann ist es sinnvoll, sie für eine spätere Auswilderung zu vermehren. In Bereichen, in denen züchterisch veränderte Sorten gezeigt werden, spielt Wildherkunft als Kriterium natürlich keine Rolle, z. B. bei Schaupflanzungen oder im Nutzpflanzengarten.

Von großer Bedeutung ist auch der *Pflegezustand der Pflanzen*, der eng mit der gärtnerischen Qualifikation der Mitarbeiter/-innen zusammenhängt. Die Arbeit in einem Botanischen Garten mit seinen vielen exotischen Spezialkulturen, zu denen es oft keine ‚Kulturanleitung' gibt, ist eine große Herausforderung.

[17] Siehe: http://digitalerapothekergarten.uni-duesseldorf.de.

[18] Anm.: Aber auch im Botanischen Garten der Heinrich-Heine-Universität befinden sich wie in vielen anderen Botanischen Gärten immer noch Pflanzen mit unbekannter Herkunft.

Die Wahl und Zusammenstellung eines geeigneten Substrates, Aussaat, Vermehrung, Schädlingskontrolle und -bekämpfung sind nur einige Beispiele. Es kann passieren, dass eine schwer zu kultivierende Pflanzengruppe mit dem Ausscheiden der betreuenden gärtnerischen Kraft in der Qualität abnimmt bzw. nicht überlebt. Zur Arbeitserleichterung der Mitarbeiter/-innen wird generell angestrebt, die Anzahl der Pflanzen-Arten zu reduzieren. Die Attraktivität des Gartens kann dadurch oft sogar noch gesteigert werden.

Schließlich ist eine sorgfältige und *kontinuierliche Dokumentation* des Bestandes unerlässlich – gerade bei einer veränderlichen Lebend-Sammlung. Sie erfolgt im Botanischen Garten der Heinrich-Heine-Universität mit dem Datenbanksystem Filemaker. Darin können alle wichtigen Informationen zu einer Pflanze allgemein (Schutz- oder Gefährdungsstatus, Lebensform, Klimazone, Winterhärte, Heimat, Synonyme, Literatur etc.) und direkt zur Akzession (Sammler, Bestimmer, Fundort usw.) vermerkt werden. Nach allen eingetragenen Informationen kann systematisch gesucht werden, so dass der Bestand gut überschaut und zu ‚Sammlungen' gruppiert werden kann.

8. Ausblick

Traditionell befinden sich einige besonders attraktive Pflanzengruppen (z. B. Orchideen, Kakteen oder Bromelien) in vielen Botanischen Gärten weltweit. Ziel ist es jedoch, Sammlungen untereinander abzustimmen und einzelne Sammlungen als ‚Alleinstellungsmerkmal' benennen zu können. Mit den modernen Kommunikationstechniken ist dies zwar leichter möglich als noch vor 15 Jahren; es bedarf dennoch eines aktiven Prozesses und der Zuarbeit der Beteiligten. Unterstützt werden Botanische Gärten hierbei vom Verband Botanischer Gärten e. V., der mit seinen Fachtagungen und Arbeitskreisen den notwendigen Austausch fördert. In diesem Rahmen ist auch eine erste Zusammenstellung der *Pflanzensammlungen in Deutschland, Österreich und der Schweiz* entstanden.[19] Die Fortführung dieser Initiative wird derzeit auf Verbandsebene diskutiert.

Dank

Ein herzliches Dankeschön sei an dieser Stelle an die Studierenden gerichtet, die das Symposium so erfolgreich moderiert haben. Ein besonderer Dank gilt Frau Dr. Stefanie Knöll, die mit der Veranstaltung auch den Anstoß zu einer Vernetzung der Sammlungsaktivitäten an der Heinrich-Heine-Universität Düsseldorf gegeben hat. Schließlich sei den Mitarbeiter/-innen des Botanischen Gartens ausdrücklich für ihr großes Engagement gedankt.

[19] Frank Klingenstein, Marliese von den Driesch und Wolfram Lobin (Bearb.), *Pflanzensammlungen in Deutschland, Österreich und der Schweiz*, hg. vom Bundesamt für Naturschutz, Bonn 2002.

Stephan Brakensiek

Der Sammlungsgeschichte ganz nah – Lehrprojekte zu Stempeln, Inschriften und anderen ‚Spuren' auf druckgraphischen Blättern an der Universität Trier

Geschichte und Bestand

Die 1982 am Fach Kunstgeschichte der Universität Trier gegründete Graphische Sammlung beging im Jahre 2012 ihr dreißigjähriges Bestehen. Damit ist sie im Vergleich mit anderen Universitätssammlungen eine vergleichsweise junge Institution, die sich auch hinsichtlich ihrer Bestände und deren Herkunft vielfach von anderen Einrichtungen ihrer Art in Deutschland unterscheidet. Geht etwa die Graphische Sammlung am Kunstgeschichtlichen Institut der Eberhard-Karls-Universität Tübingen auf den Dublettenbestand des ehemals Königlichen Kupferstichkabinetts in Stuttgart, der heutigen Graphischen Sammlung der Staatsgalerie, zurück, so speisen sich die mittlerweile knapp 8.000 druckgraphische Blätter und wenige hundert Handzeichnungen umfassenden Bestände an der Universität Trier aus unterschiedlichen Quellen. Teils sind es Schenkungen ganzer Konvolute, sowohl thematischer als auch künstlermonographischer Ausrichtungen, teils Einzelblattstiftungen oder auf verschiedene Projekte gezielt bezogene Ankäufe im Kunsthandel gewesen, die zum Zustandekommen der heutigen Sammlung beigetragen haben.[1] Auch bereichern verschiedene Dauerleihgaben teilweise bereits seit Jahren die Bestände und machen es etwa möglich, in Trier neben der älteren Druckgraphik auch die des 20. und 21. Jahrhunderts exemplarisch studieren zu können sowie sich einen fundierten Eindruck über die Holzschneidekunst Japans im 18. und 19. Jahrhundert zu verschaffen.

Leitideen

Leitideen aller Initiativen an der Graphischen Sammlung des Fachs Kunstgeschichte der Universität Trier waren folgende Gedanken:

[1] An Projekten der letzten Jahre, die aus den Beständen der Sammlung realisiert wurden, seien genannt: *C.W.E. Dietrich – Radierungen*, *Die Farben der Nacht – Dunkelheit als Thema der Druckgraphik*, *Verweile doch! Arkadien als Thema der Druckgraphik 1480–1830*, *Graphik im Spiegel der Malerei – Meisterwerke der Reproduktionsgraphik 1500–1830* oder *Gestochen scharf! – Die Kunst zu reproduzieren*.

a. Die Graphische Sammlung des Fachs Kunstgeschichte der Universität Trier ist in erster Linie eine Lehr- und erst in zweiter Linie eine Kunstsammlung. Dementsprechend steht hier nicht das Bewahren an erster Stelle – auch wenn es selbstverständlich zu keinem Zeitpunkt vernachlässigt wird –, sondern das Lehren mit und das Lernen am originalen Objekt, die Vermittlung graphikhistorischer und konservatorischer Grundkenntnisse. Dementsprechend arbeiten vornehmlich Anfänger im graphikhistorischen Metier ohne Erfahrung im Umgang mit Kunst auf Papier mit den Beständen. Sie tun dies unter steter Anleitung.
b. Die Bestände dienen der Ausbildung der Studierenden. Eine Teilnahme am nationalen wie internationalen Leihverkehr für Ausstellungen ist daher nicht vorrangiges Interesse und Ausrichtung der Sammlungspolitik.
c. Die Bestände der Graphischen Sammlung werden systematisch in den Bereichen ergänzt, zu denen Ausstellungsprojekte mit Studierenden geplant sind.
d. Diese Ergänzungen und die daraus resultierenden Lehrprojekte widmen sich im Wesentlichen solchen Bereichen, die bislang von der kunstwissenschaftlichen Forschung vernachlässigt wurden. In diesem Zusammenhang bieten sie Studierenden vielfach die Möglichkeit, bereits früh während des Studiums an grundlegende graphikhistorische Fragestellungen herangeführt zu werden sowie sich mit Themenbereichen zu beschäftigen, die größtenteils noch unerforscht sind. Stichwort ist hier das ‚forschende Lernen' bzw. die Forschung am Objekt.

Diese Leitideen, in den letzten Jahren aus der Praxis heraus entwickelt, haben dazu geführt, dass die in Trier geplanten und realisierten Projekte allesamt fünf verschiedenen Grundsätzen geschuldet sind bzw. diese in ihren Ansätzen jeweils einzeln oder gemeinsam verfolgen:

1. Kunst aus Kunst – Neue Ansätze kuratorischen Handelns
2. Praxis der Theorie – Theorie der Praxis
3. Graphikgeschichte als Mediengeschichte – Das Phänomen der Reproduktion
4. Weiße Flecken
5. Spurensuche – Zu einer Hermeneutik der Rückseite

1. Kunst aus Kunst – Neue Ansätze kuratorischen Handelns

Allgemein betrachtet sind Kunst und Kunstgeschichte zwei fein säuberlich voneinander getrennte Bereiche. Beide leben jedoch in einer teils symbiotisch zu nennenden Abhängigkeit. Zeitgenössische Kunst verlangt sowohl vom Künstler selbst als auch von den ihn im Bereich des Ausstellungswesens begleitenden Kuratoren wechselnde Positionen bei der Betrachtung, in vielen Fällen auch kreative Konzepte der Vermittlung.

Seit einigen Jahren kooperiert die Graphische Sammlung zu diesen Bereichen intensiv mit der Europäischen Kunstakademie, Trier, und realisiert in loser Folge Projekte, bei denen zeitgenössische Künstler mit alter und neuer Druckgraphik zusammengebracht werden. Daraus entstehen so dann neue künstlerische Ansätze.[2] Den Studierenden, die an solchen curricular anrechenbaren Projekten teilnehmen, bietet sich hier die Chance, schon früh kuratorische Kompetenzen im Umgang mit zeitgenössischen Künstlern und Konzepten zu erlangen und sich grundlegend und aus dem eigenen Handeln heraus über die Probleme, Möglichkeiten und Perspektiven einer Berufstätigkeit im Bereich der Präsentation und Vermittlung von Gegenwartskunst zu informieren.

Beispielhaft sei an dieser Stelle kurz auf das Projekt *Heilige Hallen – 100 Bilder für Trier* verwiesen, das der mehrmalige documenta-Teilnehmer Wolfgang Nestler (*1943) über den Jahreswechsel 2009/2010 in Trier realisierte (Abb. 1).

Ausgangspunkt des Projekts war das Artothek-Prinzip: Bürger und Bürgerinnen, egal ob alt oder jung, hatten die Möglichkeit, sich an einem Tag im November 2009 in den Räumen der Europäischen Kunstakademie ein Kunstwerk auszusuchen und auszuleihen. Zur Verfügung standen ca. 130 montierte und einheitlich gerahmte Werke bedeutender Künstler der Zeit von 1500 bis heute. Aus diesem Fundus konnten sodann einhundert gerahmte Bilder für zwölf Wochen entliehen werden. Jeder Leihnehmer gab dem von ihm ausgewählten Werk ein neues Zuhause. Das Ganze stand unter der Prämisse, dass der Künstler einmal am temporären Präsentationsort des Kunstwerks – egal ob daheim, im Büro oder im Restaurant – vorbei kommen und das Kunstwerk in seiner neuen und völlig unmusealen Umgebung fotografieren durfte. Nestler war daran interessiert, wie sich das Kunstwerk in seine jeweils neue Umgebung einfügte und dokumentierte bei seinem Besuch das Werk in seinem neuen temporären Kontext. Die Finissage des Projekts im Februar 2010 war gleichzeitig der Auftakt für die Präsentation der Fotografien im Ambiente der Kunsthalle der Europäischen Kunstakademie.

[2] Zu nennen wären hier die Projekte *Eindrücke – Ausdrücke. Ein künstlerischer Dialog über die Jahrhunderte* (Trier 2006), *Heilige Hallen – 100 Bilder für Trier* (Trier 2009/2010) und *Spurwechsel – Kunstbewegte Momente* (Trier 2013). Alle Projekte wurden mit Katalogpublikationen begleitet.

Abb. 1: Präsentation der Arbeiten Wolfgang Nestlers im Projekt *Heilige Hallen – 100 Bilder für Trier* in der Kunsthalle der Europäischen Kunstakademie.

Wolfgang Nestlers Ansatz, ‚Die Kunst muss zu den Leuten', enthält eine spezielle Philosophie. Nestler wendet sich nicht gegen das klassische Museum als Ort der Kunstpräsentation und -rezeption. Vielmehr ist es seine Absicht, den abstrakten Begriff ‚Kunst' für jedermann greif- und in besonderer Weise auch erfahrbar zu machen. Die Verwirklichung dieses Ziels scheint ihm aber in Umgebungen, die nur für Kunst gemacht sind, vielfach unmöglich. Dennoch: Kunst muss gesehen werden, Kunst muss wirken, Kunst braucht Zeit, Kunst muss mit dem Betrachter in Kontakt treten – und dies ist für Wolfgang Nestler bis heute vor allem in privater Atmosphäre zu erreichen.

2. Praxis der Theorie – Theorie der Praxis

Ziel des momentan leider ruhenden Projekts war die durch die Nikolaus Koch-Stiftung Trier geförderte Etablierung von Studieneinheiten an der in Trier beheimateten Europäischen Kunstakademie. In deren Rahmen konnten Studierende in einwöchigen Blockveranstaltungen, die über fünf Jahre jedes Semester angeboten wurden, berufsrelevante Praxiskenntnisse erwerben, die in der kunsthistorischen Hochschulausbildung traditionell vernachlässigt werden. Bisher erlitten

Abb. 2: Blick in die Druckgraphikwerkstatt der Europäischen Kunstakademie während des Seminars *Praxis der Theorie I: Radierung.*

Absolventen in der Regel einen Schock, wenn sie sich mit ihren an der Universität nur theoretisch erworbenen Kenntnissen den Erfordernissen der Praxis stellen mussten. Hier setzte das Projekt an, indem es zwei Institutionen zusammenbrachte, die einerseits für die Theorie und andererseits für die Praxis stehen: Wissenschaftlich vorbereitete Unterrichtseinheiten über künstlerische Prozesse wurden theoretisch erarbeitet und zusätzlich praktisch in den Ateliers der Europäischen Kunstakademie vertieft (Abb. 2). Dadurch wurden die angehenden Kunsthistorikerinnen und Kunsthistoriker u. a. in die Lage versetzt, künstlerische Techniken der Druckgraphik wie Holzschnitt, Radierung, Kaltnadelradierung, Aquatinta, Mezzotinto, Aussprengverfahren und Weichgrundätzung (vernis mou) sowie den Siebdruck so kennen zu lernen, dass sie in der Berufspraxis die graphischen Techniken mit ihren spezifischen Besonderheiten, Möglichkeiten und Grenzen sicher erkennen und unterscheiden können. Sie wurden sogar in die Lage versetzt, Fälschungen von echten Kunstwerken unterscheiden zu können. Musste sich ein Berufsanfänger bisher diese Kenntnisse in der Regel mühselig und über einen langen Zeitraum peu à peu selbst erarbeiten, so bot sich Studierenden der Kunstgeschichte in Trier die Möglichkeit, sich mit diesen

Kenntnissen bereits bewerben zu können und sich somit einen möglicherweise als entscheidend gesehenen Vorteil auf dem Arbeitsmarkt zu verschaffen.

Grundlage des Projekts waren die Bestände der Graphischen Sammlung des Fachs Kunstgeschichte, die sowohl in digitalisierter Form als auch mit ihren Originalen soweit wie möglich das historische Arbeitsmaterial lieferten.

Mit diesem Kooperationsvorhaben wurde im nationalen Kontext erstmals die Möglichkeit geschaffen, dass Studierende der Kunstgeschichte zusammen mit zeitgenössischen Künstlern im Rahmen von Praxisseminaren die von ihnen zuvor durch Quellen- und Objektanalyse theoretisch erworbenen Kenntnisse im Bereich der druckgraphischen Künste praktisch vertieften, sie förmlich ‚von innen heraus' kennen und beurteilen lernten. Auf diesem Wege eröffneten sich neue, an den Erfordernissen des Bologna-Reformprozesses orientierte Möglichkeiten einer verstärkt praxisnahen akademischen Ausbildung mit dem BA/MA-Studiengang Kunstgeschichte, die Trier im Rahmen der deutschen Hochschullandschaft eine Vorreiterrolle zukommen ließ, faktisch als ein Alleinstellungsmerkmal im deutschsprachigen Raum für die berufsrelevante kunstgeschichtliche Ausbildung gesehen werden konnte.

3. Graphikgeschichte als Mediengeschichte – Das Phänomen der Reproduktion

In dem Bewusstsein, dass die Kunst auf Papier in ihrer Produktion zu einem Großteil medialen Gegebenheiten des Informationstransfers unterlag, ist die Arbeit in der Graphischen Sammlung in Trier auch und in nicht unwesentlichen Teilen dem Phänomen der Reproduktionsgraphik gewidmet. Kunst ist durch ihre druckgraphische Reproduktion in den Jahrhunderten vor der Erfindung und industriellen Nutzung der Fotografie zur Wiedergabe von Kunstwerken erst diskursfähig geworden. Ohne die Wiedergabe von Werken aus Zeichnung und Malerei in Kupferstich, Holzschnitt, Radierung oder Lithographie wäre auch die Kunstgeschichte als wissenschaftliche Disziplin nicht zu dem Zeitpunkt entstanden, zu dem sie entstanden ist.

Zudem zeigt sich bei der Auseinandersetzung mit den Phänomenen der druckgraphischen Reproduktion, dass trotz der vielfach formulierten Forderung der zeitgenössischen Theorie, eine lediglich den Inventor einer Bildidee im Blick habende Wiedergabe nicht umsetzbar war.[3] Vielmehr wird bei detaillierten Untersuchungen zu einzelnen Gemälden – gleiches gilt auch für Handzeichnungen

---

[3] Zum eigentlich theoretisch formulierten Anspruch an die Reproduktionsgraphik vgl. Christian Rümelin, Stichtheorie und Graphikverständnis im 18. Jahrhundert, in: *Artibus et Historiae*, Bd. 22, Heft 44 (2001), S.187–200 sowie zur Abweichung von diesen Maximen vgl. Stephan Brakensiek, Reproduktion und Wahrheit. Überlegungen zum Phänomen von Gleichheit und Ungleich-

Abb. 3: Blick in die Ausstellung *Graphik als Spiegel der Malerei* im Musée nationale d'histoire et d'art, Luxembourg.

– und ihren Reproduktionen deutlich, wie sehr die unterschiedlichen Wieder gaben den Geschmacksvorstellungen der Zeit geschuldet sind, in der sie hergestellt wurden. Einerseits sind hierfür sicherlich Mechanismen des Kunstmarktes dingfest zu machen; andererseits resultiert die Nachfrage jedoch auch aus einer eigenen, den ästhetischen Werten der eigenen Zeit geschuldeten Vorstellung, wie Kunst auszusehen habe. Demnach ist ein Tizian im 16. Jahrhundert etwas anderes als im 17. oder gar 18. Jahrhundert. Mit Studierenden diese Unterschiede aufzudecken, ist eine für die Ziele kunstwissenschaftlicher Ausbildung dankbare Aufgabe (Abb. 3).

4. Weiße Flecken

Forschendes Lernen in einer Graphischen Lehrsammlung sollte immer Lernen und Lehren am Objekt sein. Dazu kann erst einmal jedes einzelne druckgraphische Kunstwerk gebraucht werden. Hochkunst ist dafür nicht unbedingt erforderlich. Vielmehr bieten gerade auch die Erzeugnisse der populären Druckgraphik wie Flugblätter, illustrierte Zeitungen, Bilderbögen oder Devotionalien reichhaltige Möglichkeiten, sich neben den Grundkompetenzen zur technischen und stilistischen, d. h. zeitlich-historischen Bestimmung eines Objektes auch seine mediale Rückbindung in kulturelle Prozesse zu erarbeiten. Die Bedeutung der Druckgraphik für den gesamten Bereich der frühneuzeitlichen und neuzeitlichen Kommunikation wird dadurch erfahrbar und verstehbar.

Geht es allerdings um künstlerische Druckgraphik, so sind neben den technischen und kommunikativen Eigenarten der Kunst auf Papier auch und besonders Aspekte von Stil, Stilhöhe, künstlerischer Qualität sowie Kontext und Wertschätzung zentrale Aspekte der Vermittlung.

heit bei der Wiedergabe von Kunst im Medium der Druckgraphik, in: Knöll 2011, S. 18–36.

In der Graphischen Sammlung des Fachs Kunstgeschichte der Universität Trier wird letzteres besonders in Bereichen und an Künstlerpersönlichkeiten vermittelt, die von der allgemeinen wie der spezielleren kunst- wie graphikhistorischen Forschung bislang weitgehend oder fast vollständig vernachlässigt worden sind. Dabei ist es Voraussetzung, dass die zu thematisierenden Künstler nicht aufgrund ihrer künstlerischen Eigenarten und Qualitäten, sondern weitgehend aufgrund von Veränderungen im kunstpublizistischen und kunstwissenschaftlichen Diskurs der letzten 200 Jahre aus dem Fokus der Wertschätzung und – dem folgend – auch aus dem Fokus der Forschung gerückt sind. Gemeint sind für die Arbeit in Trier in diesem Zusammenhang besonders Künstler des 18. Jahrhunderts aus Deutschland, wie etwa Christian Wilhelm Ernst Dietrich (1712–1774), Ferdinand Kobell (1740–1799) oder Johann Friedrich Bause (1738–1814), aber auch französische Künstlerpersönlichkeiten wie Jean Jacques de Boissieu (1736–1810).[4]

Künstler dieser Gruppe wurden und werden in der Graphischen Sammlung des Fachs Kunstgeschichte der Universität Trier in studentischen Ausstellungsprojekten grundlegend bearbeitet (Abb. 4). Dabei können die Studierenden in den curricular sowohl in den Bachelor- als auch in den Masterstudiengängen verankerten Veranstaltungen und in der sich daran anschließenden freiwilligen Projektarbeit zentrale Kompetenzen bei der Konzeption und Realisation von Ausstellungen erwerben. Denn neben den genuin kunsthistorischen Arbeiten wie Quellenrecherche, Texterstellung und anderen komparatistischen Ansätzen werden stets auch konservatorische Aspekte in Bezug auf Montage, Lagerung, Umgang und Präsentation sowie wirtschaftliche Themen wie Fundraising, Marketing und Kommunikation thematisiert und am Beispiel praktiziert. Eine Textwerkstatt schließt sich jeweils an, um den Umgang mit und die Ansprüche von unterschiedlichen Textsorten für Ausstellung und Katalog kennenzulernen, kritisch zu diskutieren und – wenn möglich – kreativ und innovativ anzuwenden.

Thematische Ausstellungsprojekte zu ikonographischen oder rezeptionsgeschichtlichen Einzelthemen der Druckgraphik oder zu einzelnen, historisch überlieferten Graphiksammlungen runden den Bereich der ‚Weißen Flecken' zusätzlich ab.[5]

---

4 Umgesetzt wurden bislang zwei Ausstellungen (Dietrich und Bause), zwei weitere sind in konkreter Vorbereitung (Kobell und de Boissieu), [Stand April 2014].

5 Zu nennen wären hier die Ausstellungsprojekte zu Arkadien (*Verweile doch! – Arkadien als Thema der Druckgraphik 1490–1830*, 2010), der Darstellung von Nacht und Dunkelheit (*Die Farben der Nacht*, 2013), der Graphiksammlung des historistischen Malers Engelbert Seibertz (*Altpapier meisterhaft. Die Graphiksammlung des Engelbert Seibertz*, 2012/2013) sowie einer Ausstellung zum Rembrandtismus in der Druckgraphik des 18. und frühen 19. Jahrhunderts (*Rembrandt reloaded. Ein Künstler im Spannungsfeld seiner Reproduktion*, 2006).

Abb. 4: Blick in die Ausstellung *Nahe den Alten Meistern – C.W.E. Dietrich* im Stadtmuseum Simeonstift Trier.

5. Spurensuche – Zu einer Hermeneutik der Rückseite

Ein weiteres, sich in der Realisierungsphase befindliches studentisches Projekt mit hohem wissenschaftlichem wie didaktischem Potential entstand in enger Kooperation mit der Graphischen Sammlung am kunstgeschichtlichen Institut der Universität Tübingen. Unter dem Titel *Spurensuche – Zu einer Hermeneutik der Rückseite* soll ein Studien- und Untersuchungstool geschaffen werden, das es Studierenden der Kunstgeschichte wie allgemein graphikinteressierten Laien möglich machen soll, sich den Phänomenen der Verwendung von druckgraphischen Blättern zu nähern.

Ausgangspunkt der Projektidee war u.a. die Tatsache, dass viele der in der Trierer wie gleichfalls in der Tübinger Sammlung verwahrten Arbeiten über Sammlermarken oder Sammlerstempel, handschriftliche Beschriftungen oder Signaturen als Teile älterer Sammlungen dokumentierbar sind. So beheimatet die Graphische Sammlung des Fachs Kunstgeschichte der Universität Trier nicht nur bedeutende Blätter der Renaissance aus dem ehemaligen Besitz von Sammlungen wie dem früheren Königlichen Kupferstichkabinett Dresden oder solche des frühen 16. Jahrhunderts aus dem ehemals Königlichen Kupferstichkabinett Berlin, dem Kupferstichkabinett Bern oder den Nürnberger Museen, sondern vielfach auch Einzelblätter oder ganze Konvolute aus bedeutenden Privatsammlungen des 18. bis 20. Jahrhunderts, etwa der der Brüder Goncourt oder der Sammlung Spatzier.

Sammlungen entstehen, wachsen teils beachtlich und lösen sich vielfach wieder auf. Selbst aus den als nicht mehr veräußerlich geltenden Beständen der öffentlichen Graphikkabinette werden von Zeit zu Zeit Dubletten ausgeschieden und wieder auf die Wanderschaft durch die Portefeuilles der aktiven Sammler geschickt. Und einige dieser Blätter haben in den letzten dreißig Jahren ihren Weg nach Trier gefunden, wo sie nun in verschiedenen Ausstellungs- und Publikationsprojekten Studierenden vielfach einen ersten direkten – und in den betreffenden Projekten mehrheitlich auch einen konzeptionellen – Kontakt mit druckgraphischen Originalen ermöglichen.

Eine größere Zahl dieser Blätter ist von ihrem Erhaltungszustand her nicht als optimal zu bezeichnen – so in etwa viele der als Dubletten aus größeren Häusern ausgeschiedenen Blätter, die eben aufgrund ihrer vermeintlichen Mängel für identische Exemplare besseren Erhaltungszustands weichen mussten. Dieser dort gesehene Mangel ist innerhalb des Spurensuche-Projekts ein großer Gewinn, lassen sich doch gerade über die vielfältigen Spuren, die sich vor allem auf den Rückseiten der Graphiken finden lassen, unterschiedliche Zusammenhänge ihrer Nutzung in den zurückliegenden Jahrhunderten (Abb. 5) belegen. So dokumentieren etwa Klebepunkte an den Ecken der Rückseiten, dass diese Blätter ehemals in Sammelalben einmontiert waren und von dort – das eine mal mehr, das andere mal weniger – sorgfältig abgelöst worden sind. Auch machen handschriftliche Einträge den sammlerisch-kennerschaftlichen Umgang kenntlich, etwa wenn Zuschreibungen vorgenommen und später dann Abschreibungen getätigt wurden.

Ziel des Projekts ist die Zusammenstellung eines Kastens, ähnlich einer Werkzeugkiste, in dem die ‚Werkzeuge' des Graphikforschers zu finden sind. Dazu zählen zum einen konkrete Basiswerkzeuge wie Lupen, Fadenzähler oder Papiermuster, zum anderen aber auch wissenschaftliche Recherchehilfen und technisch-praktische Hinweise, die beispielsweise Sehhilfen zur Identifikation von Drucktechniken und paläographische Muster historischer Handschriften bzw. Drucktypen zur Verfügung stellen. Darüber hinaus sollen Thesauri zu den Drucktechniken sowie zu den vielfach zu findenden lateinischen Abkürzungen und Begriffen, die auf den Graphiken zu lesen sind, zusammengestellt und ein zentralisierter Zugang zu wichtigen Referenzwerken der Graphik geschaffen werden.

Ausgerüstet mit diesem Instrumentenkasten kann in Seminarveranstaltungen sodann auf fast spielerischem Wege der Umgang mit dem graphischen Kunst-

Abb. 5: Agostino Veneziano (1509–1536) nach Marcantonio Raimondi (1470/1482–1527/1534) nach Raffael (1483–1520), *Mann, die Basis einer Säule tragend*, Kupferstich (Rückseite). Graphische Sammlung des Fachs Kunstgeschichte der Universität Trier.

werk geprobt und eingeübt werden, wobei nicht nur die Wahrnehmung der jeweiligen Spezifika und die wissenschaftliche Annäherung an ein graphisches Einzelblatt, sondern auch seine Klassifizierung und die konkrete Bestimmung seines individuellen Zustands im Zentrum des Interesses stehen. Die Studierenden werden auf diesem Wege quasi zu Forschern, die in zuvor weitgehend unbekanntes Terrain vordringen und es detailliert dokumentieren. Bewusst steht dieser Lehransatz im Gegensatz zu der in der kunstgeschichtlichen Universitätslehre ansonsten mehrheitlich vorgenommenen lediglich nachvollziehenden Vermittlung von bereits getätigter wissenschaftlicher Forschung auf Grundlage von digitalen Abbildungen und wissenschaftlichen Texten. Demgegenüber bietet die Spurensuche authentische Erfahrungen im Umgang mit der Überlieferung von Bildern, die – rückgebunden an die im Kasten in digitaler Form zur Verfügung gestellten Recherchemöglichkeiten – in einem Transfer der am Einzelobjekt gewonnenen und verifizierten Erkenntnisse hin zur Betrachtung des Bildes in einem größeren Kontext münden. Nutzbringend ist hier sodann der Vergleich mit anderen erhaltenen Exemplaren des gleichen, konkret untersuchten Blattes. Gefördert wird so das vergleichende Sehen, die Schulung des Auges und letzten Endes ein geschärftes Urteilsvermögen im Kontext von Sammlungs-, Kultur- und Wissenschaftsgeschichte.

Projekte wie die oben skizzierten dokumentieren recht gut, welches bislang unausgeschöpfte Potential Universitätssammlungen jedweder Art im Kontext des Lehrens und Lernens am Objekt besitzen.

Thomas Röske

Geistesfrische. Sammeln und Forschen an der Heidelberger Sammlung Prinzhorn

1. Begründung der Sammlung

Die Sammlung Prinzhorn an der Klinik für allgemeine Psychiatrie des Universitätsklinikums Heidelberg ist seit 2001 ein Museum (Abb. 1) für künstlerische Werke vorwiegend von Insassen psychiatrischer Einrichtungen und, wie es heute heißt, Psychiatrieerfahrenen. Sein weltberühmter Besitz sind mehr als 6.000 historische Zeichnungen, Gemälde, Skulpturen und Textilarbeiten. Sie wurden zum Großteil nach dem Ersten Weltkrieg von einer Vielzahl psychiatrischer Anstalten, Kliniken und Sanatorien vor allem deutschsprachiger Länder nach Heidelberg geschickt – auf einen Aufruf hin, den der Klinikleiter Karl Wilmanns (1873–1945) zusammen mit dem Kunsthistoriker und Mediziner Hans Prinzhorn (1886–1933) verfasst hatte.

Prinzhorn war 1919 als Assistenzarzt an die Heidelberger psychiatrische Universitätsklinik berufen worden, um eine kleine, von Emil Kraepelin begonnene ‚Lehrsammlung' zu erweitern und in einer wissenschaftlichen Studie auszuwerten.[1] Er nahm alles auf, was zur Gründung eines „Museums für pathologische Kunst" geschickt wurde, und gab nur etwas zurück, wenn es ausdrücklich gewünscht war. Insofern scheint der Begriff ‚Sammlung' irreführend, da Prinzhorn nicht mit einer bestimmten Ästhetik oder auf eine vermeintliche Vollständigkeit hin zusammentrug. Möglicherweise träfe die Bezeichnung ‚Ansammlung Prinzhorn' besser, zumal der Reichtum des Fundus gerade auch darin besteht, dass sich hier vieles findet, was Prinzhorn noch nicht wertschätzen konnte und erst von späteren Generationen in seiner ästhetischen und kulturgeschichtlichen Bedeutung entdeckt wurde.

Prinzhorns Buch *Bildnerei der Geisteskranken* erschien 1922, ein Jahr, nachdem er die Klinik verlassen hatte. Der für die Zeit ungewöhnlich prachtvolle Band enthielt nicht nur die bis dahin umfangreichste Erörterung von Fragestellungen um ‚Irrenkunst'; er machte das Gebiet mit seinen 187, zum Teil farbi-

[1] Zur Geschichte der Sammlung siehe: Bettina Brand-Claussen, Das „Museum für pathologische Kunst" in Heidelberg: Von den Anfängen bis 1945, in: Christoph Hollender und Hermann Lelle (Hg.), *Wahnsinnige Schönheit: Prinzhorn-Sammlung*, Ausstellungskatalog Schloss Heidelberg und Kunsturgeschichtliches Museum Osnabrück, Heidelberg 1996, S. 7–23.

Abb. 1: Museum Sammlung Prinzhorn, Heidelberg, 2001.

gen Abbildungen auch erstmals für ein großes Publikum sichtbar. Als ‚Klassiker' wurde es bis heute mehrfach wiederaufgelegt[2] und in vier Sprachen übersetzt. Einfluss hatte es mit seiner emphatischen Sicht auf den Zusammenhang von psychischer Erkrankung und Kunst vor allem auf Künstler und Kunstinteressierte. Anstatt, wie vom psychiatrischen Umfeld erwartet, vorgebliche Merkmale von Anstaltskunst festzumachen, stellte der Kunsthistoriker und Mediziner die Ästhetik der Werke heraus. Dabei setzte er wiederholt vermeintliche Charakteristika von Psychiatrie-Insassen mit denen von Künstlern in Parallele und präsentierte Werke von ‚Geisteskranken', die ihm zufolge rein aus dem Unbewussten hervorgegangen waren, als Ideal einer von Tradition und Kalkül freien Kunst.[3] Antrieb dazu waren sicherlich seine Erfahrungen des Ersten Weltkriegs, aus dem er als „Nihilist" zurückgekehrt war.[4]

In der Zeit, aus der die historischen Werke der Sammlung Prinzhorn stammen, den Jahrzehnten zwischen 1840 und 1930, hatten psychische Krisen an-

[2] Hans Prinzhorn, *Bildnerei der Geisteskranken: Ein Beitrag zur Psychologie und Psychopathologie der Gestaltung*, Berlin 1922.

[3] Siehe hierzu: Thomas Röske, *Der Arzt als Künstler: Ästhetik und Psychotherapie bei Hans Prinzhorn*, Bielefeld 1995, S. 41–58.

[4] Hans Prinzhorn, Die erdentrückbare Seele, in: *Der Leuchter* 8 (1927), S. 277–296, hier S. 279.

dere Folgen als heute. Die Toleranz gegenüber einem Abweichen von ‚normalem' Verhalten war geringer, die Stigmatisierung von ‚Verrücktheit' stärker. Tatsächlich waren die Psychiater damals hilfloser als heute. Während dieser Tage die meisten, die eine psychische Krise durchleben, nur kurz stationär behandelt, das heißt mit Hilfe verschiedener Therapien und Medikamente resozialisiert werden, blieben damals die meisten Menschen mit der Diagnose „Dementia praecox" (vorzeitige Verblödung) – ab 1908 allmählich „Schizophrenie" genannt[5] – auf Dauer interniert. Sie wurden oft 30 bis 40 Jahre lang bis zu ihrem Tod in Institutionen weggeschlossen, in denen man außer Bettbehandlung, Beruhigungsmitteln, Zwangsmaßnahmen (Dauerbad, Fixierungen, Tobzelle) und Arbeitstherapie keine Behandlungsmöglichkeiten kannte.[6] Die Folge sozialer und intellektueller Unterstimulierung war fast immer eine Art Autismus, den man fälschlich als zwangsläufigen ‚schizophrenen Endzustand' deutete. Auch die historischen Werke der Sammlung Prinzhorn stammen vielfach von Langzeitpatient/innen, die sich kaum noch sprachlich äußerten. Angehalten zu künstlerischem Schaffen wurden sie in dieser Zeit (weit vor der Entwicklung von Kunsttherapien) für gewöhnlich nicht. Man duldete aber vielfach die Beschäftigung mit Handarbeiten, Zeichnen, Malen oder sogar Schnitzen, weil sie Ruhe garantierte. Die entstandenen Werke wurden allerdings nur dann von Ärzten und Pflegern aufbewahrt, wenn sie besonders kurios erschienen. Prinzhorns Projekt lenkte das erste Mal den Blick auf die in vielen Anstalten vorhandene Breite künstlerischer Produktion. Auch wenn das Personal der meisten psychiatrischen Einrichtungen bis in die 1980er Jahre hinein die Kreationen von Insassen vernichtete, weil sie den geregelten Tagesablauf störten, markiert Prinzhorns Buch doch den Moment eines grundsätzlichen Einstellungswandels.

Bildnerei der Geisteskranken ist in spürbarer zeitlicher Parallele zum Projekt der Surrealisten entstanden, die den Band bald zu ihrer (Bilder-)Bibel machten.[7] Prinzhorns Ästhetik jedoch wurzelte noch im Expressionismus, was sowohl seine Propagierung einer Ausdruckstheorie als auch seine Wahl ausdrucksstarker künstlerischer Beispiele deutlich macht (Abb. 2).[8] Und so waren es denn zu-

---

[5] Siehe: Brigitta Bernet, *Schizophrenie: Entstehung und Entwicklung eines psychiatrischen Krankheitsbildes um 1900*, Zürich 2013.

[6] Zur Geschichte der Psychiatrie siehe Heinz Schott und Rainer Tölle, *Geschichte der Psychiatrie: Krankheitslehren, Irrwege, Behandlungsformen*, München 2006, sowie Cornelia Brink, *Grenzen der Anstalt: Psychiatrie und Gesellschaft in Deutschland 1860–1980*, Göttingen 2010, und Bernd Walter, *Psychiatrie und Gesellschaft in der Moderne: Geisteskrankenfürsorge in der Provinz Westfalen zwischen Kaiserreich und NS-Regime*, Paderborn 1996.

[7] Siehe dazu: Thomas Röske und Ingrid von Beyme (Hg.), *Surrealismus und Wahnsinn/Surrealism and Madness*, Ausstellungskatalog Sammlung Prinzhorn, Heidelberg 2009.

[8] Bettina Brand-Claussen, Prinzhorns *Bildnerei der Geisteskranken*. Ein spätexpressionistisches

nächst vor allem Künstler im Umkreis dieser Strömung, die sich für die Heidelberger Sammlung interessierten. Einer davon war Alfred Kubin (1877–1959), der 1920 die Sammlung aufsuchte und 1922 im *Kunstblatt* einen enthusiastischen Artikel über diese Begegnung veröffentlichte, „Die Kunst der Irren". Er schließt mit der Hoffnung auf ein eigenes Museum und den Worten: „Dann könnte von dieser Stätte, wo gesammelt wurde, was Geisteskranke schufen, Geistesfrische ausströmen."[9]

Mit Prinzhorns Weggang im Juni 1921 war das Heidelberger Sammelprojekt allerdings vorerst abgeschlossen. Nur weniges kam bis 1933, als Wilmanns zur Emigration gezwungen war, noch hinzu. Am folgenreichsten war der Tausch einiger Werke von Else Blankenhorn (1873–1920) und August Klett (1866–1920) gegen einige afrikanische Plastiken und Blätter aus der Pariser Sammlung des Psychiaters August Marie (1865–1934). Denn anders als Kubin behielt der Kunsthändler Ladislas Szecsi (1904–1988) diese Bilder mit Heidelberger Inventarnummern nicht. Bis heute gehören sie zu den wenigen, die von Künstlern aus der Sammlung Prinzhorn auf dem Markt sind.[10]

2. Geschichte der Sammlung nach 1933

Wilmanns' Nachfolger Carl Schneider (1891–1946) konzentrierte sich in Heidelberg auf die Arbeitstherapie und war nicht am Ausbau der Sammlung und an Prinzhorns Sicht darauf interessiert. Er zerstörte sogar freie künstlerische Werke von Anstaltsinsassen, um diese zu kontrolliert erarbeiteten Werken zu bringen.[11]

Es erscheint nur konsequent, dass er auch an der Vernichtung der künstlerischen Moderne in Deutschland mitwirkte, indem er 1938 Werke der Heidel-

Manifest, in: Bettina Brand-Claussen und Inge Jádi (Hg.), *Vision und Revision einer Entdeckung*, Ausstellungskatalog Sammlung Prinzhorn, Heidelberg 2001, S. 11–31.

9 Alfred Kubin, Die Kunst der Irren, in: *Das Kunstblatt*, Jg. 6, Heft 5 (1922), S. 185–188. Siehe hierzu: *„Geistesfrische". Alfred Kubin und die Sammlung Prinzhorn*, Ausstellungskatalog Landesgalerie Linz, Weitra 2013.

10 Thomas Röske, Geschenkt – getauscht – gekauft. Wie Werke der Sammlung Prinzhorn in die Sammlung Dammann gelangten, in: Monika Jagfeld und Gerhard Dammann (Hg.), *wahnsinn sammeln. Outsider Art aus der Sammlung Dammann*, Band II, Ausstellungskatalog Museum im Lagerhaus St. Gallen, Stadthaus Ulm, o. O. 2013, S. 56–62.

11 Carl Schneider, Entartete Kunst und Irrenkunst, in: *Archiv für Psychiatrie* 110 (1940). S. 135–164, hier S. 160, zit. nach: Maike Rotzoll, Bettina Brand-Claussen und Gerrit Hohendorf, Carl Schneider, die Bildersammlung, die Künstler und der Mord, in: Thomas Fuchs, Inge Jádi, Bettina Brand-Claussen und Christoph Mundt (Hg.), *WahnWeltBild. Die Sammlung Prinzhorn. Beiträge zur Museumseröffnung*, Heidelberger Jahrbücher XLVI, Berlin/Heidelberg 2002, S. 41–64, hier S. 49.

Abb. 2: Franz Karl Bühler [Pseudonym: Pohl], Ohne Titel, ca. 1909–1916, Fettkreide, gewischte und lavierte Kreide auf Zeitungspapier, 41,4 x 31,9 cm, Sammlung Prinzhorn, Heidelberg, Inv. Nr. 2941.

berger Sammlung für die seit 1937 durch Deutschland wandernde berüchtigte Ausstellung *Entartete Kunst* zur Verfügung stellte, wo sie zu Vergleichszwecken missbraucht wurden.[12] Wenig später war er zudem maßgeblich an der Planung der so genannten ‚Euthanasie' beteiligt, der vor allem Menschen zum Opfer fielen, die nicht mehr arbeitsfähig waren – künstlerisches Schaffen allein schützte sie nicht.[13]

Nach dem Zweiten Weltkrieg war der Heidelberger Fundus weitgehend vergessen. Wir wissen bislang nur von einem, der sich an drei Dezembertagen des Jahres 1950 Werke vorlegen ließ: der französische Künstler Jean Dubuffet (1901–1985), der gerade selbst seine *Collection de l'art brut* begonnen hatte, mit Werken jenseits ‚kultureller Kunst', wie er betonte.[14] Viele glaubten damals, dass die Sammlung vernichtet sei wie die anderer deutscher Anstalten.[15] Erst 1963 wurde sie wiederentdeckt, als der junge Harald Szeemann (1933–2005) in der Berner Kunsthalle 250 Werke unter dem Titel *Bildnerei der Geisteskranken – Art Brut – Insania pingens* zeigte.[16] Nun kümmerte man sich auch in Heidelberg erneut um den Bestand. Die Psychiaterin Maria Rave-Schwank (geb. 1935) betreute ehrenamtlich weitere kleinere Ausstellungen, und 1973 wurde die Ärztin Inge Jarchov (geb. 1936), später Jádi, als Kustodin eingesetzt. Ein Projekt der Volkswagenstiftung ermöglichte das Katalogisieren sowie die konservatorische und restauratorische Betreuung der Werke. Später spürten die Mitarbeiter im Rahmen eines Forschungsprojektes immerhin rund 60 % der Krankenakten von Anstaltsinsassen auf, die in der historischen Sammlung vertreten sind. Seitdem können die meisten Werke zumindest in Ansätzen biographisch und psychiatriegeschichtlich kontextualisiert werden.

Wichtig waren daneben Ausstellungen im In- und Ausland, die Jádi mit ihrem Team in den 1980er und 90er Jahren organisierte, zumal ein Zugang zum Sammlungsbestand nur nach Absprache möglich war. Die bislang umfangreichs-

---

[12] Vgl. Bettina Brand-Claussen, Die „Irren" und die „Entarteten". Die Rolle der Prinzhornsammlung im Nationalsozialismus, in: Roman Buxbaum und Pablo Stähli (Hg.), *Von einer Wellt zu'r andern. Kunst von Außenseitern im Dialog*, Ausstellungskatalog DuMont Kunsthalle, Köln 1990, S. 143–150.

[13] Siehe dazu Bettina Brand-Claussen, Thomas Röske und Maike Rotzoll (Hg.), *Todesursache. Euthanasie. Verdeckte Morde in der NS-Zeit*, (2002), 2., erweiterte Auflage, Heidelberg 2012.

[14] Vgl. Thomas Röske, Vorbild und Gegenbild. Oskar Schlemmer, Max Ernst und Jean Dubuffet reagieren auf Werke der Sammlung Prinzhorn, in: Jean-Hubert Martin (Hg.), *Dubuffet & Art Brut. Im Rausch der Kunst*, Ausstellungskatalog museum kunst palast, Düsseldorf, Mailand 2005, S. 148–153, hier S. 152–153.

[15] Vgl. Inge Jádi, Überlegungen zur Rezeption, Wirkung und Potenz der Sammlung Prinzhorn, in: *Psychoanalyse im Widerspruch*, Jg. 24, Heft 48 (2012), S. 19–43, hier S. 24.

[16] Siehe den gleichnamigen Ausstellungskatalog der Kunsthalle Bern 1963.

te Schau, die 1980/81 in vielen deutschen Städten und in Basel gezeigt wurde, machte den Namen *Prinzhorn-Sammlung* wieder bekannt.[17] Eine Folge davon war, dass der Heidelberger Bestand durch Schenkungen erneut wuchs – bis 2001 kamen rund 10.000 neuere Werke aus der Zeit seit 1960 hinzu. Diese stammen allerdings von einer wesentlich geringeren Zahl Männer und Frauen, als in der historischen Sammlung vertreten sind. Außerdem sind sie unter anderen Umständen entstanden. Denn ab 1959 wurden in deutschen Psychiatrien Psychopharmaka eingesetzt und seit den 1960er Jahren mehr und mehr Kunsttherapie. Hinzu kamen bald die ersten Offenen Ateliers und Kunstwerkstätten, in denen Psychiatrie-Erfahrene ohne therapeutische Absicht künstlerisch arbeiten können. Damit wuchs langsam das Bewusstsein vom ästhetischen Wert bildender Kreativität, in der Öffentlichkeit und bei den Kreativen selbst.

Weitere tourende Überblicke des historischen Heidelberger Bestandes machten ihn in den USA (1984/85 sowie 2000) und in verschiedenen europäischen Ländern (1996/97) bekannt. Daneben lenkte Jádi mit Ausstellungen und Publikationen über Texte und musikalische Notationen der Sammlung Prinzhorn die Aufmerksamkeit auf bislang wenig beachtete Teile des Fundus.

In der Zeit ihrer Leitung bis 2001 schien es wichtig, die Werke der historischen Sammlung exklusiv vorzuführen. Ein Integrieren von jüngeren Werken des Fundus oder Leihgaben wurde bei eigenen Ausstellungen vermieden. Und selbst bei extern organisierten Ausstellungen blieben die Werke stets im Kontext von Anstaltskunst, Art Brut oder, wie es seit 1972 heißt, Outsider Art.[18] Ein erster Ausbruch aus dieser geschlossenen Welt war die in Los Angeles organisierte Schau *Parallel Visions*, die 1992/93 in den USA, Europa und Japan Werke der Outsider Art professioneller Kunst an die Seite stellte.[19]

3. Entwicklung von Sammlung und Museum seit 2001

Mit Eröffnung eines eigenen Museumsbaus im ehemaligen Hörsaalgebäude der Neurologie am 13. September 2001 (Abb. 1) hat sich die Wahrnehmung der Sammlung Prinzhorn, wie sie seitdem heißt, noch einmal verändert. Pro Jahr finden hier drei bis vier thematische Ausstellungen zur Begegnung von Kunst und Psychiatrie-Erfahrung statt, in denen immer wieder andere, noch unbekannte Teile der historischen und neueren Sammlung vorgestellt und oft mit Leihgaben

[17] Siehe *Die Prinzhorn-Sammlung. Bilder, Skulpturen, Texte aus Psychiatrischen Anstalten (ca. 1890–1920)*, Ausstellungskatalog Heidelberger Kunstverein u. a., Königstein i. Ts. 1980.

[18] Den Begriff begründete das Buch von Roger Cardinal, *Outsider Art*, London 1972.

[19] Siehe Maurice Tuchman (Hg.), *Parallel Visions. Modern Artists and Outsider Art*, Ausstellungskatalog Los Angeles County Museum of Art u. a., Los Angeles 1992.

anderer Häuser kombiniert werden. Dabei dominiert die kulturwissenschaftliche Sicht, es kommen aber auch psychiatrische, psychoanalytische, philosophische und andere Blickwinkel zum Tragen. So werden die Werke historischer Anstaltsinsassen und späterer Psychiatrie-Erfahrener nicht mehr allein als Reflexe ihrer psychischen Ausnahmeerfahrungen oder ihres Unbewussten gesehen, sondern auch als bewusste Auseinandersetzung mit ihrer Vergangenheit und Gegenwart, nicht zuletzt ihrer Psychiatrisierung und deren gesellschaftlichen Folgen.

Ausstellungsthemen waren etwa die künstlerischen Interventionen von Frauen oder das Alltagsleben in psychiatrischen Anstalten um 1900; das Schicksal von ausgebildeten Künstlern, die zwischen 1840 und 1930 psychiatrisiert wurden, und das Schicksal der Opfer des so genannten ‚Euthanasie'-Programms in der Zeit des Nationalsozialismus; die Geschichte der Beeinflussungsmaschinen seit 1800 und ‚queere' Aspekte in Werken Psychiatrie-Erfahrener zwischen 1890 und heute. Andere Ausstellungen konzentrierten sich auf die Geschichte der Sammlung, wie etwa Prinzhorns eigene Sicht darauf, den Missbrauch des Fundus in der Zeit des Nationalsozialismus, die Wiederentdeckung durch Harald Szeemann im Jahre 1963 oder Neuzugänge seit 1980. Wieder andere Ausstellungen nahmen das Sammeln der Werke von Anstaltsinsassen und Psychiatrie-Erfahrenen in den Blick, sei es in einer bestimmten Anstalt vor 1930, sei es von Privatleuten in unserer Zeit. Und schließlich stellte das Museum die Rezeption der Sammlung Prinzhorn durch professionelle Künstler vor. Dies geschah in Überblicken zu Kunstströmungen, wie dem Expressionismus und dem Surrealismus, sowie in Einzelpräsentationen zeitgenössischer Maler, Zeichner und Installationskünstler. Im Jubiläumsjahr 2011 beteiligten sich vier weitere Heidelberger Häuser an dem bislang größten Projekt dieser Art mit dem Titel *Von Kirchner bis heute. Künstler reagieren auf die Sammlung Prinzhorn.* Die Ausstellungen werden im Allgemeinen begleitet durch Fachvorträge und -konferenzen, aber auch Konzerte, Lesungen und Performances, zumal die künstlerischen Reaktionen auf die Sammlung sich nicht auf Werke der bildenden Kunst beschränken. So sind vor allem im Auftrag des *KlangForum Heidelberg* seit 2000 mehr als 30 Werke zeitgenössischer Komponisten entstanden, die sich auf Texte oder Bilder der Sammlung beziehen.[20]

Die Sammlung wächst weiter um Werke von Menschen mit psychischen Ausnahmeerfahrungen, obgleich sich deren Lebensumstände gewandelt haben – bleiben sie doch nicht mehr bis zu ihrem Tod in Anstalten, sondern gesunden und führen wieder ein normales Leben oder leben in betreuten Wohneinrichtun-

[20] Siehe dazu http://www.klanghd.de/prinzhorn-zwei.html

gen. Deshalb ist als Kriterium für die Aufnahme von Werken in die Sammlung nicht nur deren künstlerische Qualität zu nennen, sondern auch eine sichtbare Reaktion auf eigene Psychiatrie-Erfahrung, einschließlich des gesellschaftlichen Umgangs damit. Ein weiteres Kriterium ist das Alter. Da die Sammlung bereits viele Werke aus den 1980er Jahren bis heute besitzt, werden bevorzugt Werke aus der Zeit davor aufgenommen.

Sie gehen in der Regel als Schenkungen an das Haus, meist von Angehörigen oder Künstlern selbst. Einen Ankaufsetat hat das Museum nicht; im Bedarfsfall müssen Spenden eingeworben werden. Leider kann es aber auch nicht mehr so großzügig Werke annehmen wie Prinzhorn zu seiner Zeit, da die Lagerräume am Universitätsklinikum begrenzt sind. Jährlich kommen trotzdem bis zu 100 Einzelwerke hinzu, aber auch ganze Konvolute, etwa die Kunstsammlungen von einigen früh kunstinteressierten Psychiatern wie Hemmo Müller-Suur (1911–2001) oder Manfred in der Beeck (1920–2004), die seit den 1950er Jahren Zeichnungen, Bilder und Fotos ihrer Patienten bewahrt haben. Darüber hinaus kann die Sammlung Prinzhorn durch ihr gewachsenes Ansehen mittlerweile andere Museen dazu bewegen, Werke von Psychiatrie-Erfahrenen aufzunehmen. Herausragendes Beispiel ist das umfangreiche *Weltrettungsprojekt* (1995 ff.) der in Berlin lebenden Vanda Vieira-Schmidt (*1949).[21] Sie schafft täglich bis zu 1.000 magische Zeichnungen auf DIN-A4-Blättern, mit denen sie, wie sie meint, Böses abwehrt und den Weltfrieden sichert. Sie glaubt, dass sie mit der deutschen Armee zusammenarbeitet und dass im Verteidigungsministerium ein spezieller Computer steht, der ihre schwarzweißen Zeichnungen als farbige Videos lesen kann. So könnten ihre Blätter zur Lösung kriegerischer Konflikte auf der ganzen Welt verhelfen.

Als diese Sedimente der Sorge 2005 im Keller der Wohneinrichtung entdeckt wurden, in der Schmidt damals lebte, war die Installation bereits auf über 500.000 Blatt angewachsen. Die Sammlung Prinzhorn zeigte das Werk von 2006 bis 2008 im Foyer des Museums (Abb. 3), dann ging es auf Reisen durch mehrere deutsche Ausstellungshäuser. Auf Dauer konnte es jedoch nicht in Heidelberg bleiben. Glücklicherweise fand es schließlich einen neuen Präsentationsort im Dresdener Militärhistorischen Museum, wo es seit 2011 Teil der Dauerausstellung ist und so gerade in seinem inhaltlichen Anliegen ernst genommen wird.

Seit Eröffnung des Heidelberger Museums werden hier erarbeitete Ausstellungen von anderen Häusern im In- und Ausland übernommen. Darüber hinaus fragen mehr und mehr deutsche und ausländische Kulturgeschichts- und Kunstmuseen ohne Schwerpunkt auf Outsider Art einzelne Werke oder Kon-

---

[21] *Vanda Vieira-Schmidt. Weltrettungsprojekt*, Ausstellungskatalog Kleisthaus, Berlin 2008.

Abb. 3: Vanda Vieira-Schmidt, Weltrettungsprojekt, 1995–2005, Präsentation in der Sammlung Prinzhorn, Heidelberg, 2006.

volute der Sammlung Prinzhorn an, um sie innerhalb thematischer Ausstellungen zu zeigen. Darin spiegelt sich eine wachsende Tendenz zur Integration: der Outsider Art in den Kunstbetrieb und ihrer Urheber in die Gesellschaft. Die Verantwortung des Heidelberger Museums als Teil der Klinik für Allgemeine Psychiatrie besteht nicht zuletzt darin, abzuwägen, ob ein Ausstellungsprojekt

Abb. 4: Agnes Richter, Ohne Titel [Selbstgenähtes, mit Texten besticktes Jäckchen], 1895, Garne auf Anstaltsleinen, Rückenlänge: 38,5 cm, Rückenbreite: 42 cm, Sammlung Prinzhorn, Inv. Nr. 743.

Abb. 5: Lisa Niederreiter, *Antwortkleid für Agnes Richter*, 2003, Seidenkrepp handgenäht und mehrfarbig bestickt, Besitz der Künstlerin.

dieser an sich wünschenswerten Entwicklung entspricht. Ein Exotismus wäre hier genauso problematisch wie ein kommentarloses Gleichstellen.

Die Sammlung Prinzhorn ist zugleich Museum und wissenschaftliche Vermittlungs- und Forschungseinrichtung. Der Autor führt regelmäßig Übungen und Seminare am Heidelberger Zentrum für Europäische Kunstgeschichte zu Themen um Kunst und Psychiatrie durch. Aus diesen Veranstaltungen sind bereits einige Bachelor- und Magisterarbeiten sowie Dissertationen zu Aspekten der Sammlung hervorgegangen – was früher in diesem Fach undenkbar schien. Auch Dozenten anderer Fächer und anderer Universitäten greifen mittlerweile entsprechende Themen auf und betreuen Abschlussarbeiten dazu. So besuchen heute Wissenschaftler aus aller Welt das Museum und dessen Archive, um über die Werke oder die Geschichte des Bestandes, aber auch zu Leben und Werk Hans Prinzhorns zu forschen. Seit 2001 sind daraus vielfältige Beiträge zur Kunstwissenschaft, Psychiatrie, Psychologie, Kunstpädagogik, Kunsttherapie, Medizin- und Wissenschaftsgeschichte, Germanistik, Musikwissenschaft, Philosophie und Anthropologie entstanden, die eine bemerkenswerte Ausweitung der Forschungsfelder markieren.

Die Auseinandersetzung von Künstlern mit der Sammlung Prinzhorn ist heute, da in der Kunstszene ‚künstlerische Forschung' dominiert, ebenfalls komplexer als früher. Sie bleiben nicht wie Kubin beim fesselnden Eindruck der Werke stehen. Vielmehr untersuchen bildende Künstler, Literaten und Komponisten jetzt eingehend die Werke und ihren Kontext, bevor sie eine ‚Antwort' in ihrem Medium formulieren. Die Ergebnisse können sich durchaus mit den erwähnten wissenschaftlichen Texten messen, was das Herausarbeiten von Aspekten betrifft, die aktuell an der Sammlung interessieren. Ein gutes Beispiel ist das *Antwortkleid für Agnes Richter* (2003) von Lisa Niederreiter (*1962), auf das die Frankfurter Künstlerin und Kunsttherapeutin einen fiktiven Dialog mit Agnes Richter (1844–1918) nähte, die 1895 in der Anstalt Hubertusburg ein Jäckchen mit autobiographischem Text bestickt hat (Abb. 4 und 5).[22] In dieselbe Richtung gehen Resonanzseminare, die an Akademien und Hochschulen für Kunst, Design, Kunsttherapie und Kunstpädagogik angeboten werden. Oftmals führen sie zu ähnlich erstaunlichen Ergebnissen von Studierenden wie die Antwort-Projekte professioneller Künstler.

So ist an der ‚Stätte', die Alfred Kubin 1920 besucht hat, eine komplexe Einrichtung entstanden, von der vielfältige Impulse ausgehen. Gerade die zahlreichen Leihanfragen aus dem In- und Ausland sowie das Engagement des wissenschaftlichen und künstlerischen Nachwuchses belegen das Ausströmen frischen Geistes.

[22] *Schwarzseiden. Lisa Niederreiter – Agnes Richter*, Ausstellungskatalog Sammlung Prinzhorn, Heidelberg 2009.

JOHANNES WIENAND

Geschichte prägen. Die numismatischen Sammlungen der Heinrich-Heine-Universität Düsseldorf und ihre Bedeutung für Forschung und Lehre

1. Ausgangslagen

Die numismatischen Sammlungen der Heinrich-Heine-Universität Düsseldorf zählen nicht nur zu den umfangreichsten, sondern auch zu den vielfältigsten und interessantesten universitären Sammlungen antiker Münzen im deutschsprachigen Raum.[1] Sie umfassen vier ganz unterschiedliche und auf je eigene Weise interessante Kollektionen antiker Originalzeugnisse:

1. Die Lehr- und Studiensammlung (Abb. 1): Eine Sammlung griechisch-römischer Münzen, die mit Gründung der Abteilung Alte Geschichte im Jahr 1972 angelegt wurde und heute knapp 2.000 Stück umfasst. Die Sammlung wurde vorrangig mit Blick auf die Bedürfnisse der numismatischen Lehre durch gezielte Ankäufe zusammengetragen und von Beginn an durch zahlreiche Schenkungen erweitert;
2. Die Sammlung Dr. Erich Roth (Abb. 2): Ein Teil einer Privatsammlung römischer Herrscherprägungen vornehmlich des dritten und vierten Jahrhunderts n. Chr. im Umfang von 4.628 Stück, der der Universität beim Tod des Sammlers im Jahr 1978 testamentarisch als Legat hinterlassen und später aus Stiftungsmitteln um 70 Neuzugänge gezielt erweitert wurde;
3. Der Schatz von Brauweiler (Abb. 3): Ein Teil eines Schatzfundes römischer Reichsprägungen aus dem 3. Jahrhundert n. Chr., der im Jahr 1971 in der Nähe von Köln entdeckt und anschließend an der Universität Düsseldorf ausgewertet wurde. Die 999 Stück, die sich bis heute in Düsseldorf befinden, wurden der Universität von einem der Finder als Dauerleihgabe zur Verfügung gestellt;

[1] Für wertvolle Hinweise und Informationen danke ich Prof. Dr. Bruno Bleckmann, Prof. Dr. Timo Stickler, Dr. Otfried von Vacano, Prof. Dr. em. Ruprecht Ziegler und Harald Laabs. Für Unterstützung bei der Recherche danke ich Felix Böttcher, Sebastian Lindermann, Mejra Reichert und dem Universitätsarchiv der Heinrich-Heine-Universität Düsseldorf.

4. Die Sammlung Winsemann Falghera (Abb. 4): Ein 250 lykische Silberprägungen umfassender Teil einer Privatsammlung, der im Jahr 1994 ebenfalls als Dauerleihgabe an die Heinrich-Heine-Universität Düsseldorf gelangt ist.

Insgesamt umfassen diese vier Sammlungen heute knapp 8.000 numismatische Objekte, die fast vollständig wissenschaftlich aufgearbeitet und dokumentiert sind. Etwa ein Drittel aller Düsseldorfer Münzen ist bereits in der ein oder anderen Weise publiziert und der numismatischen Forschung damit problemlos zugänglich: Vollständig in Printform publiziert sind die Sammlung Winsemann Falghera und der Schatz von Brauweiler. Die Sammlung Roth ist in Teilen publiziert: Sie wird in insgesamt fünf Bänden veröffentlicht; hiervon ist der erste Band bereits erschienen, der zweite Band liegt in Form eines weitgehend druckfertigen Manuskriptes vor, die übrigen Bände sind in Arbeit. Zahlreiche Objekte der Lehr- und Studiensammlung schließlich wurden in diversen numismatischen und historischen Studien berücksichtigt, eine Gesamtpublikation in Printform ist hier allerdings nicht geplant. Der gesamte Bestand numismatischer Originalzeugnisse an der Universität Düsseldorf wird aktuell digitalisiert, ein Großteil lässt sich bereits in einem Digitalen Münzkabinett abrufen (s. u.). Alle vier Sammlungen können zudem in der Lehre eingesetzt werden – inklusive der beiden als Dauerleihgaben verfügbaren Kollektionen. Der Großteil der Bestände wird vom Lehrstuhl für Alte Geschichte in einem speziell eingerichteten Tresorraum mit drei Tresoren aufbewahrt. Lediglich die Sammlung Winsemann Falghera wird grundsätzlich von der Universitäts- und Landesbibliothek Düsseldorf verwahrt, Teile daraus können aber für Zwecke der Forschung und Lehre temporär auch an den Lehrstuhl für Alte Geschichte verlegt werden.

Die genannten Bestände an Originalzeugnissen sind eingebettet in eine systematisch aufgebaute Lehr- und Forschungsinfrastruktur. An erster Stelle ist hier die numismatische Bibliothek mit ihren umfangreichen Beständen an Grundlagen-, Studien- und Forschungsliteratur zu nennen. Die numismatische Literatur ist in der Verbundbibliothek Geisteswissenschaften inventarisiert, hat ihren Platz jedoch in unmittelbarer Nähe zu den Sammlungen in den Räumlichkeiten des Lehrstuhls für Alte Geschichte gefunden – eine historisch gewachsene Besonderheit, an der sich die hohe Bedeutung der numismatischen Forschung und Lehre an der Heinrich-Heine-Universität Düsseldorf besonders klar ablesen lässt. Ein für die numismatische Grundlagenforschung wichtiger Teil dieser Bibliothek besteht in der über Jahre hinweg systematisch aufgebauten Sammlung numismatischer Auktionskataloge (mehrere tausend Bände), die für Recherchezwecke von elementarer Bedeutung sind, da noch immer große Mengen antiker Münzen und Medaillons nicht archäologisch kontrolliert geborgen, sondern

Abb. 1: Die numismatische Lehr- und Studiensammlung.

Abb. 2: Die Sammlung Dr. Erich Roth.

Abb. 3: Der Schatz von Brauweiler.

Abb. 4: Lykischer Silberstater aus der Sammlung Winsemann Falghera (Vismara 1989, Nr. 51).

meist direkt über den Handel bekannt werden.[2] Vergleichbar umfangreiche Katalogsammlungen existieren im deutschsprachigen Raum nur an wenigen Universitäten. Da Auktionskataloge nicht systematisch vom Fernleihsystem erfasst werden, ist ein solch umfassender Bestand von großer wissenschaftlicher Bedeutung.[3]

An Sammlungsbeständen ist ferner auch die umfangreiche und vollständig dokumentierte Kollektion an Gipsabgüssen antiker Münzen zu nennen – insgesamt über 15.000 Stück –, die sich in einem Spezialschrank in den Räumen des Lehrstuhls für Alte Geschichte befindet. Die herausragende Stellung der historischen Münzkunde und Geldgeschichte an der Universität Düsseldorf kommt schließlich auch durch zwei Digitalisierungsprojekte zum Ausdruck, die vom Lehrstuhl für Alte Geschichte initiiert wurden: Die von 1973/74 an entwickelte und bis heute in Betrieb befindliche Forschungsdatenbank ISEGRIM – ein digitaler Typenkatalog der kleinasiatischen Münzprägung – sowie ein Digitales Münzkabinett, das im Jahr 2014 im Zuge eines Digitalisierungsprojektes mit dem Titel *Geschichte prägen* als öffentlich zugängliches Webportal eingerichtet wurde.

Im Folgenden sollen die numismatischen Sammlungen der Heinrich-Heine-Universität Düsseldorf in ihrer historischen Entwicklung und in ihrer Bedeutung für Forschung und Lehre genauer vorgestellt werden.

---

2 Eine von den damaligen Hilfskräften Andreas Kriekhaus und Michael Schellenberg im Jahr 1998 angefertigte Bestandsliste verzeichnet 3.380 Auktionskataloge, in einer undatierten Inventaraufstellung des Lehrstuhls (vermutlich aus dem Jahr 2000) ist von „ca. 8.000 Katalogen" die Rede. Aus der Bestandsliste von 1998 geht hervor, dass unmittelbar ab 1972 ein breites Spektrum an Auktionskatalogen abonniert wurde. Der Bestand setzt sich zusammen aus Listen der großen Auktionshäuser, enthält aber auch Kataloge weniger bekannter Händler; die weitaus meisten Auktionslisten stammen aus dem deutschsprachigen Raum, und nur die wenigsten der verzeichneten Kataloge stammen aus der Zeit vor 1972.

3 Neben den antiken Originalen und der numismatischen Literatur wurde in Düsseldorf auch eine umfangreiche Diathek mit Münzaufnahmen angelegt, die allerdings inzwischen ausgemustert wurde. Im Jahr 1999 umfasste die Diathek ca. 11.500 Dias, etwa die Hälfte davon dokumentierte antike Münzen, zum Großteil in Form von Repro-Fotografien, in Teilen aber auch aus öffentlichen und privaten Sammlungen sowie dem Münzhandel. Der Erhalt numismatischer Diatheken (insbesondere, wenn primär Repro-Fotografien zu Zwecken der Lehre erfasst sind) wird heute im universitären Bereich in der Regel grundsätzlich kritisch gesehen, da sich zumindest in einem für die Lehre ausreichendem Maße entsprechende Materialien über digitale Sammlungskataloge und Webangebote numismatischer Auktionshäuser problemlos abrufen lassen.

2. Die Geschichte der Düsseldorfer Münzsammlungen

Die Geschichte der numismatischen Sammlungen an der Heinrich-Heine-Universität Düsseldorf beginnt im Wintersemester 1971/72 mit der Berufung von Prof. Dr. Dietmar Kienast auf den Lehrstuhl für Alte Geschichte. Die Universität war erst wenige Jahre zuvor, im Jahr 1965, aus der Medizinischen Akademie hervorgegangen, die Philosophische Fakultät war zum Zeitpunkt der Berufung Kienasts gerade einmal drei Jahre alt. Kienast war der erste von bislang drei Ordinarien auf dem Düsseldorfer Lehrstuhl für Alte Geschichte, und unter seiner Ägide wurde im Sommersemester 1972 überhaupt erst eine Abteilung Alte Geschichte als eigenständige Einheit innerhalb des Historischen Seminars geschaffen.

Mit Kienast hat sich die Berufungskommission für einen Kandidaten entschieden, der als ausgewiesener Kenner der antiken Numismatik galt.[4] Der historischen Münzkunde schrieb Kienast eine hohe Bedeutung als Hilfswissenschaft einer positivistisch ausgerichteten Alten Geschichte zu, wie aus seinen Schriften klar hervorgeht. „Die Münzen“, so formulierte er es im Jahr 1982, „bilden einen wichtigen Bestandteil der antiken Überlieferung, da sie nicht bloß die antiken Schriftquellen bestätigen und illustrieren, sondern auch dort Aussagen ermöglichen, wo die literarischen Quellen schweigen“.[5] Den Mehrwert der numismatischen Zeugnisse als „Korrektiv zur literarischen Überlieferung“[6] sah Kienast speziell im Bereich der Wirtschafts- und Geldgeschichte, der Prosopografie und Herrscherchronologie sowie mit Blick auf Fragen monarchischer und städtischer Repräsentation.[7]

---

4 Kienast hatte sich bereits intensiv mit numismatischen Fragen auseinandergesetzt, bevor er 1965 zunächst als ordentlicher Professor auf den althistorischen Lehrstuhl in Marburg und dann 1972 als Ordinarius nach Düsseldorf berufen wurde; hiervon zeugen seine numismatischen Publikationen: Konrad Kraft und Dietmar Kienast (Hg.), *Sylloge nummorum graecorum; Deutschland: Sammlung v. Aulock; Bd. 7: Karien 2334–2867*, Berlin 1962 (Kienast zeichnete hier für die Aufarbeitung der Nummern 2334 bis 2378 und 2740 bis 2867 verantwortlich); Dietmar Kienast, *Die Fundmünzen der römischen Zeit in Deutschland; Abteilung 3: Saarland*, Berlin 1962; Dietmar Kienast, Der Münzfund von Ankara (270–310 n. Chr.). Studien zu Besonderheiten des Geldumlaufs im Ostteil und Westteil des Imperiums, in: *Jahrbuch für Numismatik und Geldgeschichte* 12 (1962), S. 65–112; Dietmar Kienast, Ein punischer Münzfund aus Tunis, in: *Gazette Numismatique Suisse* 15 (1965), S. 25–29.

5 Dietmar Kienast, Kleinasiatischer Münzkatalog Projekt ISEGRIM, in: *Jahresbericht der Gerda Henkel Stiftung* (1982), S. 37–41, hier S. 37.

6 Ebd.

7 Vgl. etwa Dietmar Kienast, Die Erstellung einer Datenbank der antiken Münzen Kleinasiens mit Hilfe der elektronischen Datenverarbeitung. Ein Unternehmen der Universität Düsseldorf, in: *AHF Jahrbuch der historischen Forschung* (1981), S. 39–42, hier S. 39.

Kienast hatte bei seinem Dienstantritt in Düsseldorf eine klare Vorstellung davon, wie sich die neue Düsseldorfer Abteilung Alte Geschichte zu einem Zentrum numismatischer Forschung und Lehre ausbauen ließe. Schon im Rückblick auf sein erstes Dienstjahr konnte er in einem Beitrag zum *Jahrbuch der Universität Düsseldorf* 1971/72 auf eine Diathek mit immerhin bereits etwa 1.500 Dias und eine Gipssammlung mit etwa 500 Abgüssen antiker Münzen verweisen – beide Einrichtungen sollten zunächst „vor allem der Unterstützung des akademischen Unterrichts dienen", gewannen aber rasch und in zunehmendem Maße auch für die numismatische Forschung an Bedeutung.[8] Beim Aufbau dieser Infrastruktur wurde Kienast maßgeblich von seinem wissenschaftlichen Assistenten Dr. Otfried von Vacano unterstützt, mit dem er bereits in Marburg zusammengearbeitet hatte und der bis zu seiner Pensionierung im Jahr 2004 als Kustos für den Aufbau und die Pflege der numismatischen Sammlungen verantwortlich war.

Als Kienast ein Jahr nach dem erwähnten Beitrag erneut einen Arbeitsbericht im *Jahrbuch der Universität Düsseldorf* veröffentlichte (diesmal gemeinsam mit von Vacano), konnte er nun neben der Diathek und der Gipsabgusssammlung bereits auf den Grundstock einer numismatischen Lehr- und Studiensammlung antiker Originalobjekte (Abb. 1), einen eigenen numismatischen Schwerpunkt innerhalb der althistorischen Bibliotheksbestände und auch auf „numismatische Spezialvorlesungen und regelmäßige Münzbestimmungsübungen" verweisen, „zu denen dem Institut teilweise von befreundeten Museen Fundmünzen unseres Raumes zur Identifizierung überlassen wurden".[9] Der Einsatz originaler antiker Münzen in der Lehre wurde nicht zuletzt dadurch ermöglicht, „dass die Abteilung Alte Geschichte schon jetzt durch großzügige Schenkungen über hundert originale antike Münzen erhalten hat, von denen jede einzelne auch einen erheblichen materiellen Wert repräsentiert".[10]

Als Würdigung der Unterstützung aus Kreisen Düsseldorfer Privatsammler ist zu verstehen, dass die Autoren mit ihrem Beitrag im *Jahrbuch der Universität Düsseldorf* die Gründungsmünze der Sammlung, einen Denar des römischen Feldherrn Sulla aus dem Bürgerkriegsjahr 83 v. Chr. (gestiftet von W. Trapp aus

---

[8] Dietmar Kienast, Abteilung Alte Geschichte am Historischen Seminar, in: *Jahrbuch der Universität Düsseldorf* (1971/72), S. 113 f., Zitat von S. 114.

[9] Dietmar Kienast und Otfried von Vacano, Die Münzsammlung der Abteilung Alte Geschichte; Teil I: Ein Denar SULLAs; Teil II: Zur Herstellungstechnik und zum Kurswert des subaeraten SULLA-Denars, in: *Jahrbuch der Universität Düsseldorf* (1972/73), S. 325–335, Zitat von S. 325 f.; Nachdruck des ersten Teils in Raban von Haehling, Otfried von Vacano und Ruprecht Ziegler (Hg.), *Dietmar Kienast: Kleine Schriften*. Aalen 1994, S. 269–280 mit Tafel VIII.

[10] Ebd., S. 326. „Wichtiger als der materielle Wert dieser Sammlung ist jedoch deren Bedeutung für den akademischen Unterricht und für die Forschung", wie Kienast und von Vacano ergänzten.

Düsseldorf), ausführlich vorgestellt und historisch wie prägetechnisch eingeordnet haben. Mit weiteren Beiträgen dieser Art, so kündigten es Kienast und von Vacano damals an, sollten in regelmäßigen Abständen private Stiftungen zu Gunsten der Düsseldorfer Universitätssammlung publiziert werden. Insgesamt ist zwar nur eine überschaubare Zahl solcher Publikationen entstanden, deren wissenschaftlicher Mehrwert zudem begrenzt ist; dennoch haben diese Veröffentlichungen dazu beigetragen, dass der Aufbau der Sammlung gerade auch von privaten Sammlern und Stiftern tatkräftig unterstützt wurde.[11] Dies wurde auch dadurch gefördert, dass neben regulären Studenten durchaus auch Privatsammler in den numismatischen Lehrveranstaltungen der Alte Geschichte willkommen waren – berüchtigt waren hier insbesondere die als ‚Donnerstagsrunde' bekannten Bestimmungsübungen.[12] Das Angebot wurde von Sammlern aus der Region gerne aufgegriffen, und die Lehr- und Studiensammlung hat davon erkennbar profitiert: Ausweislich der Sammlungskartei hat sich schon früh eine Gruppe regionaler Privatsammler formiert, die sich mit wiederholten Schenkungen am Aufbau der Sammlung beteiligt haben.

Darüber hinaus wurden antike Münzen anfangs gezielt auch mit Restmitteln der Betriebs- und Geschäftsausstattung angekauft, sprich mit regulären Lehrstuhlgeldern, die gegen Jahresende noch verfügbar waren. Im Jahr 1990 floss zudem als Dauerleihgabe aus dem Nachlass von Dr. Reinhard und Emmi Heynen ein Teil einer Antikensammlung ein, die neben einigem römischem Schwergeld, antiken Fingerringen, einem Armreif und einer Haarnadel auch geschnittene Steine, Glaspasten und mehrere Gegenstände der ägyptischen Kleinkunst umfasst. Auf diese Weise entstand über die Jahre eine Lehr- und Studiensammlung im Umfang von heute knapp 2.000 Stück, die sich über die gesamte griechisch-römische Münzprägung erstreckt – mit einem Schwerpunkt auf hellenistischen und römischen Städteprägungen und der Münzprägung der römischen Kaiserzeit. Neben den antiken Originalen enthält die Sammlung auch 196 galvanoplastische Nachbildungen wertvoller Exemplare der griechisch-römischen und

[11] An eigenständigen Publikationen einzelner Stücke lassen sich lediglich drei Titel nachweisen: Kienast/Vacano 1972/73, S. 325–335; Dietmar Kienast, Eine syrakusanische Bronzemünze aus der Zeit Timoleons, in: *Jahrbuch der Universität Düsseldorf* (1976/77), S. 223–233; Otfried von Vacano, Tufa. Ein Tremissis im Namen Zenos (474–491), in: Société Suédoise de Numismatique (Hg.), *Florilegium Numismaticum. Studia in honorem U. Westermark edita*, Stockholm 1992, S. 327–340. Darüber hinaus wurden aber zahlreiche Stücke der Sammlung in verstreuten Publikationen berücksichtigt; siehe hierzu unten Anm. 13.

[12] Otfried von Vacano, *Münzsammlung Dr. Erich Roth der Heinrich-Heine-Universität Düsseldorf*, Bochum 1990, S. 7.

Abb. 5: Inv. 3539.27.02 (eine kleinasiatische Städteprägung der römischen Kaiserzeit) aus der Lehr- und Studiensammlung. Abgebildet sind das Original, die entsprechende Karteikarte, der Gipsabguss und die Gipskarte mit Negativabdruck.

vorderasiatischen Münzprägung sowie eine Reihe antiker und neuzeitlicher Fälschungen und einige Münzen der nachantiken Zeit.

Über die genannten Publikationen einzelner ausgewählter Münzen aus der Lehr- und Studiensammlung hinaus fanden weitere Stücke in der Forschungsliteratur Berücksichtigung.[13] Sämtliche Objekte sind zudem in einer Kartei erfasst (vgl. Abb. 5), die zunächst in die Forschungsdatenbank ISEGRIM eingepflegt und im Zuge einer Inventur im Jahr 2004 unter von Vacanos Nachfolger Dr. Timo Stickler (inzwischen Professor für Alte Geschichte in Jena) durch die studentische Hilfskraft Lina Unterbörsch in eine Access-Datenbank übertragen wurde. Die digitale Erfassung der Lehr- und Studiensammlung war zunächst lediglich für interne Zwecke gedacht, erwies sich jetzt aber als wertvolle Vorarbeit für das Digitalisierungsprojekt *Geschichte prägen*, mit dem derzeit die gesamte Sammlung online verfügbar gemacht wird (s. u.).

[13] Verwiesen sei hier insbesondere auf die Studie von Ruprecht Ziegler, *Münzen Kilikiens aus kleineren deutschen Sammlungen*, München 1988.

3. Die Gipsabgusssammlung

Das zweite wichtige Standbein der numismatischen Bestände an der Universität Düsseldorf stellt die umfangreiche Sammlung an Gipsabgüssen antiker, speziell kleinasiatischer Prägungen dar – heute über 15.000 Stück (vgl. Abb. 5). Von besonderer Forschungsrelevanz waren Sammlungen dieser Art insbesondere in Zeiten, als hochauflösende Fotos, wie sie heute über Auktionsportale und digitale Sammlungskataloge vergleichsweise unkompliziert abgerufen werden können, noch Mangelware darstellten. Auch heute aber werden Gipsabgüsse in der numismatischen Lehre und Forschung noch gerne verwendet, um mit einfachen und kostengünstigen Mitteln präzise dreidimensionale Reproduktionen relevanter Originalobjekte zu erstellen. Da ein Gipsabguss mit der Größe und Relieftiefe des Originalstücks auch Detailinformationen bewahrt, die aus einem Foto nicht unmittelbar hervorgehen, sind Kollektionen dieser Art auch heute noch von Bedeutung.

Der Grundstock der Düsseldorfer Abgusssammlung wurde – wie bereits erwähnt – unmittelbar mit der Gründung der Abteilung Alte Geschichte von Kienast und von Vacano gelegt. Zu Beginn war die Sammlung speziell auf die Bedürfnisse der Lehre hin konzipiert und wies einen Schwerpunkt auf dem Gebiet der römischen Reichsprägung auf. Geeignete Vorlagen fanden sich zunächst vor allem in Privatsammlungen und bei Düsseldorfer Händlern, zahlreiche Abgüsse gingen auch unmittelbar aus der numismatischen Lehre hervor. Mit den Forschungsinteressen der Mitarbeiter verlagerte sich der Schwerpunkt der Kollektion dann allerdings bald hin zur Provinzialprägung, speziell zu kleinasiatischen Städteprägungen der römischen Kaiserzeit. Insbesondere Dr. Ruprecht Ziegler – von 1974 bis 1995 wissenschaftlicher Angestellter am Düsseldorfer Lehrstuhl für Alte Geschichte und anschließend bis zu seiner Emeritierung im Jahr 2010 Professor für Alte Geschichte an der Universität Duisburg – hat die Sammlung durch die Erstellung von Abgüssen speziell kilikischer Prägungen, die nun auch weltweit aus unterschiedlichsten Sammlungen zusammengetragen wurden, gezielt erweitert und zu einer primär forschungsorientierten Abgusskollektion ausgebaut.[14] Daneben enthält die Gipssammlung auch Abgüsse beinahe der

[14] Welch hoher wissenschaftlicher Wert der Abgusssammlung zukommt, lässt sich besonders klar an Zieglers Düsseldorfer Habilitationsschrift zur kilikischen Münzprägung ablesen, die ganz wesentlich auf der Auswertung der Gipsabgüsse basiert und mit dem Preis der Freunde und Förderer der Heinrich-Heine-Universität Düsseldorf ausgezeichnet wurde: Ruprecht Ziegler, *Kaiser, Heer und städtisches Geld. Untersuchungen zur Münzprägung von Anazarbos und anderer ostkilikischer Städte*, Wien 1993. Darüber hinaus wurde die Gipsabgusssammlung auch von auswärtigen Forschern für eigene Forschungsarbeiten berücksichtigt, etwa von der Archäologin Marion Meyer (Wien) oder dem Numismatiker Edoardo Levante (Paris). Verwendung fand

gesamten Lehr- und Studiensammlung, der komplette Schatz von Brauweiler (also auch derjenigen Fundmünzen, die nicht als Dauerleihgabe an die Universität Düsseldorf gekommen sind) sowie Abgüsse von knapp der Hälfte der Sammlung Roth.[15]

4. Die Sammlung Dr. Erich Roth

Den bei weitem größten Teil der numismatischen Sammlungen an der Heinrich-Heine-Universität Düsseldorf macht eine insgesamt 4.698 Silber- und Bronzestücke (mit einer Goldprägung) umfassende Kollektion mit Schwerpunkt auf der römischen Reichsprägung der Zeit von Septimius Severus bis in die Spätantike aus (Abb. 2). Abgesehen von 70 Münzen, die von der Universität später aus Stiftungsmitteln hinzugekauft wurden, ist der Kernbestand der Sammlung von Dr. Erich Roth aufgebaut worden, einem in Düsseldorf praktizierenden Arzt und Privatsammler. Der Sammler stand in engem Kontakt zum Lehrstuhl für Alte Geschichte und hat – zur Überraschung aller Beteiligten – bei seinem Tod im Jahr 1978 der althistorischen Abteilung seine gesamte Sammlung testamentarisch vermacht. In Roths Testament heißt es „Als Legat vermache ich meine Münzensammlung wegen ihres wissenschaftlichen Wertes nebst der münzkundlichen Literatur soweit nicht als Dubletten vorhanden dem althistorischen Seminar der Universität Düsseldorf".[16]

Bei Roths Tod bestand die Sammlung aus insgesamt 5.216 Prägungen des römischen Reiches und seiner Nachfolgestaaten der Zeit von Caesar bis in die Zeit der Völkerwanderung, darunter auch zwei griechische Städteprägungen der römischen Kaiserzeit und eine Fälschung eines Neronischen Sesterzes; der Gesamtbestand gliederte sich in 2.837 Bronzemünzen, 2.226 Silbermünzen und 153 Goldmünzen.[17] Die rechtlichen Erben haben nun allerdings das Testament unter Verweis auf Pflichtanteil und Zugewinn angefochten. Es folgte eine langwierige juristische Auseinandersetzung, die erst im Jahr 1987 mit einem Vergleich abgeschlossen werden konnte. Mit Ausnahme eines spätrömischen Stücks musste die Universität auf die Übernahme der Goldprägungen verzichten. Auch sämt-

die Sammlung schließlich auch im Zuge der bereits erwähnten Düsseldorfer Forschungsdatenbank ISEGRIM.

[15] Die Abgüsse der Studiensammlung wurden primär zu Zwecken der akademischen Lehre hergestellt, die Abgüsse der Fundmünzen aus Brauweiler und der Sammlung Roth wurden maßgeblich angefertigt, um qualitativ hochwertige Abbildungen für die Tafelteile der entsprechenden Printpublikationen erstellen zu können.

[16] Zitiert nach dem Beschluss 92 VI 1320/78 des Landgerichts Düsseldorf, S. 3.

[17] Die Informationen sind einem Schreiben Otfried von Vacanos an Schlicht vom 21. August 1980 (im Bestand der Lehrstuhlakten) entnommen.

liche Silber- und Bronzeprägungen der Zeit vor Septimius Severus gingen an die Erben, „um den wissenschaftlich wichtigsten Kern“ der Sammlung, nämlich v. a. die Bronze- und Silberprägungen des dritten und vierten nachchristlichen Jahrhunderts, erhalten zu können. Ein Versuch, den restlichen Teil der Sammlung geschlossen von den Erben zu übernehmen, um den Verkauf auf dem freien Markt zu verhindern, scheiterte an den hohen Kosten. Allerdings konnte die Sammlung mit Unterstützung diverser Geldgeber (Privatpersonen, Stiftungen, Firmen) über die Jahre hinweg immerhin noch um die genannten 70 Neuzugänge erweitert werden.[18]

Der wissenschaftliche Wert der Sammlung bestand und besteht konkret darin, dass die Emissionsabfolge römischer Herrscherprägungen, speziell der Zeit ab 193 n. Chr. (also ab severischer Zeit bis in die Spätantike hinein) in hoher Dichte repräsentiert und dabei speziell auch seltene Prägungen berücksichtigt wurden: Roth war einer Anregung Konrad Krafts gefolgt und hatte „eine Sammlung zusammengetragen, die Münzen – teilweise wissenschaftlich ungenügend bearbeiteter Gebiete – so vollständig vereinigt, dass sowohl Münzstättenzuweisungen als auch Ausgabeabfolgen festgestellt werden können. Diese Vollständigkeit dürfte in einer Privatsammlung kaum, in einer öffentlichen Sammlung nur selten realisiert sein“.[19] In einem Vermerk aus dem Jahr 1987 schätzte Kienast den Wert der Sammlung für Forschung und Lehre wie folgt ein:

> Durch das Ziel des Sammlers Dr. Roth, die späteren römischen Münzen nach Münzstätten und Emissionen möglichst vollständig zusammenzutragen und eine Basis zu schaffen für die wissenschaftliche Bearbeitung bisher ungenügend erforschter Bereiche, verblieb dem Seminar eine für Forschung wie akademischen Unterricht besonders geeignete Sammlung. Sie spiegelt vorzüglich die Politik und Wirtschaft in den reichen severischen Silberdenarprägungen, die Krise des 3. Jh. in dem zahlreichen verfallenden Antoniniangeld des mittleren Jahrhunderts und den Folles der diocletianischen Geldreform und deren Verfall in der folgenden Zeit der Tetrarchen und ihrer Nachfolger.[20]

[18] Zu den genannten Informationen und dem Zitat siehe von Vacano 1990, S. 7.

[19] Bericht Otfried von Vacano vom 15. April 1980 („Münzsammlung Dr. Erich Roth“), S. 2 (im Bestand der Lehrstuhlakten).

[20] Vermerk Dietmar Kienasts vom 6. März 1987 („Münzsammlung Dr. Roth als Legat am Historischen Seminar, Abt. Alte Geschichte“) (im Bestand der Lehrstuhlakten). In einer undatierten Gesprächsnotiz zur Erbsache Roth („Begutachtung der Münzsammlung Dr. Roth“), verweist Schlicht auf ein Telefonat mit dem Münzhändler Dr. Kimpel (Düsseldorf), der die Sammlung Roth gut gekannt und die Einschätzung geäußert haben soll: „dass es sich um äußerst seltene und schwer zu beschreibende Stücke handele“ (S. 2 [= 1]); ferner habe sich Roth „bemüht, mit einer einzigartigen Vollständigkeit Münzen der verschiedenen Münzstätten und verschiedene Offizinen innerhalb gleicher Münzstätten zu sammeln (S. 2) (im Bestand der Lehrstuhlakten).

Bei der Sammlung Roth handelt es sich nicht nur um eine wissenschaftlich und didaktisch interessante Kollektion, die Sammlung umfasst zudem in großen Teilen seltene und teils schwer bestimmbare Münzen. Ein Händler, der die Sammlung gut kannte, hielt „von den verlangten Kenntnissen her … in der Bundesrepublik ohnehin nur" einen einzigen Numismatiker kompetent genug, die Münzen verlässlich zu bestimmen.[21] Angesichts dieser Voraussetzungen ist es als Glücksfall zu verstehen, dass die Sammlung in einer Zeit an die Universität Düsseldorf gelangt ist, als dort auch tatsächlich die personellen Kapazitäten und die numismatischen Kompetenzen vorhanden waren, die Sammlung in angemessener Weise wissenschaftlich aufzuarbeiten.

Bereits im Jahr 1990 konnte von Vacano den ersten Band eines auf insgesamt fünf Teile angelegten Corpus vorlegen, in dem das Material publiziert wird.[22] Der Band umfasst 757 Münzen der Jahre 193 bis 235 n. Chr., also aus der Zeit der römischen Kaiser von Septimius Severus bis Severus Alexander. Da für diesen Zeitraum einige Neuzugänge zur Sammlung zu verzeichnen sind und der Tafelteil nicht mehr den heutigen Ansprüchen genügt, soll dieser Band im Zuge des aktuellen Publikationsprojektes als überarbeitete Neuauflage erscheinen (dann mit 769 Münzen). Auch die Arbeit am zweiten Band ist inzwischen weitestgehend abgeschlossen, so dass dieser Teil bald publiziert werden kann – hier werden insgesamt 884 Münzen aus den Jahren 235 bis 268 erfasst (die Zeit der Kaiser Maximinus Thrax bis Gallienus).[23] Für die Bände drei bis fünf liegen die Bestimmungen ebenfalls bereits in digitaler Form vor, so dass sich auch hier die Publikation zügig abschließen lassen wird; dies betrifft die Münzen aus der Zeit von 268 bis 395 n. Chr., d. h. von Claudius Gothicus bis Theodosius I. Um die Sammlung Roth in Gänze publizieren zu können, werden allerdings weitere Fördermittel nötig sein: insbesondere die Erstellung des Drucksatzes und der Bildtafeln erfordern entsprechende personelle Kapazitäten, zudem wird sich das Corpus nicht ohne Druckkostenzuschuss verlegen lassen.

[21] Zitiert nach einem undatierten Telefonvermerk Schlichts, S. 2 [= 3] (im Bestand der Lehrstuhlakten). Der Vermerk datiert wohl in die frühen 1980er Jahre.

[22] Von Vacano 1990. Der Band wurde mit finanzieller Unterstützung der Gesellschaft von Freunden und Förderern der Heinrich-Heine-Universität Düsseldorf e. V. und der Gerda-Henkel-Stiftung gedruckt.

[23] Das Manuskript konnte von Vacano vor seiner Pensionierung im Jahr 2004 nicht mehr in den Druck geben, und da anschließend die Kustodenstelle in eine reguläre Assistenz umgewidmet wurde, fehlte dem Lehrstuhl für Alte Geschichte vorübergehend die personelle Kapazität, das Publikationsprojekt weiter voranzutreiben. Eine Projektförderung des Ministeriums für Innovation, Wissenschaft und Forschung des Landes Nordrhein-Westfalen hat im Jahr 2013 die Voraussetzungen geschaffen, die Arbeit an der Sammlung Roth wieder aufzunehmen. Die Abteilung Alte Geschichte bemüht sich darum, weitere Mittel einzuwerben, um die Publikation des gesamten Corpus zum Abschluss bringen zu können.

5. Die Sammlung Winsemann Falghera

Die Lehr- und Studiensammlung und die Sammlung Roth machen mit insgesamt etwa 6.600 numismatischen Objekten den größten Teil der numismatischen Sammlungsbestände der Heinrich-Heine-Universität Düsseldorf aus. Diese beiden Sammlungen werden ergänzt durch zwei Dauerleihgaben aus Privatbesitz. Zunächst ist hier die kleine, aber feine Leihgabe von 250 sehr gut erhaltenen, wertvollen und wissenschaftlich interessanten lykischen Silbermünzen der archaischen und klassischen Zeit aus dem Privatbesitz von Ermanno Winsemann Falghera zu nennen, die durch die Liebhaberschaft eines Privatsammlers zusammengetragen worden sind (Abb. 4). 229 Münzen der Sammlung (inkl. einer Fälschung) wurden 1989 von Novella Vismara publiziert und stehen der numismatischen Forschung damit ohne weiteres zur Verfügung.[24] 21 weitere lykische Münzen der Sammlung sind noch nicht publiziert. Der wissenschaftliche Wert dieser vergleichsweise überschaubaren Kollektion liegt darin begründet, dass die Münzen wertvolle Einblicke in die Wirtschaft, Kultur, Religion und Gesellschaft der historischen Region Lykien an der Südküste Kleinasiens v. a. im fünften und vierten Jahrhundert v. Chr. bieten – einer Region, die sich zwischen dem persischen Großreich und athenischen Hegemonialbestrebungen zu behaupten hatte.

6. Der Schatz von Brauweiler

Ferner verfügt die Heinrich-Heine-Universität Düsseldorf über eine Dauerleihgabe von 999 römischen Prägungen aus einem Schatzfund, der im Jahr 1971 in Brauweiler bei Köln gemacht wurde und insgesamt 2.623 Münzen aus dem dritten nachchristlichen Jahrhundert zutage gefördert hat (Abb. 3). Anders als eine durch Ankauf gezielt erweiterte Privatsammlung stellt ein Hortfund (d. h. ein Münzschatz) einen in der Antike intentional angelegten Bestand an Wertgegenständen dar, deren Analyse (insbesondere wenn die Fundsituation und die Fundumstände archäologisch kontrolliert werden können) wertvolle Rückschlüsse etwa auf den antiken Münzumlauf, private Besitzverhältnisse und die Umstände der Hortbildung zulässt. Der Schatz von Brauweiler besteht fast durchgängig aus Antoninianen der Zeit von Kaiser Valerian (253–260 n. Chr.) bis zu Tetricus I (271–274) und dessen gleichnamigem Sohn, wobei etwa 80 % der Prägungen den Gegenkaisern des so genannten Gallischen Sonderreichs – Postumus, Marius, Victorinus und den beiden Tetrici – zuzurechnen sind. Geprägt wurde ein Großteil der Schatzmünzen in Köln und Trier. Der Fund ging damals zur Bestimmung an die Universität Düsseldorf, konnte mustergültig aufbereitet und im Jahr 1983

[24] Vgl. Novella Vismara, *Monetazione arcaica della Lycia II: La collezione Winsemann Falghera*, Mailand 1989.

publiziert werden – auch dieser Bestand ist der numismatischen Forschung damit problemlos zugänglich.[25] Dass sich ein Teil des Schatzes noch heute an der Universität Düsseldorf befindet, ist einem der Finder, Herrn H.-W. Winkler, zu verdanken, der der Abteilung Alte Geschichte insgesamt 999 Münzen aus dem Schatz als Dauerleihgabe zur Verfügung gestellt hat.

7. Die numismatische Lehre

Die gesamten Sammlungsbestände – also alle vier Kollektionen antiker Originalzeugnisse und die Gipsabgusssammlung – sowie die numismatische Infrastruktur der Abteilung Alte Geschichte wurden und werden auf vielfältige Weise in der akademischen Lehre eingesetzt. Die Vorlesungsverzeichnisse der Universität Düsseldorf verzeichnen alleine in den zweiunddreißig Jahren von 1972 bis 2004 – also in der Zeit, in der die Abteilung Alte Geschichte über eine eigene Kustodenstelle verfügte – nicht weniger als 70 genuin numismatische Lehrveranstaltungen; auch danach noch wurden und werden primär von den Sammlungsbeauftragten (zunächst ab 2004 Stickler, seit 2011 der Verfasser dieses Beitrags) numismatische Lehrveranstaltungen abgehalten, wenn auch in geringerer Zahl.[26] Den Großteil der bisher gehaltenen numismatischen Lehrveranstaltungen machen Einführungen und Bestimmungsübungen aus. Für Veranstaltungen dieser Art konnte mit der sukzessiven Erweiterung der Sammlungsbestände in zunehmendem Maße auf Originale zurückgegriffen werden. Auch mit der Diathek und der Gipsabgusssammlung wurde gearbeitet. Folgerichtig wurden die antiken Münzen der Düsseldorfer Sammlungen auch in Prüfungen eingesetzt, und aus der Arbeit mit dem Material gingen zudem einige Abschlussarbeiten hervor.

---

[25] Die Bearbeitung der Münzen hat Ruprecht Ziegler übernommen, wobei die Stücke auch datentechnisch erfasst und verarbeitet wurden. Zur Auswertung hat Ziegler eigens Lehrveranstaltungen angeboten, in denen einzelne Münzen bestimmt und Teile des Fundes bearbeitet wurden. Auch der Lehrstuhlinhaber Kienast hat im Wintersemester 1976/77 begleitend zur Fundaufarbeitung seines Mitarbeiters ein Hauptseminar zu Fragen der historischen Auswertung von Münzschatzfunden aus der Zeit des Gallischen Sonderreichs durchgeführt Die Ergebnisse der Fundauswertung wurden publiziert in Ruprecht Ziegler, *Der Schatzfund von Brauweiler. Untersuchung zur Münzprägung und zum Geldumlauf im gallischen Sonderreich*, Köln 1983.

[26] Bei allen Kontinuitäten steht die numismatische Lehre an der Universität Düsseldorf heute gegenüber den 70er, 80er und 90er Jahren unter gewandelten personellen und hochschulpolitischen Vorzeichen. In der Zeit nach der Umwandlung der Kustodie in eine reguläre Akademische Ratsstelle wurden zwar weiterhin numismatische Lehrveranstaltungen angeboten, der numismatische Schwerpunkt in der akademischen Lehre konnte aber schon aus Gründen der Personalstruktur nicht in vollem Maße aufrecht erhalten werden (zumal die Hochschulpolitik der jüngeren Zeit mit zunehmender Intensität gerade auch die Geisteswissenschaften in die Pflicht nimmt, die steigenden Studierendenzahlen zu bewältigen).

Zusätzlich zu regulären und regelmäßig angebotenen Einführungsveranstaltungen und Bestimmungsübungen wurden auch Lehrveranstaltungen angeboten, die sich auf aktuelle Arbeiten – etwa die Bestimmung unpublizierter Münzen oder die bereits erwähnte Fundmünzenbearbeitung –, aber auch auf umfangreichere Forschungsprojekte der Lehrstuhlmitarbeiter bezogen – hier sind speziell die Forschungen Zieglers zur kleinasiatischen Münzprägung zu nennen, die sich in mehreren Lehrveranstaltungen niedergeschlagen haben. Aus dem Jahr 1983 verzeichnet das Vorlesungsverzeichnis zudem erstmals eine Veranstaltung, die sich speziell der Düsseldorfer Datenbank ISEGRIM widmete; es folgten weitere Veranstaltungen zum Einsatz von EDV-Anwendungen in der antiken Numismatik, und auch im Sommersemester 2014 wurde begleitend zum aktuellen Digitalisierungsprojekt eine entsprechende Lehrveranstaltung angeboten. Auch die Neuzugänge zu den Düsseldorfer Sammlungsbeständen wurden jeweils in der Lehre reflektiert: In den Wintersemestern 1997/98 und 2001/02 bot von Vacano Lehrveranstaltungen zur Erarbeitung des wissenschaftlichen Katalogs der Münzsammlung Dr. Erich Roth an, im Jahr 2000/01 auch eine Bestimmungsübung zur Einordnung der lykischen Münzen aus der Sammlung Winsemann Falghera.

Dass sich die Bestände dabei gut auch als Grundlage für die Konzeption themenbezogener Ausstellungen eignen, zeigt sich schon durch die Ausstellung *Mithradates und Rom. Antike Münzen*, die in Kooperation mit der Deutschen Bank AG vom 21. Mai bis 8. Juni 1979 gezeigt wurde und wesentlich aus der akademischen Lehre hervorgegangen ist. In der Ausstellung wurden in sechs Vitrinen insgesamt 102 Münzen gezeigt, darunter nicht nur Stücke aus den eigenen Sammlungsbeständen, sondern auch zahlreiche Leihgaben aus öffentlichen und universitären Sammlungen sowie aus Privatbesitz. Die Ausstellung beleuchtete aus unterschiedlichen Blickwinkeln die Herrschaft des pontischen Königs Mithradates und seines Aufstands gegen Rom. Dabei wurden sozialpolitische Aspekte thematisiert, Fragen der Herrschaftsrepräsentation und religiöse Phänomene in den Blick genommen und schließlich auch technische Besonderheiten der mithradatischen Münzprägung diskutiert.

Nur zwei Jahre später, im Jahr 1982, wurde dann gemeinsam mit dem Verein für Geschichte und Heimatkunde e. V. in der Kreissparkasse Köln eine Ausstellung zum Thema *Römische Münzen aus Brauweiler* durchgeführt, in die Studierende der Universität Düsseldorf insofern indirekt einbezogen waren, als sie in den entsprechenden Lehrveranstaltungen an der Auswertung des Funds mitgewirkt hatten.[27] In der Ausstellung wurde der Fund insgesamt vorstellt und seine

[27] Ruprecht Ziegler, Römische Münzen aus Brauweiler. Eine Ausstellung der Kreissparkasse Köln

Implikationen für unser Verständnis der Geschichte des Gallischen Sonderreichs thematisiert.

Im Winter 1988/89 bereicherten zudem Exponate aus den Düsseldorfer Beständen die Ausstellung *Universität Düsseldorf – ein Portrait* im Sparkassenhochhaus der Stadtsparkasse Düsseldorf. Auch in diesem Fall waren Studierende in die Konzeption, Entwicklung und Durchführung der Präsentationen eingebunden. Die Präsentation bot einen Querschnitt durch die Sammlungsbestände und umfasste damit die griechisch-römische Münzprägung in ihrer Gesamtheit.

8. Die Digitalisierung der numismatischen Sammlungsbestände

Abschließend soll noch ein Blick auf das aktuelle Digitalisierungsprojekt geworfen werden. Die Abteilung Alte Geschichte an der Universität Düsseldorf hat sich bereits seit 1973/74 mit den Möglichkeiten der elektronischen Datenverarbeitung in der Numismatik befasst. Mit großem Aufwand wurde der bereits erwähnte digitale Typenkatalog der Münzprägung des antiken Kleinasien entwickelt, der unter dem Namen ISEGRIM („**I**nformations**S**ystem zur **E**rfassung **GRI**echischer **M**ünzen") bekannt ist und bis heute betrieben wird. Bei ISEGRIM ging es allerdings nie darum, speziell die Düsseldorfer Sammlungen zu digitalisieren, vielmehr sollte mit der kleinasiatischen Münzprägung ein umfangreiches, noch nicht anderweitig in Gänze systematisiertes Segment der antiken Münzprägung vollständig erfasst und erschlossen werden.

Das aktuelle Digitalisierungsprojekt hat einen bescheideneren und leichter einzulösenden Anspruch: Die numismatischen Sammlungsbestände der Abteilung Alte Geschichte werden vollständig erschlossen und in einem einfach zu bedienenden Portal online veröffentlicht. Von November 2013 bis November 2014 hat das Ministerium für Innovation, Wissenschaft und Forschung des Landes Nordrhein-Westfalen in der Programmlinie „Infrastrukturelle Förderung für die Geistes- und Gesellschaftswissenschaften NRW" ein entsprechendes Digitalisierungsprojekt mit dem Titel *Geschichte prägen. Digitalisierung und Open-Access-Publikation der numismatischen Sammlungen an der Heinrich-Heine-Universität Düsseldorf* gefördert.

Das Münzkabinett der Staatlichen Museen zu Berlin hat sich freundlicherweise bereit erklärt, dem Projekt eine speziell auf die Bedürfnisse der Düsseldorfer Bestände zugeschnittene Version seines in Wissenschaft und Öffentlichkeit gleichermaßen geschätzten Interaktiven Katalogs (http://www.smb.museum/ikmk) – und damit eine seit langem erprobte und international anerkannte Datenbank-

in Zusammenarbeit mit dem Verein für Geschichte und Heimatkunde e. V., Verein für Geschichte und Heimatkunde e. V. Begleitblatt zu Ausstellungen Nr. 8 (1982).

lösung – kostenlos zur Verfügung zu stellen und das Projekt *Geschichte prägen* auch darüber hinaus in technischer und inhaltlicher Hinsicht zu unterstützen. Das Digitale Münzkabinett der Heinrich-Heine-Universität Düsseldorf ist seit Oktober 2014 unter der Adresse http://muenzkabinett.hhu.de zu erreichen.

Da die Frage langfristiger Bestandssicherung digitaler Daten wohl immer prekär bleiben wird, soll das Digitalisierungsprojekt zugleich, wie bereits ausgeführt, um die Fortführung der Printpublikation der Sammlung Roth ergänzt werden. Zudem entsteht aktuell eine Printpublikation, in der die Düsseldorfer Sammlungen umfassend vorgestellt und einige besonders bedeutende Stücke im Detail präsentiert werden. In beiden Fällen sollen sich Print- und Online-Publikation gegenseitig beflügeln, ein hohes Maß an Funktionalität bieten und zugleich die wissenschaftliche Nachhaltigkeit sichern. Die numismatischen Sammlungen der Heinrich-Heine-Universität Düsseldorf können damit in Wissenschaft und Öffentlichkeit die Sichtbarkeit und Aufmerksamkeit erlangen, die sie verdienen.

Die Sammlung Werner Block

Luise Maslow

Der Arzt und der Tod – Die Sammlung Werner Block

„Fachleute unter sich: Mors triumphator!“ – so betitelte Prof. Dr. Werner Block (1893–1976) eine eigenhändige Federzeichnung, welche einen Arzt und den als Skelett personifizierten Tod bei der Betrachtung einer graphischen Darstellung des triumphierenden Todes zeigt und mit der er „statt eines Schlußwortes“[1] seine Publikation *Der Arzt und der Tod in Bildern aus sechs Jahrhunderten* (1966) abschloss (Abb. 1). Damit versuchte der Arzt und Kunstsammler ein Fazit aus der jahrzehntelangen Beschäftigung mit graphischen Darstellungen des personifizierten Todes zu ziehen.

Die private Kunstsammlung des Chirurgen Dr. Werner Block bildete mit dem Erwerb durch die Heinrich-Heine-Universität 1976 den Grundstock der Graphiksammlung *Mensch und Tod.* Diese verdankt ihren Anfang damit maßgeblich der Initiative des privaten Sammlers. Werner Block[2] (Bochum 1893 – Hannover 1976) erhielt, nach dem Studium an den Universitäten in Freiburg i. Br. und in Straßburg, seinen Doktortitel der Medizin im Jahr 1918. Von 1919 bis 1924 war er Assistent an der Universitätsklinik in Berlin, bevor er Chefarzt am Marienhospital in Witten an der Ruhr wurde. Ab 1930 war er Leiter der Abteilung für Chirurgie im Sankt Gertrauden-Krankenhaus in Berlin-Wilmersdorf. In dieser Zeit habilitierte er sich an der Universität Berlin (1936). Dort wurde er im Jahr 1951 Professor der Chirurgie. 1957 bis 1959 war Block zudem Vorsitzender des Chirurgenverbandes und 1961 bis 1968 Hauptschriftleiter der Zeitschrift *Der Chirurg*. Seinen Lebensabend verbrachte er ab 1970 in Hannover.

Bereits als Medizinstudent hatte sich Werner Block für das makabre, jedoch für den angehenden Chirurgen lebensnahe Thema interessiert. In den 1920er Jahren, noch als Assistenzarzt, begann Block, Drucke und Bücher zu sammeln, die sich mit dem Thema Tod beschäftigten, wobei er sich besonders für Totentänze interessierte.[3] Die Sammlung umfasst Drucke und Zeichnungen von der Renaissance bis ins 20. Jahrhundert. Beruflich auf Schritt und Tritt mit dem Tod,

---

[1] Block 1966, S. 192.

[2] Zu Werner Block vgl. Rolf Winau und Ekkehard Vaubel, *Chirurgen in Berlin*, Berlin, New York 1983, S. 283; Hans Schadewaldt, Prolegomena zur Universitätssammlung *Mensch und Tod*, in: Schuster 1989, S. IX–XVI; L.4051, Werner Block, in: Frits Lugt, *Les Marques de Collections de Dessins & d'Estampes*, http://www.marquesdecollections.fr/ (17.02.2014).

[3] Vgl. Schadewaldt 1989, S. IX. Dazu vgl. auch L.4051, Werner Block, in: Frits Lugt, *Les Marques de Collections de Dessins & d'Estampes*, http://www.marquesdecollections.fr/ (17.02.2014).

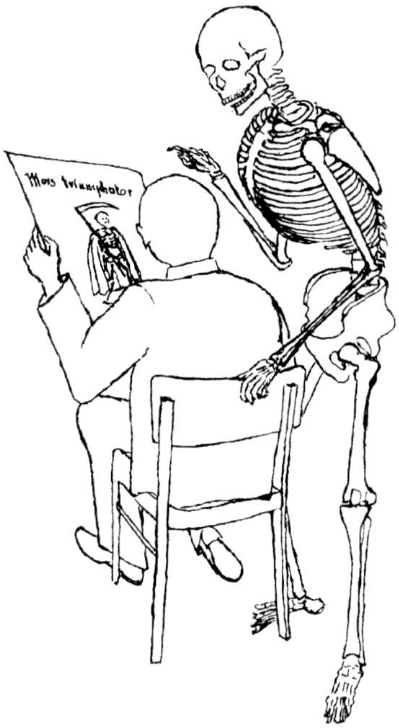

Abb. 1: Werner Block, Fachleute unter sich: Mors triumphator!, statt eines Schlußwortes, Federzeichnung, aus: Werner Block, *Der Arzt und der Tod in Bildern aus sechs Jahrhunderten*, Stuttgart 1966, S. 192.

dem Verlust von Patienten, dem unheilbaren Leiden konfrontiert, trug Block im Laufe seines Lebens eine beeindruckende Sammlung zusammen und beschäftigte sich auch privat mit den Themen Sterben, Tod und Totentanz. Er sah darin für sich einen Weg, diese Anforderungen des Berufs zu verarbeiten:

> Heute sind es freilich neben den engsten Angehörigen und den Priestern die in den Heilberufen Tätigen, die den Moribunden auf seinem Wege begleiten. Wie diese Konfrontation zu bestehen ist, kann nicht im medizinischen Staatsexamen abgefragt werden.[4]

Die Sammlung besitzt durch die thematische Fokussierung den Charakter einer Forschungssammlung, die einer leitenden „forschenden Frage“[5] nachgeht, die den Sammler nachhaltig bewegt. Dabei ist die Frage, der Werner Block nachging, eine der grundsätzlichsten der Menschheit, wie er es selbst formulierte:

[4] Schadewaldt 1989, S. IX–XVI, hier S. XVI.

[5] Jochen Brüning, Wissenschaft und Sammlung, in: Sybille Krämer (Hg.), *Bild, Schrift, Zahl*, München 2003, S. 87–113, hier S. 101.

> Das Kind fragt: Woher kommt der Mensch? Dem Erwachsenen wird zum größeren Geheimnis: Wohin geht der Mensch? Diese Fragen stehen seit eh und je. Eine Antwort auf letztere könnte in der Verhaltensweise des Menschen bei seiner Begegnung mit dem Tod, sei es dem seiner Mitmenschen, sei es dem eigenen, gefunden werden.[6]

Dieser Idee folgt das Zusammentragen von bildlichen Darstellungen, die in Form der Graphik die Beschäftigung des Menschen mit dieser Frage widerspiegeln. Block legte dabei eine Definition des Totentanzes zugrunde, die im Unterschied zu kunstwissenschaftlichen Definitionen[7] weiter gefasst ist, indem sie Darstellungen umfasst, „auf denen der personifizierte Tod oder Teile von ihm in Aktion zum Menschen zu sehen sind, welche Definition heutzutage ja auch im Kunsthandel wohl allgemein üblich geworden ist."[8] Block möchte, „wenn auch den kunstwissenschaftlichen Forschungsergebnissen nicht ganz gerecht werdend, als die tragende Idee das Erscheinen des Totengerippes in den Bildern herausheben, den Rahmen also weiter stecken und darin die oft großartige Entfaltung der Künstlerphantasie bis zur manchmal nur symbolhaften Andeutung des Todes und die tausendfältigen Beziehungen des Todes zum Menschen überhaupt mit hineinnehmen, sofern der Tod in den Darstellungen personifiziert oder sonstwie als handelnde Gestalt auftritt."[9] So steht für Block der inhaltliche Aspekt beim Erwerb eines Blattes manchmal über dem künstlerischem Wert, da alle Werke Auskunft über Beschäftigung des Menschen mit dem Tod geben können:

> Von künstlerischem Wert kann bei diesen bildnerischen Darstellungen selbstverständlich nicht immer die Rede sein. Oft sind sie primitivstem Denken entsprungen und von naiver Hand gezeichnet oder gemalt, oft aber auch der Ausdruck höchster künstlerischer Begabung oder individueller Anschauung. Letztlich liegt allen aber eine religiöse Entscheidung zugrunde [...], vor allem insofern, als jeder einzelne Künstler sich mit der Unabweislichkeit des Todes auseinandersetzen und zunächst einmal persönliche Stellung zum Leben und zum Tode beziehen muß. Denn gerade einen solchen Auftrag kann kein Künstler erfüllen, wenn er nicht von seinem Innersten aus dabei ist.[10]

---

[6] Block 1966, S. 3.

[7] Für eine Übersicht vgl. Eva Schuster, Zur Thematik des Totentanzes, in: Schuster 1989, S. XVII–XXI; Uli Wunderlich, *Der Tanz in den Tod: Totentänze vom Mittelalter bis zur Gegenwart*, Freiburg i. Br. 2001.

[8] Werner Block in einem Brief an Robert Matzek, Hannover, 18.6.1973 (Archiv der Graphiksammlung *Mensch und Tod*).

[9] Block 1966, S. 10.

[10] Ebd., S. 6.

Die Forschungsfrage bildet den Ausgangspunkt des Sammlungsprozesses, der sich in einer gedanklichen Konstruktion als Zyklus beschreiben lässt, der „sich mit einer gewissen Zwangsläufigkeit aus den objektiven Umständen des *Sammelns* erg[ibt], denen jeweils [...] Phasen des *Ordnens* und des *Gestaltens* nachfolgen müssen“[11]. Bei wissenschaftlich ausgerichteten Sammlungen wird deutlich, dass sich aus den dem Sammlungszyklus ähnlichen Elementen auch ein „Zyklus des Forschens“[12] bildet.

In den beiden Nachkriegszeiten, der Inflation und der Vorwährungsperiode nutzte Block die Gelegenheit, zum Teil kostbare Werke zu erwerben. Später bereute er, die günstigen Möglichkeiten nicht intensiver genutzt zu haben.[13] Doch es gelang ihm auch später, noch viele und z. T. sehr kostbare Werke zu erwerben. 1965 umfasste die Sammlung über 500 Blätter[14]; beim Erwerb durch die Universität etwa 1.000 Werke. Dies belegt eine intensive Sammlungstätigkeit mit Verdopplung der Größe der Sammlung in den letzten zehn Lebensjahren und in der Zeit des Ruhestands.

Die Sammlung bietet eine Auswahl aus verschiedenen Schulen und Epochen, vom Ende des 15. Jahrhunderts bis zu Zeitgenossen Werner Blocks. Durch die thematische Fokussierung gelang es Block, in einer vergleichsweise kleinen Sammlung eine bemerkenswerte Vollständigkeit zu erzielen, in der er in seinem Spezialgebiet die großen, jedoch allgemeineren Graphiksammlungen, welche meist das Ziel haben, eine Übersicht über die Geschichte des Kunstdrucks zu bilden, sogar übertreffen konnte. Dies wird beispielsweise bei einer Aufzählung der in der Sammlung enthaltenen Totentanzzyklen deutlich, welche die Kunstgeschichte vom 15. Jahrhundert bis zu Blocks Zeitgenossen widerspiegelt (u. A. Merian, Holbein, Aldegrever, Chodowiecki, Rentz, Rowlandson, Schwind, Klinger, Rethel, Corinth, Barlach, Kollwitz, Tiemann, Masereel, Richter, Markie-

[11] Brüning 2003, S. 88.

[12] Ebd., S. 101.

[13] „Wo soll ein Privatmann heute noch die Gelder herbekommen, um sich in den Besitz von Originalien zu setzen. Ich finde zudem, dass die Herstellung von Totentänzen immer häufiger von den Künstlern betrieben wird, vielleicht, weil es sich herumspricht, dass der Interessentenkreis auch immer grösser wird. [...] Unter 1000,– DM bekommt man heute ja fast nichts mehr. Ich bedaure nur, dass ich nicht früher, d. h. rechtzeitig vor etwa 10–15 Jahren systematisch alles verfügbare Geld in graphische Blätter gesteckt habe. Vergleichen Sie die letzten Auktionskataloge der führenden Antiquariate: Man kann beinahe Minderwertigkeitskomplexe bekommen, weil man da nicht mehr mitbieten kann und nur ganz gelegentlich etwas Brauchbares für die Sammlung erstehen kann. Trotz meines Lamentierens muss ich gestehen, dass ich doch noch das eine oder andere Blatt gewinnen konnte [...]“, Block in einem Brief an Matzek, Hannover, 30.5.1970 (Archiv der Graphiksammlung *Mensch und Tod*).

[14] Block in einem Brief an Matzek, Berlin 25.5.1965 (Archiv der Graphiksammlung *Mensch und Tod*).

witz, Wirsching, Geisberg-Wichmann, Gross, Hasemann, Degenhardt, Möser, Cosel-Michel, Rosenbusch). Wenn möglich erwarb Block vollständige Folgen; es finden sich jedoch auch unvollständige Zyklen in seiner Sammlung. Es lässt sich erahnen, welchen breiten Überblick über die Auseinandersetzung mit der Todesthematik die Sammlung Block bieten kann.

Werner Block nutzte mehrere Strategien zur Vervollständigung seiner Sammlung. Neben den Angeboten auf dem Kunstmarkt verfolgte er die neuesten – auch wissenschaftlichen – Publikationen zum Thema sowie das aktuelle Kunstgeschehen etwa durch Ausstellungskataloge. Dass er auch gezielt Originale in Museen besuchte[15], zeigt, dass das Interesse am Thema über den Besitz der Werke hinaus ging. Darüber hinaus stand Block in brieflichem Kontakt mit dem Germanisten Hellmut Rosenfeld, der häufig zum Thema Totentanz publizierte.[16]

Dass Dr. Werner Block in Kontakt zu anderen Sammlern stand, entspricht dem Charakter der Forschungssammlung. Sie ist eine „Form der Kommunikation unter Gleichgesinnten, [...] die an der Forschungsfrage [...] gleichermaßen starkes Interesse haben. Wenn hilfreiche Antworten für das eigene Streben erwartet werden können, stellt sich ein Modus des vorsichtigen ‚do ut des' ein, unter dem Techniken und Objekte ausgetauscht werden können. Die schon an sich erhebliche Rückwirkung auf die eigene Sammlung, auf Selbstbewusstsein und Selbsteinschätzung wird wesentlich gesteigert durch ein gleichgerichtetes Interesse konkurrierender Sammler, so dass der Wunsch nach der eigenen, autonomen und endgültigen Antwort vorherrschend bleibt."[17] Im Zuge der Vorbereitung seiner Publikation *Der Arzt und der Tod in Bildern aus sechs Jahrhunderten* (Stuttgart 1966) brachte die Buchhandlung Wasmuth in Berlin Werner Block in Kontakt mit dem Stuttgarter Sammler Robert Matzek.[18] Er fragte Matzek nach der Möglichkeit, auch Bilder aus seiner Sammlung für die Publikation zur Verfügung gestellt zu bekommen.[19] Matzek unterstützte Block im Folgenden nicht nur bei der Vervollständigung des Buches, sondern beide halfen sich auch gegenseitig bei der Erweiterung ihrer Sammlungen.

---

[15] Z. B. Brueghels Triumph des Todes und die Lebensalter von Baldung-Grien in Madrid, vgl. Block in einem Brief an Matzek, Hannover, 30.5.1970 (Archiv der Graphiksammlung *Mensch und Tod*); Beinhauskapelle zu Wolhusen, vgl. Block in einem Brief an Matzek, Hannover, 19.12.1970 (Archiv der Graphiksammlung *Mensch und Tod*).

[16] Vgl. Block in einem Brief an Matzek, Hannover, 30.5.1970 (Archiv der Graphiksammlung *Mensch und Tod*).

[17] Brüning 2003, S. 109.

[18] Block in einem Brief an Matzek, Berlin 24.5.1965 (Archiv der Graphiksammlung *Mensch und Tod*).

[19] Vgl. auch die Danksagung im Buch für wertvolle Hinweise und die Überlassung von Originalen zur Bildwiedergabe, Block 1966, S. 193.

So vermittelte Robert Matzek den Kontakt zur Galerie A. Böck in Wien, bei der Matzek Graphiken Ivo Saligers (1894–1987) erworben hatte.[20] Block wandte sich ebenfalls an die Galerie in Wien und erwarb vermutlich durch Matzeks Hinweis die vier Werke Saligers, die sich in seiner Sammlung befinden: *Chirurg und Tod im Kampf um eine Frau* (Inv. Nr. E 0552.), *Der Röntgenologe schießt mit Röntgenstrahlen auf den Tod* (Inv. Nr. E 0553.), *Arzt und Tod im Kampf um eine Frau* (Inv. Nr. E 0554.), *Der Chirurg im Kampf mit dem Tod* (Inv. Nr. E 0555). Dieser Ankauf scheint allerdings erst nach 1966 erfolgt zu sein, da die Bildwiedergaben in Blocks Publikation nach Originalen aus der Sammlung Matzek entstanden. Werner Block stellte im Gegenzug den Kontakt zwischen Matzek und der Künstlerin Gertrude Degenhardt her.[21]

Offenbar war die Sammlung auch unter Blocks Kollegen bekannt, so dass aus dieser Richtung Werke in die Sammlung kamen. So gelangte beispielsweise das Ausstellungsplakat HAP (Helmut Andreas Paul) Grieshabers (1909–1981) *der totentanz von/ basel grieshaber/ medizinische fakul/tät der universität/ heidelberg* (1967) (Inv. Nr. E 0217.)[22] über die Ärztekollegen Prof. Dr. Karl Heinrich Bauer (1890–1978), Chirurg in Heidelberg, und Prof. Dr. Gotthard Schettler (1917–1996), der u. A. in Berlin und Heidelberg tätig war, in die Sammlung Werner Blocks. Die handschriftlichen Widmungen auf der Rückseite – „Für den Kollegen/ K.H. … zum 80. Geburtstage/ mit herzlichen Wünschen!/ …“, „(von K.H. Bauer zum ein/ Geschenk zum 80. Geburtstag!)“, „G. Schettler“ – lassen vermuten, dass Prof. Dr. Bauer das Plakat zum 80. Geburtstag erhielt und es an den Kollegen Block anlässlich von dessen 80. Geburtstag weiterschenkte.

Auch der Kontakt zu zeitgenössischen Künstlern diente der Erweiterung der Sammlung. Auf einem Konvolut von sechs gleichgroßen und gleich ausgeführten Tuschzeichnungen (E 0424.–E 0430.) Tony Munzlingers (*1934)[23] zeugen Widmungen des Künstlers an den Sammler von der Bekanntschaft. Alle Blätter zeigen die gleiche Skelettgestalt in satirisch pointierten Situationen. Munzlingers künstlerische Laufbahn begann 1962 mit einer umfangreichen Serie motivisch ähnlicher Tuschezeichnungen, die 1963 in Buchform mit dem provokanten Titel *Warum leben Sie noch?* erschien.[24] Aussagen Munzlingers lassen darauf

[20] Vgl. Block in einem Brief an Matzek, Berlin 20.8.1965 (Archiv der Graphiksammlung *Mensch und Tod*).

[21] Vgl. Block in einem Brief an Matzek, Berlin, 14.4.1968 (Archiv der Graphiksammlung *Mensch und Tod*).

[22] Vgl. Schuster 1989, Kat. Nr. 303, S. 100.

[23] Zu den Werken Munzlingers vgl. Schuster 1989, Kat. Nr. 640, S. 222; Schuster/Tanabe 2001, Kat. Nr. 99, S. 248 f.

[24] Tony Munzlinger, *Warum leben Sie noch?*, Frankfurt a. M. 1963.

Abb. 2: Tony Munzlinger, Danksagung, Federzeichnung in Tusche, 1963, Graphiksammlung *Mensch und Tod*, Inv. Nr. E 0430.

schließen, dass zu dieser Zeit viele Sammler Interesse an Totentänzen hatten. Er hatte seine Zeichungen mit folgendem Anschreiben an den renommierten Verlag Bärmeier & Nikel in Frankfurt a. M. geschickt: „Ich erlaube mir, Ihnen einen größeren Posten Leichen zu übersenden. Nach eingehendem Studium der Marktlage bin ich zu dem Ergebnis gekommen, daß ein gleichmäßig steigendender Bedarf an diesem Spezialartikel besteht."[25] Durch die Publikation wird auch Werner Block auf Munzlinger aufmerksam geworden sein. Der treffsichere Humor und die expressive, vereinfachte Zeichnung sind charakteristisch für die Todesdarstellungen Munzlingers. Auf der Rückseite des Blattes *Danksagung*

[25] Klaus Honnef, *Tony Munzlinger: Ich bin ein Dinosaurier*, Ausst. Kat. Bonn 1990, Bad Honnef 1990, S. 7.

Abb. 3: Tony Munzlinger, *Mors italiano*, Lithographie, 1972, Graphiksammlung *Mensch und Tod*, Inv. Nr. E 0431.

(Inv. Nr. E 0430.)[26], ebenfalls Teil des Konvoluts von 1963, befindet sich ein Brief des Künstlers an Werner Block, in dem sich Munzlinger für das Interesse an seinen „Leichen" bedankt und mit dem P. S. schließt: „Die umseitige Zeichnung hat keinerlei bedeutungsreiche Beziehung zu unserem Geschäft." Die Zeichnung zeigt die frontal dargestellte Skelettgestalt, die dem Betrachter die große blutrote Zunge herausstreckt (Abb. 2). Solche Briefe und Zeichnungen Munzlingers erreichten Block mehrfach, wie auch Munzlingers Lithographie *Mors italiano* (Inv. Nr. E 0431.)[27] im Postkartenformat (Abb. 3) mit einem rückseitigen Brief des Künstlers von seinem italienischen Wohnsitz an den Sammler belegt. Die Lithographie stellt in knapper und schwungvoller Konturierung ein Gerippe dar, mit

[26] Schuster 1989, Kat. Nr. 646, S. 223.

[27] Ebd., Kat. Nr. 647, S. 223.

Abb. 4: Tony Munzlinger, *Werner Block grüßt aus dem Grab heraus den Tod,* Federzeichnung in Tusche, 1963, Graphiksammlung *Mensch und Tod,* Inv. Nr. E 0429.

dem er sich über Italiener lustig macht. Der italienische Tod hat große, runde Augen und abstehende Ohren, trägt einen flachen, schwarzen Hut, Hemd, Hose, Krawatte und Schuhe, raucht Zigarette und hat eine Hand in der Hosentasche.

Auf einem weiteren Blatt des Konvoluts (Inv. Nr. E 0429.)[28] wird der Kunstsammler sogar selbst Gegenstand der Darstellung (Abb. 4). Hier steht der schwarz gekleidete Knochenmann am Rand eines Grabes. Der Grabstein trägt den Namen „W. Block". Aus dem Grab ragt eine knöcherne Hand empor, welcher der Tod respektvoll die Hand drückt: „Werner Block grüßt aus dem Grab heraus den Tod".

Auch Blätter anderer Zeitgenossen tragen Widmungen an Werner Block. Die Block gewidmete Skizze von Hans Fronius (1903–1988) (Inv. Nr. E 0191.)[29] *Tod zeichnet Pulskurve* (1969) ist bezeichnet mit: „Diese (leider etwas lädierte) Skizze für Prof. D. Werner Block/ Hans Fronius 69". Nicht nur mit Gertrude Degenhardt (*1940), von der Block mehrere Einzelblätter (Inv. Nr. E 0097.–E 0108.) und

[28] Ebd., Kat. Nr. 645, S. 223.

[29] Ebd., Kat. Nr. 230, S. 80 f.

eine Folge (Inv. Nr. F 0172.–F 0181.) erwarb, stand der Sammler in Kontakt[30], sondern ebenso mit Albert Birkle (1900–1986)[31], von dem Block zwei Werke besaß (E 0037.–E 0038.). Den Künstler Andreas Paul Weber (1893–1980), von dem Block insgesamt neun Blätter erwarb (Inv. Nr. E 0672., E 0675.–E 0678., E 0680.–E 0683.), besuchte Block in dessen Atelier in Schretstaken bei Mölln. Im Zuge dieses Besuches erwarb Block „ein schönes grosses Litho“[32].

Block wurde u. A. durch Publikationen auf Künstler aufmerksam. Er erfragte beispielsweise nach Durchsicht des von Hans Martin Rotermund herausgegebenen Buches *Graphik zur Bibel* (1966) beim Verlag die Adressen mehrerer noch lebender Künstler, die ihn thematisch interessierende Werke herstellten. Abschließend erwarb er jedoch keine Werke.[33]

Werner Block hatte einen eigenen Sammlerstempel, um die Werke in seiner Sammlung zu kennzeichnen. Außerdem gab er Entwürfe für ein Exlibris und einen Buchstempel in Auftrag. Die Eignerzeichen können als Quelle für das Selbstverständnis Blocks als Kunstsammler und als Arzt hinzugezogen werden. Die Funktion der Eigentumsvermerke hat der Kupferstichexperte Josef Eduard Wessely bereits 1886 auf noch heute gültige Weise erklärt:

> Kunstsammler und öffentliche Cabinete pflegen die Blätter ihrer Sammlungen mit dem Namen, dem Wappen, einem Monogramm oder monogrammatischen Zeichen zu versehen. Solche Sammlerzeichen können entweder mit freier Hand oder mit einem Stempel ausgeführt sein: letztere Art entweder farbig oder trocken. Privatsammler wie Cabinete wollen mit solchen Bezeichnungen gleichsam ihr Eigenthumsrecht auf das bezeichnete Blatt ausdrücken. Wenn öffentliche Sammlungen dann Dubletten ausscheiden und verkaufen, so wird die Giltigkeit [sic] des Sammlungsstempels durch einen beigefügten Tilgungsstempel aufgehoben. Privatsammler pflegen bei der Veräusserung ihrer Sammlungen keinen Tilgungsstempel anzubringen.[34]

Nach der Schilderung von Schwierigkeiten beim Anbringen der Sammlerstempel, wie das Durchschlagen der Farbe durch das Papier, Beschädigungen

[30] Vgl. Block in einem Brief an Matzek, 14.4.1968, 15.12.1972 (Archiv der Graphiksammlung *Mensch und Tod*).

[31] Vgl. Block in einem Brief an Matzek, Hannover, 30.5.1970 (Archiv der Graphiksammlung *Mensch und Tod*).

[32] Block in einem Brief an Matzek, Hannover, 19.12.1970 (Archiv der Graphiksammlung *Mensch und Tod*). Vermutlich handelt es sich um *Ein Totentanz* (1970), heute Inv. Nr. E 0681.

[33] Vgl. Block in einem Brief an Matzek, Berlin 14.4.1968 (Archiv der Graphiksammlung *Mensch und Tod*).

[34] Josef Eduard Wessely, *Anleitung zur Kenntnis und zum Sammeln der Werke des Kunstdruckes*, Leipzig 1886, S. 184 f.

durch scharfe Stempel oder der Entwertung eines Blattes durch Anbringen auf der Vorderseite, stellt er Regeln auf, nach denen auch Werner Block seine Stempel anbrachte:

> Es ergeben sich sonach für Sammler und öffentliche Sammlungen, welche ihre Blätter signiren, folgende Regeln: a. Mit Ausnahme eines kleinen Trockenstempels [. . .] ist die Bezeichnung auf der Kehrseite des Blattes vorzuziehen. b. Man wähle eine Stelle über der tiefsten Schattenseite der Darstellung. c. Man gebrauche nur Stempel in kleinerem Formate. d. Man vermeide ölige Farbe, welche selbst dickeres Papier durchdringt.[35]

Abb. 5: Sammlerstempel Dr. Werner Blocks auf der Rückseite einer Graphik in der Graphiksammlung *Mensch und Tod*.

Blocks Stempel[36] in Form eines Wappenschildes (Abb. 5) trägt auf einem oberen Streifen ein Kreuz und auf dem unteren Teil einen Baumstamm (Holzblock), der Bezug auf den Namen des Sammlers nimmt. Zu der Auswahl des Baumstamms als Motiv wurde er wahrscheinlich durch einen älteren Holzschnitt, ein Ex Libris nach einer Zeichnung von Lucas Cranach d. Ä. (um 1472–1553) für seinen Namensverwandten Dr. Dietrich Block (um 1509)[37], angeregt. Der Holzschnitt (Abb. 6) zeigt die Schutzheiligen der Ärzte, Cosmas und Damian, welche ihre Attribute – Uringlas und Salbenbüchse – halten und auf das redende Wappen (Eichenblock) des Mediziners zwischen ihnen weisen. Die beigefügten Distichen beziehen sich auf Dietrich Block und nennen seinen Studien- und Promotionsort. Cranachs Entwurf für das Exlibris Dr. Dietrich Blocks gilt als eines der frühesten berufsbezeichnenden Bucheignerzeichen. Die Bezugnahme auf das historische Vorbild verweist damit nicht nur auf den Namen des Kunstsammlers Werner Block, sondern auch auf seinen Berufsstand und sein Selbstverständnis als Kunstinteressierter. Der obere Teil des Sammlerstempels Werner Blocks, das Kreuz im Schildhaupt, geht zurück auf das Wappen der Stadt Paderborn, der Heimatstadt seiner Vorfahren. Der Stempel wurde durch den Sammler auf der Rückseite der Graphiken und in Büchern angebracht.

---

[35] Ebd., S. 185 f.

[36] Seit 2010 ist der Stempel Werner Blocks in der Online-Version von Frits Lugts *Les Marques des Collections des Dessins et d'Estampes*, dem Standardwerk über Eigentumsvermerke auf künstlerischen Graphiken, unter der Nummer L.4051 vermerkt. Siehe: http://www.marquesdecollections.fr/detail.cfm/marque/11564 (17.02.2014).

[37] Friedrich W. H. Hollstein, *The new Hollstein German engravings, etchings and woodcuts: 1400–1700*, VI Cranach – Drusse, Rotterdam 1959, Nr. 136; Georg Drescher und Michael Bucher, *Berühmte Bibliophile im Spiegel ihrer Exlibris, Supralibros und Besitzeinträge*, Kabinettausstellung 14. 10. 2001 bis 6. 1. 2002, Schweinfurt 2001, S. 5 und Kat. Nr. 22, S. 23.

Abb. 6: Nach Lucas Cranach d. Ä., Exlibris des Dr. Dietrich Block, Holzschnitt, um 1509.

Neben dem Sammlerstempel besaß Werner Block ein eigenes Exlibris zur Kennzeichnung der Bücher seiner Sammlung. Mit der Erfindung des Buchdrucks mit beweglichen Lettern wurden Bücher zwar vermehrt verfügbar, blieben aber lange Zeit selten und kostbar und wurden daher von ihren Besitzern häufig als Eigentum gekennzeichnet.[38] Dies geschah neben dem Hineinschreiben des eigenen Namens oft – in der Zeit der Entstehung des Brauchs, im 15. und 16. Jahrhundert, naheliegend – durch das Hinzufügen des eigenen Wappens. Die Bucheignerzeichen, die man häufig auf der Innenseite des vorderen Einbandes als eingeklebtes oder auch eingebundenes Blatt findet, enthielten immer die Be-

[38] Zur Geschichte des Ärzte-Exlibris vgl. Robert Kropp, Ex Libris, Von Ärzten – Über Ärzte – Für Ärzte, in: *Pneumologie*, 64/4 (2010), S. 249–254. Vgl. außerdem Gernot Blum (Hg.), *Exlibris für Ärzte vom 16. Jahrhundert bis zur Gegenwart*, Bonn 1983; Gerhard Kreyenberg, *Exlibris für Ärzte*, Köln 1983.

zeichnung *Ex Libris* (aus der Bücherei des ..., wörtlich: aus den Büchern) sowie Namen und Wappen des Eigentümers. Zusätzlich konnten sie mit dessen Titel und einer Inschrift versehen sein. Viele Ärzte und Chirurgen gehörten zu den vermögenden Leuten, die eine größere Anzahl an Büchern besaßen und daher veranlasst waren, ihren Besitz zu kennzeichnen. Für keine andere Berufsgruppe sind so viele Exlibris geschaffen worden und die ältesten berufsbezogenen Exlibris sind für Ärzte entstanden – wie das Cranachs, auf das Blocks Sammlerstempel Bezug nimmt. Bereits aus dem 16. Jahrhundert sind erste Ärzte-Exlibris erhalten. Diese vermerken fast immer den Titel des Besitzers und führen häufig ein dem Beruf angemessenes Zitat, Sinnsprüche oder Sentenzen an. Die Exlibris entwickelten sich in kurzer Zeit zu kleinen graphischen Kunstwerken, die in verschiedensten Drucktechniken, vor allem Holzschnitt, Kupferstich, Radierung, später auch als Lithographie, oder als Stempel, ausgeführt wurden. Sie wurden damit zu einer eigenen Kunstgattung. Bekannte Künstler wie Lucas Cranach d. Ä., Albrecht Dürer und Hans Holbein d. J. sowie im 20. Jahrhundert Paul Klee, Oskar Kokoschka und Alfred Kubin beschäftigten sich mit Exlibris. Außerdem entwickelten sich Spezialisten, die sich fast ausschließlich mit dem Entwurf von Exlibris befassten.

Block stellt sich mit seinem Eignerzeichen in eine lange Tradition der Ärzte-Exlibris. Die jahrhundertealte Tradition der bildlichen Darstellung der Begegnung zwischen Arzt und Tod seit den Totentänzen des 15. Jahrhunderts war Block ja hinlänglich bekannt. Traditionelle Darstellungen machen sich häufig über die Nutzlosigkeit des ärztlichen Wissens gegenüber dem Tod lustig, da jedes ärztliche Handeln den Tod letztendlich doch nicht verhindern kann. Anders als Beispiele aus dem Bereich der freien Graphik – besonders des 20. Jahrhunderts –, die meistens Motivation und Qualifikation der Ärzte kritisch hinterfragen, Versagen und Geldgier der Ärzteschaft bloßstellen und das ärztliche Bemühen lächerlich machen und damit die Wirkungsmacht der Medizin infragestellen, zeigen die von Ärzten in Auftrag gegebenen Exlibris den triumphalen Sieg des Arztes über den Tod oder legitimieren ärztliches Handeln durch die Bezugnahme auf die traditionelle Ikonographie.

Das Exlibris Blocks (Abb. 7) wurde von Theo Ortner (1899–1966) geschaffen. In der Graphiksammlung *Mensch und Tod* hat sich ein Exemplar (Inv. Nr. E 0448.)[39] und der in beachtlichem Format ausgeführte Entwurf (Inv. Nr. E 0447.)[40] erhalten. Es ist unverkennbar sowohl auf den Beruf als auch auf die Sammler-

[39] Block 1966, S. 147; Schuster 1989, Kat. Nr. 673, S. 234.

[40] Ebd., Kat. Nr. 672, S. 233 f.

Abb. 7: Theo Ortner, *Exlibris Dr. Werner Block*, Linolschnitt, 1936, Graphiksammlung *Mensch und Tod*, Inv. Nr. E 0448.

tätigkeit bezogen.[41] Das Exlibris zeigt zentral in Rückansicht die kräftige und entschlossen wirkende Person eines Arztes in weißem Chirurgenkittel zwischen einer ebenfalls von rückwärts dargestellten nackten jungen Frau zu seiner linken und dem personifizierten Tod als Skelett zu seiner rechten Seite, dem der „Gott in Weiß“[42] mit hoch erhobenem rechten Arm Einhalt zu gebieten versucht. Der Arzt erscheint als Beschützer des Lebens und Kämpfer gegen den Tod, den er in dieser Darstellung auch verdrängen kann: Das Skelett geht, sich in abwehrender Haltung abwendend, nach rechts ab. Dem entgegengesetzt neigt sich die Patientin mit erhobenem Arm nach links, so dass auch in dieser ausgesprochen symmetrischen Komposition die massive Figur des Arztes die Grenze zwischen Leben und Sterben bildet. Über den drei Figuren benennen Großbuchstaben das „Ex libris“ und darunter den Buchbesitzer „Dr. Werner Block“.

[41] Vgl. Knöll, *EX LIBRIS*, 2010; vgl. besonders Stefanie Knöll, Zum Wohle der Patienten, in: Knöll, *EX LIBRIS*, 2010, S. 42–50, hier S. 45.

[42] Sandra Abend, *Götter in Weiss: Arztmythen in der Kunst*, Ausst. Kat. Hilden 2010, Hilden 2010.

Neben dem Exlibris ließ sich Werner Block (Inv. Nr. E 0623.) von Leo Tilgner im Jahr 1925 einen Buchstempel anfertigen.[43] Auch dieser Linolschnitt, ein kleines, schlichtes, durch klare Konturen gestaltetes Rundbild, dessen umrahmende Leiste in Großbuchstaben „Dr. Werner Block" als Buchbesitzer nennt, ist auf den Beruf des Chirurgen bezogen. Er zeigt, wie das Exlibris, den Arzt im Kampf mit dem Tod um den Kranken. Der Arzt im Chirurgenkittel steht neben dem Knochenmann. Beide befinden sich hinter einer Bahre mit einer darauf liegenden nackten Frau. Der Arzt bringt den Tod, indem er dessen erhobenen Arm packt, aus dem Gleichgewicht. Dr. Werner Block erscheint in seinem Selbstverständnis als der kurativen Medizin verpflichtet: es ist seine Pflicht als Arzt, das Leben des vom Tode bedrohten Patienten zu retten und den Tod zu bezwingen.

Durch die Eignerzeichen trägt jedes Werk einen Hinweis auf die Gesamtheit der Sammlung. Die geordnete Sammlung als Ganzes „bringt [...] etwas Neues in die Welt, nicht nur durch ihre Materialität, [...] sondern auch und vor allem durch eine symbolische Kodierung ihrer ‚Wesenheit'; damit wird die Sammlung ein eigenständiges Objekt, das uns davon entlastet, sie stets als Gesamtheit ihrer Gegenstände zu denken. [...] Jedenfalls ist dies gemeint, wenn es heißt, dass das Ganze mehr ist als die Summe seiner Teile."[44] Das Neue manifestiert sich durch einen „Akt des Gestaltens"[45]. Werner Block versuchte auf verschiedene Arten, seine Sammlung und die aus der Sammlungstätigkeit gewonnenen Kenntnisse an die Öffentlichkeit zu bringen. Bereits 1970 stand er in Verhandlungen mit dem Kestner-Museum Hannover für eine Ausstellung seiner Sammlung.[46] 1972 konnte die Ausstellung *Totentänze von Dürer bis Dali* im Kubus in Hannover, mit 232 Blättern und begleitendem Katalog realisiert werden.[47] Zudem publizierte Block Aufsätze zum Thema Totentanz und Totenkult.[48]

Am deutlichsten tritt der Arzt und Sammler uns in der Publikation *Der Arzt und der Tod in Bildern aus sechs Jahrhunderten* (1966) entgegen, in welcher er sich auf die „Darstellung der Totentanzidee auf die Beziehungen des Arztes zum Tod in seiner und seiner Mitmenschen Vorstellungswelt"[49] konzentriert. Die zu

[43] Vgl. Block 1966, S. 147; Schuster 1989, Kat. Nr. 1062, S. 369.

[44] Brüning 2003, S. 87–113, hier S. 96 f.

[45] Ebd., S. 97.

[46] Vgl. Block in einem Brief an Matzek, Hannover, 19.12.1970 (Archiv der Graphiksammlung *Mensch und Tod*).

[47] Vgl. *Totentänze von Dürer bis Dali: Zeichnungen und Originalgrafik aus der Sammlung Prof. Dr. Werner Block*, Ausst. Kat. Hannover 1972, Hannover 1972.

[48] Vgl. Werner Block, Totenkult in Mexiko, in: *Zeitschrift für ärztliche Fortbildung*, 56/11 (1967), S. 843–849; Werner Block, Totentänze, in: *Organorama* 6/6 (1969), S. 17–21.

[49] Block 1966, S. 11.

einem großen Teil mit Werken aus der eigenen Sammlung sowie mit einigen Werken der Sammlung Matzek illustrierte Abhandlung zeugt von der intensiven Beschäftigung des Autors auch mit der wissenschaftlichen Literatur zum Thema, zeigt jedoch deutlich den Zugriff aus der Sicht des Arztes und Kunstsammlers und nicht eines Kunsthistorikers:

> Ich bitte deshalb, mir die vielleicht etwas zu vereinfachend erscheinende Einordnung der Totentanzidee nicht als Mißachtung der wissenschaftlichen Forschung auszulegen, sondern Verständnis dafür zu haben, insbesondere, weil ich mich mit dieser von mir vorgenommenen Bilderauswahl an einen ganz anderen Kreis, nämlich an nicht nach dieser Kunstforschung Ausgerichtete wende. Aber ich wünsche und hoffe, daß doch auch der Fachmann auf diesem Gebiet nicht ganz ohne Nutzen diese Zusammenstellung aus der Hand lege.[50]

Nach einem allgemeinen Teil zur Einführung (Begriffsbestimmung und Überblick über die Entwicklung des Totentanzes, wenn möglich durch Abbildungen von Werken der eigenen Sammlung illustriert) folgen die Graphiken geordnet im Hinblick auf die Rolle des Arztes innerhalb der Darstellung (u. a. „Der Arzt im Reigen des Todes", „Der Arzt als Opfer des Todes", „Der Arzt im Kampf mit dem Tod", „Der Arzt als Helfer des Todes und der Tod als Helfer des Arztes"). Block konzentriert sich „auf die Motivdarstellung, auf die Sujetbehandlung durch den Künstler"[51] und richtet sich „nicht nach dem geschichtlichen Werdegang der Totentänze"[52]; „ich wollte ja keine Kunstgeschichte schreiben"[53]. Auch hier steht die Graphik als Zeugnis für den Umgang des Menschen mit dem Tod im Vordergrund, denn „Künstler sowohl wie Arzt, und sei er nur Auftraggeber, werden zur Stellungnahme veranlaßt."[54] Die inhaltliche Idee steht im Vordergrund:

> Kunst bewegt sich auf weitem Feld. Längst nicht alle Bilder haben über den Inhalt hinaus auch einen künstlerischen Wert. Es ging mir um Beispiele graphischer Darstellungen der Begegnungen des Arztes mit dem Tode. Selten sind Ärzte die Darsteller, fast immer die Dargestellten. Es kam mir darauf an, zu zeigen, welche Ideen Künstler aus sechs Jahrhunderten zum Thema hatten. Der Gesamteindruck dieses Spiegelbildes sei maßgebend, nicht das einzelne Bild.[55]

Es spricht deutlich der Arzt – der sich u. a. an Kollegen aus der Ärzteschaft richtet (der Ferdinand Enke Verlag konzentrierte sich auf medizinische Fachli-

[50] Ebd.

[51] Ebd., S. 30.

[52] Ebd., S. 19.

[53] Ebd., S. 21.

[54] Ebd., Vorwort.

[55] Ebd., Vorwort.

teratur) – wenn Block etwa bei den künstlerischen Umsetzungen der aus der Tätigkeit des Arztes stammenden Attribute, die dem Tod beigegeben werden können[56], oder bei anatomisch nicht korrekten Darstellungen von Skeletten[57] und der Schilderung von Krankheiten[58] fachliche Mängel konstatiert. Dabei wirbt er für das Verständnis der Kollegen für die künstlerischen Freiheiten und Ausdrucksmittel: „Doch was macht das! Wir wollen ja keine Anatomie aus diesen Bildern studieren [...]."[59]

Auch die häufige Kritik am ärztlichen Handeln, die sich in den Blättern finden, verbirgt Block nicht vor dem Leser.[60] Hier bemüht sich der Autor ebenfalls um Aufgeschlossenheit und Mitgefühl, „[...] selbst wenn der Arzt in den satirischen Bildern vom Sockel des Gottesgnadentums heruntergestoßen oder oft auch nur zaghaft an seinem Sockel gerüttelt wird. Der Patient, der hier auch aus dem Künstler spricht, ist nicht oder nicht mehr von solcher ,Tabu'-Stellung überzeugt, sondern hat entweder am eigenen Leibe oder in seinem Bekanntenkreis [...] erfahren, daß Ärzte auch nur von dieser Erde sind und nicht alle Hoffnungen erfüllen können. [...] Wir Ärzte dürfen also, ohne uns etwas zu vergeben, bei diesen Bildern ruhig mitlächeln."[61] Die Publikation *Der Arzt und der Tod* zeugt von Blocks Beschäftigung mit dem in seinem Berufsleben allgegenwärtigen Tod und darüber hinaus von der Verarbeitung der großen beruflichen Verantwortung, der hohen Erwartungen der Patienten, die nicht immer erfüllt werden können, und dem Umgang mit – nicht immer gerechtfertigter – Kritik am eigenen Berufsstand.

Den deutlichsten Akt der *Gestaltung* stellte der Verkauf der gesamten Sammlung dar, in Form „der entschlossenen Formulierung der Absicht, diese spezifische Sammlung zu erhalten und nicht zerstreuen zu lassen, auch nicht durch den eigenen Tod. Die Sammlung wird damit zu einem Gebilde, das für den Sammler von hoher Bedeutung ist, das eben deshalb aber auch für andere interessant werden kann [...]."[62] Da es Blocks Wunsch war, dass sich seine Sammlung auch nach seinem Tod nicht zerstreut, verkaufte er die Sammlung im Jahr 1976, kurz vor seinem Tod, an das Institut für Geschichte der Medizin der Heinrich-Heine-Universität.[63]

[56] Vgl. Ebd., S. 29 f.
[57] Vgl. Ebd., S. 76 f.
[58] Vgl. Ebd., S. 77.
[59] Ebd., S. 76 f.
[60] Vgl. Ebd., S. 168 ff.
[61] Ebd., S. 170.
[62] Brüning 2003, S. 97.
[63] Über das Zustandekommen des Ankaufs vgl. Schadewaldt 1989, S. IX.

> Der Besitzer hatte dabei die Forderung aufgestellt, die Sammlung unter allen Umständen zusammenzuhalten und wissenschaftlich auszuwerten und schon damals den Wunsch ausgesprochen, daß sie in einem wissenschaftlichen Katalog festgehalten[64] und für die Forschung auf diese Weise besser zugänglich gemacht werden sollte. Auf keinen Fall wünschte er sich eine Veräußerung an verschiedene Interessenten, wie das auf Auktionen die Regel ist, und auch nicht die Abgabe an ein Kunstmuseum, wo seine geschlossene Sammlung wahrscheinlich im ‚Kupferstichkabinett' unter den betreffenden Künstlern aufgeteilt worden wäre. Schließlich machte er den Verkauf noch von der Auflage abhängig, diese Sammlung nicht im Elfenbeinturm nur für wenige Gelehrte, sondern in regelmäßigen Ausstellungen wenigstens in Ausschnitten auch einer breiten Öffentlichkeit bekanntzumachen.[65]

Der durch den Sammler gewünschte Bestandskatalog wurde 1989 durch Eva Schuster, die damalige Kustodin der Sammlung, vorgelegt. Da sich der Bestand seitdem durch Neuerwerbungen und Schenkungen ständig erweitert, wird die Graphiksammlung kontinuierlich erforscht und katalogisiert. Die Sammlung wird durch zahlreiche Ausstellungen für die Öffentlichkeit zugänglich und darüber hinaus in regelmäßigen Lehrveranstaltungen für die akademische Lehre fruchtbar gemacht.

Bereits Wessely meinte: „Einer guten Sammlung [...] ist ein solches Aufgehen in eine feste, unzersplitterbare Sammlung im Interesse der Kunst zu gratulieren."[66] In diesem Falle wäre der Sammlung Block umso mehr zu gratulieren, da sie nicht nur in einer bereits vorhandenen Sammlung aufgehen, sondern eine neue begründen konnte. Die Graphiksammlung *Mensch und Tod* übernimmt neben der Bewahrung und Pflege der Sammlung die Fortsetzung der Sammlungstätigkeit, so dass der Sammlungs- und Forschungszyklus – auch in Form akademischer Lehre – weitergeführt wird. Die grundsätzlichste Frage „Wohin geht der Mensch?" können auch die Totentanzdarstellungen aus sechs Jahrhunderten jedoch letztlich nicht beantworten.

[64] Vor dem Ankauf war nur ein den persönlichen Zwecken des Sammlers dienender Titelkatalog vorhanden.

[65] Schadewaldt 1989, S. IX.

[66] Wessely 1886, S. 209.

En richesse honneurs et delices i'abonde,
Ieune belle plaisante d'vn maintien gratieux
Faut il ô fiere mort que l'esclat de mes yeux
Par ton dard furieux soit estainct de ce monde

Nul entre les mortels par faueur ou puissance,
Richesses ou beauté par force ou par valeur
Il ne se treuue nul qui de moy soit vainqueur
Il te conuient partir que sert ta resistance.

1. Der Tod und die junge reiche Frau

Leonard Gaultier (1561–1630/1641)
Jean le Clerc (1560–1621/22), Stecher
1601
Kupferstich
195 × 124 mm (beschnitten)
Graphiksammlung *Mensch und Tod*, Inv. Nr. E 0199.
in der Platte bezeichnet u. l. „L. Gaultier fecit, 1601" und u. r. „I. le Clerc excu."

Der Garten, in dem Wachstum, Blühen und Welken aufeinander folgen, in dem der Wechsel von Jahreszeiten und Witterung deutliche Spuren hinterlässt und der zudem ständiger Pflege bedarf, wird seit der Antike mit Zeit- und Todesgedanken verknüpft. Das Leben des Menschen wird der Entwicklung der Pflanzen, die Lebensalter den Jahreszeiten gegenübergestellt. So erinnern Lust- und Liebesgärten auch stets daran, dass diese Freuden vergänglich sind. Im Motiv des Liebesgartens entsteht in der höfischen Dichtung des Mittelalters durch die Verknüpfung antiker Vorstellungen Arkadiens mit dem christlichen Paradiesgedanken eine Verbindung von Garten und Erotik, welche im Sinne des marianischen Paradiesgärtleins positiv, aber auch als Symbol der Liebestorheit und Unkeuschheit negativ moralisierend besetzt sein kann. Seit dem Mittelalter dominiert – im Bewusstsein dieses Kontrasts – die negative Deutung als sündige Natur und falsches Paradies. Die daraus resultierende allegorische Funktion des Gartens als Ort der Entlarvung irdischer Eitelkeit und der Besinnung aufs Jenseits hielt sich lange über das Mittelalter hinaus (vgl. Tabarasi 2007, S. 448; Uerscheln/Kalusok 2009, S. 191).

So unterstreicht der Garten als Schauplatz die allegorische Bedeutung der Darstellung *Der Tod und die junge reiche Frau* Leonard Gaultiers (1561–1630/1641; vgl. Thieme/Becker, Bd. 13, S. 287–288), die 1601 durch Jean le Clerc (1560–1621/22; vgl. Thieme/Becker, Bd. 12, S. 522) gestochen wurde. Das Blatt zeigt eine schöne, elegant gekleidete Edelfrau, der sich der Tod in Gestalt eines teilweise mit einem Tuch verhullten Knochenmannes von hinten nähert, als wolle er sie umarmen (Schuster 1989, Kat. Nr. 232, S. 82; Schuster/Tanabe 2001, Kat. Nr. 77, S. 240). Die junge Adelige, die traurig in die Ferne blickt, hält eine Rose als Symbol von Schönheit, Liebe und Vergänglichkeit in der ausgestreckten linken und ein Tuch in der rechten Hand. Ihre Kleidung mit Halskrause, eng geschnürtem Korsett und aufgebauschtem Rock folgt der Mode des ausgehenden 16. Jahrhunderts. Der Knochenmann hält seinen tödlichen Pfeil in der linken und ein abgelaufenes Stundenglas in seiner erhobenen rechten Hand. Hinter dem erhöhten Terrain, auf dem die Begegnung stattfindet, erstreckt sich eine Gartenanlage, die auf den Reichtum der jungen Frau hinweist. Der zentralperspektivisch wiedergegebene Garten besteht aus Beeten mit geometrischen Formen. Dazwischen befinden sich Formschnittbäumchen und Brunnen. Eine Balustrade trennt das innere Gartenareal vom umlaufenden Weg ab. Der Garten wird nach außen durch eine Laubengang abgeschlossen, hinter dem Bäume die ungestaltete Natur markieren. Wandelnde Paare machen ihn zu einem Lust- und Liebesgarten. Ein an einem Beet arbeitender Bediensteter ruft Gedanken an Unbeständigkeit und Vergänglichkeit des Gartens in Erinnerung.

Die bildliche Darstellung befindet sich in einem mit floralen Ornamenten versehenen Schmuckrahmen. Darunter gibt ein französischer Achtzeiler den Dialog zwischen Frau und Tod wider (Schuster/Tanabe 2001, Kat. Nr. 77, S. 240). Die linken Zeilen erklären Betrübnis und Unwillen der jungen Frau: „Ich habe Reichtum, Ehren und Annehmlichkeiten im Überfluss,/ jung, schön, angenehm, von anmutiger Haltung/ muss es sein, oh stolzer Tod, dass das Leuchten meiner Augen/ durch Deinen wütenden Pfeil aus dieser Welt ausgelöscht wird." Der Tod antwortet im Vierzeiler rechts, dass er keinen Sterblichen verschone: „Keiner unter den Sterblichen weder durch Gunst noch Macht,/ Reichtümer oder Schönheit, durch Gewalt oder (sittlichen) Wert,/ es findet sich keiner, der Sieger über mich ist/ Du musst scheiden, was nutzt Dein Widerstand." (Übersetzung der Verfasserin).

Die Darstellung fand als Buchillustration Verwendung. Ein Beispiel dafür ist die Einbindung eines identischen, kolorierten Blattes in eine Ausgabe der *Summa Theologiae* Thomas von Aquins, die auf den Zeitraum von 1589–1594 datiert wird (Paris, Bibliothèque Sainte-Geneviève, ms. 1412, f. 324). Zu Gaultiers Darstellung findet sich ein Gegenstück, das einen jungen Edelmann zeigt, der vergeblich versucht, sich mit dem Schwert gegen den Knochenmann zu wehren. Es wurde laut Signatur von Thomas de Leu (tätig 1576–1614) im Jahr 1600 gestochen.

Da de Leu häufig nach fremden Vorlagen arbeitete (vgl. Thieme/Becker, Bd. 23, S. 143–144), Gaultier jedoch – in seiner Zeit eine Seltenheit – fast durchgängig nach eigenen Entwürfen (vgl. ebd., Bd. 13, S. 287), ist es möglich, dass Thomas de Leu hier nach einer Vorlage Gaultiers arbeitete. Beide Kupferstecher waren für Pariser und Lyoner Verleger tätig.

Die Graphiksammlung *Mensch und Tod* besitzt als Teil der Sammlung Robert Matzeks einen Kupferstich (Inv. Nr. E 0737.; Abb. 1a) des niederländischen Kupferstechers Dirk Erversen Lons (tätig 1615–1631) (Thieme/Becker, Bd. 23, S. 360), der mit Gaultiers *Der Tod und die junge reiche Frau* fast identisch ist. Der einzige Unterschied ist neben der seitenverkehrten Wiedergabe die Anpassung an ein niederländisches Publikum. Unter der Darstellung ist anstelle des französischen

Abb. 1a: Kupferstich von Dirk Erversen Lons (Inv. Nr. E 0737).

Achtzeilers ein Vierzeiler in Altniederländisch zu lesen, der übersetzt lautet: „Oh prunkhafte Hoffart glaubt Ihr, dass Ihr Euch vor dem Tod verstecken könnt, in Euren großen Palästen oder tiefen dunklen Gräben; Ach nein, so wie Glas ist die Fäule da nützt keine Kunst noch Kraft, der grausame, scharfe Tod bekommt Euch in seine Macht." (Wir danken Ad Leerintveld, KB Den Haag, für die Übersetzung).

Weitere Reproduktionen mit den französischen Versen beweisen die große Beliebtheit des Motivs (vgl. Selbach 2012). Carel Collaert (ca. 1598–1654) kopierte die Darstellung der jungen Frau und das männliche Gegenstück (vgl. Leesberg/Balis, Bd. 5, Nr. 1143–1144, S. 109); Johannes van Sande (1600–ca. 1670) nur die junge reiche Frau (vgl. Hollstein, Bd. XXIII, Nr. 17, S. 166).

Motivisch gleiche, nur in Details abweichende Darstellungen von Frau und Mann in Begegnung mit dem Tod existieren aus der Hand von Crispijn de Passe d. Ä. (1564–1637). Die beiden mit den Titeln *Alloquitur mortem* und *Mors loquitur* bezeichneten Kupferstiche werden von lateinischen Versen begleitet (vgl. Hollstein, Bd. XVI, Nr. 89 ad und 90 ad, S. 32). Auf diese Blätter gehen vermutlich die sehr ähnlichen Darstellungen in Theodor de Brys (1528–1598) *Emblemata saecularia* (Frankfurt 1596) zurück. Auch diese haben lateinische Titel *Ipsa adeo morti vel formosissima cedunt* und *Debilis et fortis veniunt ad limina mortis*, zeigen jedoch keine Verse. Vermutlich schuf Gaultier seine Vorlagen in Anlehnung an das Motiv Crispijn de Passes oder die Version de Brys.

Die Verbreitung des Motivs zeigt, wie ikonographische Vorbilder um 1600 Reisen durch Europa unternehmen konnten. Vorlagen aus anderen Ländern wurden kopiert oder Kupferstecher und Verleger zielten direkt auf ein ausländisches Publikum. Die gleiche bildliche Darstellung richtete sich durch angepassten Text an einen niederländischen oder französischen Markt und mit lateinischen Beischriften an einen internationalen, gelehrten Adressatenkreis. Damit belegt diese Zusammenstellung ein gemeinsames ikonographisches Programm ganz Europas (vgl. Selbach 2012).

Luise Maslow

Literatur

Thieme/Becker; Friedrich Wilhelm Heinrich Hollstein, *Dutch and Flemish Etchings, Engravings and Woodcuts ca. 1450–1700*, Amsterdam, Rotterdam 1949–2010; Schuster 1989, Kat. Nr. 232, S. 82; Schuster/Tanabe 2001, Kat. Nr. 77, S. 240; Marjolein Leesberg und Arnout Balis (Hg.), *The New Hollstein Dutch & Flemish Etchings, Engravings an Wootcuts 1450–1700: The Collaert Dynasty*, Ouderkeerk aan den Ijssel 2005; Ana-Stanca Tabarasi, *Der Landschaftsgarten als Lebensmodell. Zur Symbolik der „Gartenrevolution" in Europa*, Würzburg 2007; Gabriele Uerscheln und Michaela Kalusok, *Wörterbuch der europäischen Gartenkunst*, Stuttgart 2009; Vanessa Selbach, Le jeune homme et la Mort, gravé par Thomas de Leu. Circulation des modèles dans l'Europe de 1600, 2012, http://estampe.hypotheses.org/28 (15.07.13).

Ensor

Triomphe de la mort

2. *Triomphe de la mort* oder *La mort poursouivant le troupeau des humains*

James Ensor (1860–1949)
1896
Radierung
475 × 353 mm (Blatt), 241 × 182 mm (Platte)
Graphiksammlung „Mensch und Tod", Inv. Nr. E 0153.
in der Platte bezeichnet u. l. „J.Ensor", auf dem Blatt u. r. „Ensor"; auf der Rückseite signiert „Ensor", betitelt u. l. „Triomphe de la mort"

Die 1896 entstandene Radierung *Der Triumph des Todes,* die auch unter dem Titel *Der Tod verfolgt die Herde der Menschen* bekannt ist, kombiniert häufig wiederkehrende Motive aus Ensors Werken: Skelette, maskenhafte verzerrte Gesichter und die Darstellung großer Menschenmassen.

Über einer panischen Menschenmasse, die durch eine enge Straße drängt, schwebt ein riesiges, mit einer Sense bewaffnetes Skelett. Dieser personifizierte Tod ist mit großen Krallenfüßen, Augäpfeln und einer Art Gloriole um sein Haupt dargestellt. Der Tod kommt jedoch nicht alleine. Zahlreiche Helfer, ebenfalls mit Sensen bewaffnete Skelette, treiben die Menge auf der Straße voran und dringen durch Fenster und Schornsteine in die Häuser ein. Ensor bevölkert die Straße mit Menschen unterschiedlichen Alters und sozialer Herkunft: da läuft der König neben dem Bettler, der Mörder neben dem Heiligen, der Arbeiter neben dem Großbürger (vgl. Bown-Taevernier 1990, S. 227). Der Künstler greift das Personal eines mittelalterlichen Totentanzes auf und erweitert es um Vertreter der zeitgenössischen Gesellschaft.

Aus den Häuserzeilen, die die gesamte Szene flankieren, steigen Flammen und wolkenartige Gebilde gen Himmel, aus denen weitere Skelette und Figuren das Schauspiel auf der Straße betrachten. Am oberen Bildrand, direkt über einer gleißenden Sonne, befindet sich ein beuliges Gesicht mit einem grimmig verzogenen Mund. Weitere phantastische Wesen bevölkern den Himmel. Obwohl einige dieser Bildelemente rätselhaft bleiben, stellt dieses himmlische Geschehen eine Anspielung auf das Jüngste Gericht dar (vgl. Pfeiffer/Hollein, S. 126). Abweichend von traditionellen Darstellungen rückt hier jedoch der Tod an die zentrale Stelle des richtenden Christus.

Ensor orientierte sich bei dem Entwurf seiner Radierung an einem Werk Angelo Agostinis (1843–1910). Die 1876 entstandene Lithographie (Abb. 2a) mit dem Titel *Malgré l'épidemie de choléra, le carneval a lieu* thematisiert einen Ausbruch der Cholera zur Karnevalszeit in Rio de Janeiro (vgl. Hostyn/Florizoone 1999, S. 21; Gillis 2002, S. 144). Immer wieder aufflammende Choleraepidemien

Abb. 2a: Angelo Agostini *Malgré l'épidemie de choléra, le carneval a lieu*, 1876.

schürten zu dieser Zeit auch in Europa die Angst vor Seuchen. In der 2. Hälfte des 19. Jahrhunderts fand in Folge der Industriellen Revolution eine rasante Verdichtung der städtischen Ballungsräume statt. Die hohe Bevölkerungsdichte und schlechte hygienische Verhältnisse verschärften die Seuchengefahr. In seinen Werken setzt sich Ensor immer wieder mit den sozialen und gesellschaftlichen Folgen dieser Entwicklung auseinander. Bereits 1887 hatte Ensor eine Zeichnung entworfen, die als Vorlage für die 1896 entstandene Radierung diente.

In dem apokalyptischen Szenario, das Ensor in dieser Radierung entwirft, greift er traditionelle Motive aus Totentänzen, Darstellungen des triumphierenden Todes und des Jüngsten Gerichts auf und transponiert sie in ein zeitgenössisches, städtisches Umfeld. Will Ensor hier also ein Abbild der zeitgenössischen Gesellschaft im Sinne eines ‚Menschheitsbildes' (Todts 2008, S. 109) schaffen? Oder ist das Bild doch eher ein Ausdruck seiner persönlichen Auseinandersetzung mit Krankheit und Tod, wie Anspielungen auf biographische Geschehnisse vermuten lassen könnten? Einige Kunsthistoriker sehen in dem Blatt vor allem Kritik an der politischen Situation in Belgien (vgl. Delevoy 1981, S. 260; Bown-Taevernier 1990, S. 227). Die fehlende ikonographische Interpretation vieler Bildelemente lässt keine endgültigen Schlüsse zu (vgl. Todts 2008, S. 109). Außerdem sind es diese unklaren Elemente von grundlegend grotesker Natur – wie die zahlreichen Masken und phantastischen, monströsen oder insektenähnlichen Gestalten – die eine solche Bedeutung untergraben (vgl. Todts 2008, S. 109). Sie betonen den allgemeingültigen Aspekt „in diesem bildlichem Ausdruck der kollektiven Angst" (Schuster 1989, S. 52). Vielleicht ist es aber gerade diese rätselhafte Vielschichtigkeit, die den Reiz dieses Werkes ausmacht.

Eva Schymczyk

Literatur

Robert Delevoy, *Ensor*, Genf 1981; Schuster 1989, Kat. Nr. 145, S. 52; Sabine Bown-Taevernier (Hg.), *James Ensor*, Ausst. Kat. Paris 1990, Paris 1990; Norbert Hostyn und Patrick Florizoone, *Art graphique d'Ensor en confrontation*, Ausst. Kat. Ostende 1999–2000, Gent, Antwerpen 1999; Eric Gillis, *James Ensor. A Collection of Prints. Presented for Sale by Artemis Fine Arts & C G Boerner*, New York, Paris et. al 2002; Ingrid Pfeiffer und Max Hollein (Hg.), *James Ensor*, Ausst. Kat. Frankfurt 2005–2006, Ostfildern 2005; Herwig Todts, *James Ensor, Paintings and Drawings from the Collection of the Royal Museum of Fine Arts in Antwerpen*, Antwerpen 2008; Xavier Tricot, *James Ensor: The Complete Prints*, Brüssel 2010.

MAX KLINGER RAD OP 11. LTH. No 8.　　　DRUCK v. GIESECKE & DEVRIENT, LEIPZIG.

3. Auf den Schienen

Blatt 8 aus: *Vom Tode. Folge von zehn Blättern, Componiert und radiert von Max Klinger, Rad. Opus XI. Erster Theil. Dritte Ausgabe (...)*
Max Klinger (1857–1920)
1897
Radierung und Aquatinta
375 × 275 mm (Blatt), 264 × 145 mm (Platte)
Graphiksammlung *Mensch und Tod*, Inv. Nr. F 0684.
bezeichnet u. l.: Max Klinger Rad.Op.11.ITH. Nr. 8.; u. r.: Druck v. Giesecke & Devrient, Leipzig.

In Max Klingers (1857–1920) Blatt „Auf den Schienen" inszeniert sich der Tod als Skelett auf paradoxe Art als Selbstmörder. In einer verlassenen Berglandschaft liegt er quer über zwei Schienensträngen und wartet auf einen herannahenden, jedoch in der Darstellung noch nicht sichtbaren Zug. Der Sensenmann wirkt entspannt, er hat seine Beine übereinandergeschlagen, den Zeigefinger seiner linken Knochenhand in gespannter Erwartung an den schelmisch grinsenden Mund gelegt. Seine rechte Hand liegt auf den Schienen und er hat den Kopf gedreht, als blicke er einem Zug in der Ferne entgegen. Die obere Hälfte des Schädels mit den Augenhöhlen des Skeletts wird jedoch von einem weißen Leichentuch verdeckt, welches sich hinter seinem Kopf auf dem Boden ausbreitet. Im Hintergrund des Plateaus erhebt sich eine schroffe Felslandschaft, durch deren Tal sich ein Fluss windet und die dem vorhersehbaren Zugunglück zusätzliche Dramatik verleiht: Durch den vermeintlichen Selbstmörder zum Entgleisen gebracht, wird die Eisenbahn zwangsläufig in den steilen Abgrund stürzen.

Der Rahmen, vom Künstler sehr dunkel und somit als Kontrast zu dem eher hellen Hauptbild gestaltet, führt schließlich die Folgen des Zugunglücks aus, welches in der Hauptszene noch in der Zukunft liegt. Im unteren Teil sind zwei verbogene Schienenstränge abgebildet, um welche sich eine feuerspeiende Schlange windet. Die obere Hälfte zieren teils noch menschliche Ausdrücke zeigende, teils zu Fratzen verzogene Gesichter, die das Grauen des Todes widerspiegeln.

Bei der Graphik handelt es sich um Blatt 8 des Zyklus *Vom Tode. Folge von zehn Blättern. Componiert und radiert von Max Klinger. Rad. Opus XI erster Theil, dritte Ausgabe (...)*, an welchem Klinger seit 1882 arbeitete. Der Zyklus (Inv. Nr. F 0677.–0686.), dem in späteren Jahren noch ein zweiter Teil folgte, erschien 1889 in einer ersten Auflage von zwanzig Exemplaren in Rom. Ab 1897 folgten vier weitere Auflagen im Selbstverlag des Künstlers (vgl. Götte 2006, S. 121) Bei der Folge aus der Sammlung Block handelt es sich um die dritte Auflage, die 1897 im

Selbstverlag des Künstlers erschienen und von Giesecke und Devrient in Leipzig gedruckt worden ist.

Max Klinger, der sich schon seit seiner Jugend intensiv mit dem Thema Tod auseinandersetzte, lässt in diesem Zyklus das traditionelle Leitmotiv des Totentanzes, dass alle Menschen vor dem Tod gleich seien, in den Hintergrund treten. Vielmehr konzentriert er sich auf einen anderen, für ihn ebenso bedeutenden Aspekt des Todes: Seinen absolut willkürlichen und unvorhersehbaren Charakter (vgl. Fischer 2007, S. 216 f.). Anhand von Naturkatastrophen oder Unfällen vermittelt er dem Betrachter, dass der Tod plötzlich als Schicksalsschlag über jeden einzelnen hereinbrechen kann und alle Bemühungen, diesen vorauszusehen, vergeblich sind. So kann eine Inschrift auf dem letzten Blatt des Zyklus, das den Titel „Der Tod als Heiland" trägt und ursprünglich den Beginn des Opus bilden sollte, als Leitmotiv für alle zehn Radierungen angesehen werden: „Wir flieh'n die Form des Todes, nicht den Tod; denn unser hoechsten Wuensche Ziel ist: Tod."

Max Klinger, durch die Lektüre Arthur Schopenhauers (1788–1860) wie auch durch Moses Mendelssohns (1729–1786) Schrift *Phädon* (1767) beeinflusst, führt dem Betrachter vor Augen, dass es nicht der Tod ist, den der Mensch fürchten muss, sondern lediglich die unvorhersehbare Art des Sterbens (vgl. Jacob-Friesen 2007, S. 116) So ist es auch in „Auf den Schienen" die plötzliche und gewaltsame Art des herannahenden Todes, welche die Passagiere der Eisenbahn fürchten müssen.

Es liegt nahe, Max Klingers Radierung als zeitgenössische Kritik an der Technisierung und deren Gefahren zu deuten; jedoch dürfte dies für den jungen Künstler, der dem technischen Fortschritt allgemein positiv gegenüberstand (Jacob-Friesen 2007, S. 118), eine eher untergeordnete Rolle gespielt haben. Vielmehr suchte er nach einer Möglichkeit, den traditionellen Motiven des Totentanzes moderne Ausprägungen an die Seite zu stellen.

Alina Hintenaus

Literatur

Schuster 1989, Kat. Nr. 446–455, S. 159–161; Schuster/Tanabe 2001, Kat. Nr. 26, S. 216; Gisela Götte (Hg.), *Zwischen Tag und Traum: Max Klinger (1857–1920). Graphische Zyklen aus dem Besitz der Letter Stiftung, Köln und dem Clemens-Sels-Museum Neuss*, Ausst. Kat. Neuss 2006, Neuss 2006; Hannelore Fischer (Hg.), *Max Klinger: „Alle Register des Lebens". Graphische Zyklen und Zeichnungen*, Ausst. Kat. Köln/ Aachen 2007, Berlin 2007; Holger Jacob-Friesen (Hg.), *Max Klinger: Die druckgraphischen Folgen*, Ausst. Kat. Karlsruhe 2007, Heidelberg 2007.

I 9. Emil Nolde.

4. Kranker, Arzt, Tod und Teufel

Emil Nolde (1876–1956)
1911
Kaltnadelradierung
545 × 420 mm (Blatt), 297 × 250 mm (Platte)
Graphiksammlung *Mensch und Tod*, Inv. Nr. F 0440.
signiert u. r. „Emil Nolde" und bezeichnet u. l. „V.9."

„Ich arbeitete, kratzte und ätzte, so daß alles um mich herum, Wäsche, Tapeten, Kleider mitleidend war" (Emil Nolde, *Jahre der Kämpfe 1902–1914*, zitiert nach Moeller 1999, S. 9). So beschrieb Emil Nolde (1867–1956) in seiner Autobiographie den intensiven Schaffensprozess, durch den seine Graphiken entstanden. Auch die Kaltnadelradierung *Kranker, Arzt, Tod und Teufel* lässt in ihren Ausdrucksformen noch die Kraft erkennen, durch die sie entstand.

In der linken Bildhälfte ist der Kranke liegend zu sehen. Drei Gestalten – Arzt, Tod und Teufel – haben sich um sein Krankenbett versammelt. Neben dem Kranken steht der Arzt, klar erkennbar an der runden Nickelbrille, durch die er den Kranken betrachtet. Weiter rechts im Bild ist der Tod in Gestalt eines Skeletts zu sehen. Seine Präsenz kündigt das baldige Lebensende des Kranken an. Die linke Hand zum Gruß erhoben, fordert der Tod gleichzeitig mit dem Zeigefinger der rechten Hand den Kranken auf, ihm zu folgen. Das Gesicht des Kranken, dem Tod zugewandt, drückt dabei eine stille Zufriedenheit aus, ganz so, als habe er mit seinem Schicksal bereits abgeschlossen. Der Kranke und der Tod werden im Profil gezeigt. Diese Parallelität lässt auf eine Verbindung zwischen ihnen schließen und grenzt gleichzeitig diese beiden von den anderen Personen ab.

Die Szene zwischen Krankem, Arzt und Tod scheint sich vor dem existentiellen Horizont des wartenden Teufels abzuspielen. Dessen Flügel umschließen hinterrücks die drei Gestalten und demonstrieren so seine umfassende Macht über sie. Zudem verstärkt der Flügel des Teufels die Komposition, indem er eine Parallele zur Diagonale des Tisches bildet. Die großen, runden Augen und der maskenhafte Gesichtsausdruck des Teufels mildern jedoch seine erschreckende Wirkung und lassen ihn eher wie einen seltsamen Erdgeist erscheinen.

Die enorme Ausdrucksstärke der Figuren ist kennzeichnend für die Kunst Emil Noldes: „Solche antithetischen Konstellationen, Dualitäten und Gegensätze leben stets in Noldes Werken und geben ihnen ihre vielschichtige Spannkraft." (Franz/Rittmann 1991, S. 30).

Der Künstler, der zu den großen Graphikern der Avantgarde gehört, erlernte zunächst das Handwerk des Schnitzers und Möbelzeichners in Flensburg, wo er sich selbst das Zeichnen aneignete, und so den Grundstein für sein späteres

Werk legte. Sein großartiges Können manifestiert sich auch in dieser Graphik, wo er mit ganz wenigen, sicher gesetzten Strichen den Figuren Leben und Charakter verleiht.

Das Werk entstand, laut Noldes Autobiographie *Jahre der Kämpfe,* als bildnerischer Gegenpart zu dem Gedicht *Gaukler, Tod und Juwelier,* welches der von Emil Nolde geschätzte Dichter Carl Hauptman (1858–1921) verfasst hatte. Demnach sollten sich Bild und Gedicht ergänzen, „auf dass die sechs zusammen ein Spiel spielen“ (Nolde 1957, S. 134). Die Radierung zeigt zum einen in der Figur des Arztes dessen verantwortungsvolle Position als Helfer und Heilbringer, der sich „unverdienter Kritik und unkritischer Überschätzung“ entgegenstellen muss (Schadewaldt 1978, S. 73). Zum anderen aber wird hier deutlich, dass auch der Arzt sich letztendlich seine Hilflosigkeit und die Grenzen seines Könnens eingestehen muss. Der Tod hat bereits, ohne ihn zu konsultieren, eine feste Abmachung mit dem Kranken, gegen die der Arzt letztlich nicht ankommt. Das feine Lächeln des Kranken, der Gestus und Blick bereits auf den Tod ausgerichtet hat, zeigt, dass dieser spürt, dass das medizinische Können des Arztes im jetzigen Stadium nichts mehr bewirken kann. Von Gefahr und Todesangst ist im friedlichen Beisammensein der vier Figuren aufgrund der karikierenden Darstellungsweise der phantastischen Figuren wenig spürbar. Die Graphik konzentriert sich auf die ausdrucksstarken Gesichter und die Vermittlung der besonderen Stimmung.

Nolde hat in dieser Graphik mit sparsamsten Mitteln die Situation eines Todkranken eingefangen, für den jede Hilfe zu spät kommt. Er verweist auf die Grenzen der Medizin, die trotz aller Fortschritte letztlich nicht die Möglichkeit hat, Krankheit und Tod endgültig zu besiegen.

Katharina Wesseli

Literatur

Emil Nolde, *Jahre der Kämpfe 1902–1914*, Flensburg, 2. Aufl., 1957 (Berlin 1934); Christel Mosel, *Emil Nolde, Das graphische Werk*, Kataloge der graphischen Sammlung Kestner-Museum Hannover, Bd. 10, Hannover 1967, Kat. Nr. 145; Gustav Schiefler und Christel Mosel (Hg.), *Emil Nolde. Das graphische Werk*, 2 Bde., Köln 1966–1967, Bd.1, Nr. 168 V, S. 12–14; Michael Nüchtern, Der Arzt, der Kranke, der Tod und der Teufel von Emil Nolde, in: Wolfgang Böhme (Hg.), *Der Arzt und das Sterben*, Herrenalber Texte 37, Karlsruhe 1982, S. 29–30; Hans Schadewaldt, Totentanz und Heilberufe, in: *Jahrbuch der Universität Düsseldorf* 1980/81, S. 171–184; Renate Hauff (Hg.), *Radierungen im 20. Jahrhundert: Sammlung Günther und Renate Hauff*, Ausst. Kat. Stuttgart 1987, Stuttgart 1987, Nr. 530, S. 201. Schuster 1989, Kat. Nr. 654, S. 227–228; Erich Franz und Annegret Rittmann (Hg.), *Emil Nolde, Aquarelle und figürliche Radierungen*, Ausst. Kat. Münster 1991, Münster 1991, S. 29–31; Magdalena M. Moeller, Zu Noldes Druckgraphik: Radierungen, in: Magdalena M. Moeller und Manfred Reuther (Hg.), *Emil Nolde – Druckgraphik aus der Sammlung der Nolde-Stiftung Seebüll*, München 1999, S. 9–12; Schuster/Tanabe 2001, Kat. Nr. 55, S. 232–233.

5. Eros Thanatos VIII

Blatt 8 aus: *Eros Thanatos ein Totentanz, Zwölf Original Holzschnitte von Arminius Hasemann, Mit freien Rhythmen von Felix Lorenz*
Arminius Hasemann (1888–1979)
1921
Holzschnitt
47,3 × 40 cm (Blatt)
Graphiksammlung *Mensch und Tod*, Inv. Nr. F 0516.
signiert und datiert u. r. „A. Hasemann 1921"

Die Femmes Fatale haben sich durch den verführerischen Tanz im Spinnennetz des Todes verfangen, um diesem schließlich im Todeskuss zu erliegen. Auf dem achten Blatt der expressionistischen Totentanzfolge *Eros Thanatos ein Totentanz. Zwölf Original Holzschnitte von Arminius Hasemann. Mit freien Rhythmen von Felix Lorenz.* thematisiert Arminius Hasemann (1888–1979) das Spannungsfeld zwischen dem Gott der Liebe (Eros) und dem Gott des Todes (Thanatos). Der Berliner Künstler inszenierte in dem Mappenwerk unterschiedliche Akteure in Milieus des modernen, künstlerischen Lebens einer Großstadtgesellschaft. Die zeitgenössischen Gestalten befinden sich dabei in ständiger Begleitung des unheilvollen Skelettes als Personifikation des Todes. Die Folge erschien in einer Auflage von 200 Stück. Davon wurden 50 Exemplare auf Van Geldern Zonen-Papier von Alfred Ruckenbrod auf der Handpresse gedruckt, und verlegt durch Richard Seitz & Co., Berlin. Teil der Sammlung Block ist das Exemplar 31/50 dieser Edition.

Von den Ereignissen des Ersten Weltkrieges sowie Erlebnissen auf Reisen durch Europa und Afrika geprägt, griff Hasemann mit dieser Graphik die seit dem 16. Jahrhundert bestehende Tradition des Motives *Das Mädchen und der Tod* auf. Jedoch setzt Hasemann hier keine unschuldigen Mädchen in Szene, sondern nackte Frauen in Manier einer Femme Fatale, dem Inbegriff der verführerischen und bedrohlichen Macht über den Mann. Diese Frauenfiguren unterliegen nun selbst dem Tod in Gestalt eines dominierenden Verführers. In den überstreckten und ineinander verschlungenen Körperkonstellationen der stereotypen Festgesellschaft werden die Machtverhältnisse klar definiert. Schwarze und weiße Flächen sowie konkave und konvexe Formen bilden dabei zentrale Kontraste in dem die Paare umschlingenden Liniennetz des Tanzballs. In diesem „Gewühl eines an das damalige Sündenbabel Berlin erinnernden Festrausches" (Guthke 1997, S. 248) tritt der Tod mit adrettem Anzug in Erscheinung eines zeitgenössischen Bohemien auf, die nackte Frau selbstbewusst mit moderner Frisur.

Einen bildinternen Bezug sowie ein Spannungsmoment erzeugt der verstohlene Blick, den die weibliche Aktfigur am rechten Bildrand auf die linke Paarkonstellation wirft. Mit Schrecken stellt sie fest, was ihr unmittelbar und unausweichlich bevorsteht: Dort gibt sich die Frau im festen Griff des Todes bereits dem verhängnisvollen Kuss hin. Durch das Aufscheinen des Bewusstseins für die Gefahr innerhalb der von Lusttrieben dominierten Situation wird ein moralischer Appell angedeutet: Die selbstbewusste Frauenwelt solle sich nicht der Freizügigkeit und dem Genuss des modernen Lebens hingeben. Der laszive Tanz wird zur Metapher des Sterbens. Die Atmosphäre des „Lebens- und Lusttaumels" (Kasten 1986, S. 89) der Zwischenkriegsjahre sowie die „Unruhe als Symptom der Zeit" (Matuszak 2000, S. XIII) werden gesteigert im Kontext einer sexuellen Enthemmung (vgl. Hamann/Jost 1976, S. 108) widergespiegelt.

Die intensive Konfrontation mit der Nacktheit in Hasemanns Darstellungen führte zu vehementen Reaktionen: Der „Versuch ein[es] Lehrstück[s] von der Vergänglichkeit des Menschen [. . .] mißrät zum voyeuristischen Schaustück" urteilte Kasten (Kasten 1986, S. 90); die Motive seien „durch ihre dekorativen Sexualsymbole [. . .] dem Pin-up-Genre nahe" (Kaiser 1995, S. 101); und der zeitgenössische Kritiker Wiese sah „kein[en] Ernst, auch kein[en] Totentanz, sondern – schade drum – schönes verbrauchtes van Geldern" (Wiese 1922, S. 520). Doch wird man dem Werk mit einer Reduktion der Bildinhalte auf oberflächliche, pornografische Anspielungen gerecht? Handelt es sich nicht vielmehr um eine Strategie der extremen Bilderfindung eines Totentanzes, welcher im kulturhistorischen Kontext eingebettet auf die Risiken des modernen, alternativen Lebenswandels der Zeit hinweist? Jedenfalls bemerkt bereits Wiese, dass Kunst zu der Zeit „geht" (Wiese 1922, S. 520). Die Grafik diente dabei als demokratisches Medium zur Verbreitung der im Zeitgeist einer expressiven Kunst beliebten Motive (vgl. Matuszak 2000, S. XI).

Claudia Friedrich

Literatur

Erich Wiese, Arminius Hasemann. Eros Thanatos, ein Totentanz, in: *Der Cicerone. Halbmonatsschrift für Künstler, Kunstfreunde und Sammler*, 14/12 (1922), S. 519–520; Richard Hamann und Jost Hermand (Hg.), *Epochen deutscher Kultur von 1870 bis zur Gegenwart – Expressionismus*, Bd. 5, Frankfurt 1977; Friedrich W. Kasten, Gründerzeit, Kaiserreich und Weimarer Republik – Totentanzdarstellungen zwischen 1871 und 1933, in: Ders. (Hg.), *Thema Totentanz. Kontinuität und Wandel eines Bildthemas vom Mittelalter bis heute*, Mannheim 1986, S. 43–231; Schuster 1989, Kat. Nr. 342–353, S. 112 ff.; Gert Kaiser, *Der Tod und die schönen Frauen. Ein elementares Motiv der europäischen Kultur,*

Frankfurt, New York 1995; Karl Siegfried Guthke, *Ist der Tod eine Frau? Geschlecht und Tod in Kunst und Literatur,* München 1997; Thomas Matuszak, „... ruhelos und ohne des Schlafes Geschenk", in: Ders., „*... ruhelos und ohne des Schlafes Geschenk" – Katalog der zwischen 1903/04 und 1932 edierten deutschen druckgraphischen Mappenwerke, illustrierten Bücher sowie Zeitschriften mit Originalgraphik im Lindenau-Museum Altenburg. Der ursprüngliche Bestand des Lindenau-Museums, die 1994/95 erworbene Sammlung Hoh und die Erwerbungen seit 1995. Sammlung Hoh, Bestandskatalog,* Bd. 2, Leipzig 2000, S. X–XIII; Schuster/Tanabe 2001, Kat. Nr. 93, S. 246.

6. Chirurg und Tod im Kampf um eine Frau

Ivo Saliger (1894–1987)
1921
Radierung, zweifarbig
875 × 660 mm (Blatt), 735 × 537 mm (Platte)
Graphiksammlung *Mensch und Tod*, Inv. Nr. E 0552.
signiert u. r. „Ivo Saliger", in der Platte bezeichnet u. l. „H©G"

In Saligers (1894–1987; zum Künstler vgl.: Thieme/Becker, Bd. 4, S. 148; Fuchs 1976, S. 73) Werk wird der Betrachter Zeuge eines dramatischen Kampfes. Ein Arzt ringt mit einem als Skelett personifizierten Tod um eine Patientin. Der Ausgang dieser Auseinandersetzung bleibt der Fantasie des Betrachters überlassen (vgl. Abend 2010, S. 144).

Der Arzt auf der linken Seite der Radierung trägt einen langen, weißen Kittel und eine weiße Haube auf dem Kopf. Während er mit dem rechten Arm um den Rücken seiner entkleideten Patientin greift, drückt er unter Kraftanstrengung mit seiner bloßen rechten Hand gegen die Stirn eines Skeletts, das versucht, die Frau an sich zu reißen. Der Arzt hat einen Ausfallschritt eingenommen, der ihm in festem Stand die Abwehr des Gerippes ermöglicht. Sein Blick ist auf das zu seinen Füßen kniende Skelett gerichtet, die Stirn ist in Falten gelegt, die Mimik starr. Das Skelett verbildlicht den Tod, der die Patientin bedroht. Es kniet auf dem Boden und hat das rechte Bein aufgestellt, als wollte es jeden Moment aufstehen und die junge Frau, entgegen der Anstrengung des Arztes, mit sich fortziehen. Der Tod umfasst mit dem linken Arm die Beine der Frau, mit der anderen Hand greift er nach ihrem Oberkörper. Durch die Abwehr des Mediziners ist sein Kopf nach hinten gebeugt. Die Frau klammert sich mit ihrer linken Hand an der Schulter des Arztes fest. Ihr Gesicht hat sie zwischen der Schulter des Mediziners und ihrem eigenen Arm vergraben, sodass nur ihre langen, dunklen Haare sichtbar sind. Der Patientin ist ihre Schwäche deutlich anzusehen, ihr Stand ist so instabil, dass sie ohne fremde Hilfe umkippen würde. Die Blöße der Patientin verdeutlicht ihre Hilflosigkeit und Unfähigkeit, auf den Kampf Einfluss zu nehmen.

In dem von Saliger zur Darstellung gebrachten Moment gelingt es dem Mediziner ohne Hilfsmittel, der Doppelbelastung des Kampfes standzuhalten. Sowohl seine Größe als auch die aufrechte Haltung des Arztes, beides Eigenschaften, die ihn scheinbar zum Helden erheben, zeigen seine Überlegenheit und Stärke. Doch weist sein sorgenvoller Gesichtsausdruck auch auf die Strapazen des Kampfes um die Patientin hin.

In der Sammlung Werner Blocks befinden sich insgesamt vier großformatige Radierungen Saligers (Inv. Nr. E 0552.–0555.; vgl. dazu auch Block 1966, S. 68), die das Thema des ärztlichen Kampfes gegen Krankheit und Tod variieren und inhaltlich und stilistisch eine Gruppe bilden. Sie wurden wahrscheinlich zeitgleich geschaffen und um 1921 im Verlag Halm und Goldmann in Wien aufgelegt.

Diese Werke wurden als Darstellungen des Arztes als Sieger über den Tod beschrieben (vgl. Schuster 1989, S. 323). Doch ist das in dieser Radierung tatsächlich der Fall?

In einem Brief vom 6. Dezember 1973 äußert sich der Maler selbst über die Motivation zu seiner Radierung *Arzt und Tod im Kampf um eine Frau*. Während der Behandlung seiner Schwester, die im Jahr 1918 an Leukämie erkrankt war, lebte Saliger im Haushalt des befreundeten Chrirurgen Prof. Dr. Paul Johann Clairmont in der Schweiz. Dort wurde er neben seinem persönlichen Schicksal durch die Gespräche mit seinem Gastgeber und dessen Frau inspiriert, die stets bemüht waren, das unvermeidliche Ende der Patienten hinauszuzögern. Saliger erklärt, dass er in seinem Werk den Arzt mit einem Ausdruck von Skepsis und Unsicherheit darstellen und die Frage offen lassen wollte, ob er den Kampf gewinnt oder nicht. Seine Schwester starb im April 1920. Im Juni 1920 vollendete Saliger die Radierung.

Mandy Kamolz

Literatur

Richard Zimprich, Professor Ivo Saliger (Ein Lebenslauf), in: *Mährisch-Schlesische Heimat*, 2 (1960), S. 159–162; Block 1966, S. 68; Brief Ivo Saligers vom 6. Dezember 1973, Archiv des Dittrick Medical History Center, Cleveland, Ohio, http://www.cwru.edu/artsci/dittrick/museum/collections/Artz.html (26.08.2013); Thieme/Becker, Bd. 4, S. 148; Heinrich Fuchs, *Die Österreichischen Maler der Geburtsjahrgänge 1881–1900*, Wien 1976; Schuster 1989, Kat. Nr. 943, S. 323; Sandra Abend, *Götter in weiß – Arztmythen in der Kunst*, Hilden 2010.

7. Nach der Schlacht I

Aus: *Ein Totentanz: 12 Kupferstiche von Hans Otto Schönleber*
Hans Otto Schönleber (1889–1930)
1921
Kupferstich
452 x 320 mm (Blatt), 154 x 103 mm (Platte)
Graphiksammlung *Mensch und Tod,* Inv. Nr. F 1377.
signiert u. l. „H. O. Schönleber", bezeichnet u. r. „48/50" und betitelt u. r. „Nach der Schlacht I", in der Platte bezeichnet o. l. „1921 HS"

„Nach der Schlacht I" ist das zweite Blatt einer Kupferstich-Folge mit dem Titel *Ein Totentanz: 12 Kupferstiche von Hans Otto Schönleber*, die der Künstler (1889–1930) im Winter 1921/22 in München schuf. Der hochformatige Kupferstich zeigt ein verwüstetes Schlachtfeld. Im rechten Vordergrund liegt ein Toter, die Gliedmaßen von sich gestreckt, bäuchlings auf dem schlammigen Boden neben einem klaffenden Krater und Schützengräben. Die Darstellung des Sterbens auf dem Schlachtfeld hat nichts Heroisches. Zerstörtes Kriegsmaterial und Mauerreste, leblos emporragende Baumgerippe und eine entfernte Stadtruine am Wasser prägen die Szene. Über dem Meer brauen sich dunkle, bedrohliche Wolkenberge zusammen, in deren Mitte die Wolken aufreißen und den Blick auf ein riesiges schwebendes Skelett mit Sense in einer hellstrahlenden mandelförmigen Lichtfläche freigeben. Der personifizierte Tod blickt mit tief gesenktem Kopf und hängenden Schultern auf die Verwüstung und wirkt müde, erschöpft und niedergeschlagen. Unzählige Strahlen bilden einen Kranz um die hellste Fläche der Graphik, die dem Tod seine starke Betonung gibt. Ihr gleißendes Licht spiegelt sich auf der ruhigen Wasserfläche des Meeres.

Bei der Leiche deuten die derben Stiefel darauf hin, dass es sich um einen gefallenen Soldaten handelt. Da sowohl Uniform, Waffen als auch Verletzungen nicht erkennbar sind, wäre es reine Spekulation, für welche Nation er kämpfte oder auf welche Weise er starb.

Zwar verweist das zerstörte Geschützrohr und die Laufrolle eines Panzerfahrwerks im linken Vordergrund auf die im Ersten Weltkrieg neueste Kriegstechnik der Tanks, welche an der Westfront zum Einsatz kamen, und damit auf ein Schlachtfeld in Belgien, da in Frankreich nie am Meer gekämpft wurde (vgl. Hirschfeld/Krumeich/Renz 2003, S. 917 ff.), doch lässt sich die Darstellung keinem bestimmten Kriegsgeschehen zuordnen. Das Wetterereignis am Himmel zeigt ebenso wenig die Jahreszeit an wie die tote Landschaft, die alle Kupferstiche dieses Totentanzes gemeinsam haben. Der Künstler wollte durch die Schilderung von Zerstörung und Leid des modernen Krieges eine allgemeingültige Darstellung des Todes schaffen.

Hans Otto Schönleber (1889–1930) erfuhr als Arzt in verschiedenen Lazaretten intensiv die schrecklichen Auswirkungen des Krieges (vgl. Ottnad 2001, S. 113). Überfordert von erschütternden Ereignissen und Eindrücken, betäubte er sich selbst während der Kriegszeit mit Morphium, woraufhin er nach dem Krieg einen Nervenzusammenbruch erlitt und in einem Sanatorium behandelt wurde (vgl. Kappenberg 2008, S. 216). Zwei Jahre nach dem Krieg begann Schönleber eine Lehre als Kupferstecher in München. Es liegt nahe, in seinem durch die Kriegserfahrungen geprägten seelischen Zustand eine Begründung für seine Abkehr vom Arztberuf und seiner Hinwendung zur Kunst zu sehen (vgl. Ammann 1961, S. XI).

Für seinen Totentanz erfand Schönleber einzigartige Darstellungen von großer Eindringlichkeit, die sich dennoch in die traditionelle Motivik eines Totentanzes einreihen (vgl. Engelen 2012, S. 115–116). Neben erschreckenden Visionen des Krieges im zweiten und dritten Blatt der Stichserie zeigt er, wie ein Skelett Menschen in verschiedenen Altersstufen und Situationen aus dem Leben in den Tod begleitet (vgl. Schuster 1989, S. 342–345).

Der Gedanke, dass für den Tod der Krieg ein Fest sein müsste, wird in dem Blatt „Nach der Schlacht I" ins Gegenteil verkehrt. Bleibt man bei der Vorstellung, dass der Mensch vom Tod ins Jenseits begleitet wird, so hat der Tod auf dem Schlachtfeld keine Möglichkeit, den Menschen sanft hinüberzuführen. Qualvolle Verletzungen, ständige Angst vor dem gewaltsamen Sterben und dem befohlenen Töten erfüllen hier sogar den Tod auf bedrückende Weise mit Niedergeschlagenheit und Hoffnungslosigkeit.

Der Tod hat auf diese Weise etwas Freundliches und Väterliches, was für Schönlebers tiefgehendes Gefühl einer Vertrautheit mit dem Tod spricht. Vor diesem Hintergrund gewinnt die Tatsache Bedeutung, dass die Präsentation des Skelettes auf dem Kupferstich an Darstellungen einer Majestas Domini mit Christus in der Mandorla erinnert, an dessen Stelle hier der Tod tritt. Der Tod wird auf dem Schlachtfeld zum Erlöser.

Schönlebers Werk wurde trotz hoher Begabung des Künstlers erst posthum anerkannt. Als 41-Jähriger nahm er die bereits zehn Jahre dauernde Ablehnung seiner Kunst zum Anlass, am 20. Juni 1930 aus dem Leben zu gehen (vgl. Ottnad 2001, S. 113). In seinem Freitod könnte Schönleber Ausweg, Erlösung, letzte Rettung und Hilfe zur ewigen Ruhe gesehen und darin mehr Schutz und Sicherheit als im Leben erwartet haben.

Marius Alexander Stiehler

Literatur

Max Diez (Hg.), *Hans Otto Schönleber, Schönleber-Ausstellung – Gemälde, Zeichnungen*, Ausst. Kat. Stuttgart 1912, Stuttgart 1912; Edith Ammann, *Das graphische Werk von Hans Otto Schönleber*, Karlsruhe 1961; Schuster 1989, Kat. Nr. 994–1005, S. 342–345; Alf Walter Bückert (Hg.), *Hans Otto Schönleber: Ein süddeutscher Grafiker: zum Gedächtnis*, Ausst. Kat. Berlin-Lichtenberg 1992, Berlin 1992; Clemens Ottnad, *Hans Otto Schönleber (1889–1930): Das druckgraphische Werk*, Ausst. Kat. Albstadt 1997, Albstadt 1997; Clemens Ottnad, Wenn „kein lebender Leichnam dem Lebenden im Lichte stehen" soll. Ein Totentanz von Hans Otto Schönleber (1921/22), in: *L'art macabre* 2 (2001), S. 113–123; Gerhard Hirschfeld, Gerd Krumeich und Irina Renz (Hg.), *Enzyklopädie Erster Weltkrieg*, Paderborn 2003; Torsten Kappenberg, Hans Otto Schönleber: Im Kampf mit Melancholie und herrschendem Geschmack, in: Bettina Brand-Claussen (Hg.), *Künstler in der Irre*, Ausst. Kat. Heidelberg 2008, Heidelberg 2008, S. 215–217; Maike Engelen, Im Meere von Hans Otto Schönleber, in: Knöll/Overdick/Fischer/Overdick 2012, Kat. Nr. 29, S. 115–116.

8. Im guten Glauben

Andreas Paul Weber (1893–1980)
1956/1958
Lithographie
430 × 295 mm
Graphiksammlung *Mensch und Tod*, Inv. Nr. F 0672.
signiert u. r. „A. Paul Weber", bezeichnet u. l. „B X cw", betitelt u. l. und Stempel der „Clan-Presse" u. l.

Da der Tod immer die letzte Instanz ist, mit der jeder Lebende sich auseinandersetzen muss, führt auch der Mediziner schließlich einen aussichtlosen Kampf um das Leben seiner Patienten. Diese Gewissheit verdeutlicht Andreas Paul Weber (1893–1980) dem Betrachter seiner Karikatur mit dem Titel *Im guten Glauben*, welche er zwischen 1956 und 1958 veröffentlichte.

Das Motiv wurde von Weber bereits im Jahre 1946 in einer Zeichnung entworfen (vgl. Schuster 1989, S. 391). Die Lithographie zeigt in der Bildmitte einen auf den Hinterläufen stehenden Esel auf einem Bücherstapel. Der Esel trägt einen weißen Arztkittel sowie eine dunkle Hose und eine runde Brille. Ferner umklammert er mit seinen Hufen eine in übertriebener Größe dargestellte Spritze, als würde er ein Gewehr halten. Die Lippen kräuseln sich trotzig, während sein Blick nach unten rechts auf die im Reigen um ihn herum tanzenden Kinderskelette gerichtet ist, welche Bewegung in die Situation bringen. Einige der sieben Gerippe richten ihren Blick nach oben auf den Esel. Lediglich das Skelett ganz außen rechts richtet den Blick auf den Betrachter des Blattes.

Weber hätte die Ausdrucksmittel seiner Karikatur kaum besser wählen können, um seinen Spott der medizinischen Wissenschaft gegenüber zum Ausdruck zu bringen. So wird der Arzt, dem in der Regel ein hoher Intellekt zugeschrieben wird, durch das Tier ersetzt, welches ein Symbol der Dummheit und Verstocktheit ist (vgl. Bornemann 1982, S. 27). Die Figur des Esels verkörpert auf diese Weise den Widerstreit zwischen vorgeblicher Klugheit und tatsächlicher Unfähigkeit. Er kann sich trotz seines durch die Bücher verbildlichten Wissens mit den Waffen der Medizin nicht gegen seinen stärksten Kontrahenten – den Tod – wehren, der hier durch die Skelette personifiziert wird. Stattdessen versteckt er sich hinter den Attributen seines Berufes und hofft, vom Tod unbemerkt agieren zu können. Die Brille ist nicht nur als Attribut des Gelehrten, sondern in Webers Bildsprache als Zeichen der Ignoranz und der geistigen Blindheit zu interpretieren (vgl. Bornemann 1982, S. 30). In der ersten Fassung des Motivs trug der Esel anstelle der Brille Scheuklappen.

Der Reigen freudig tanzender Kinderskelette deutet auf die „in gutem Glauben“ herbeigeführten Folgen des ärztlichen Handelns hin. Weber greift damit eine Bildtradition auf, welche die kritische Auffassung des Arztberufes gelegentlich bis zur Darstellung des Arztes als zuverlässigstem Lieferanten des Todes steigert (vgl. Schuster 1989, S. 391; Schuster/Tanabe 2001, S. 234). In diesem Zusammenhang verstärken der tiefschwarze Hintergrund und die unklare Raumsituation in der kontrastreichen Schwarz-Weiß-Darstellung die Ahnung des drohenden Unheils für das Leben der zukünftigen Patienten (vgl. Bornemann 1982, S. 38).

Weber hat sich seit den 1950er Jahren bis Ende seines Lebens immer mehr mit der Medizin auseinander gesetzt und die Ärzte einer bissigen Satire unterworfen. Im Jahr seines Todes schuf er mehrere Lithographien, die als Illustrationen für die Artikelserie „Medizin in der Krise“ im Magazin *Der Spiegel* erschienen (Nr. 34–37 (1980)), darunter auch *Im guten Glauben* als wiederverwendetes Motiv. Die gesamte vierteilige Serie beginnt mit der sehr negativen Einstellung Webers, der in „Jahrzehnten [...] kaum einen Arzt konsultiert“ (Halter 1980, S. 146; dazu auch: Bock 1990, S. 5–8, Dorsch 1990, S. 65 und Bock/Hell 1993, S. 43) hatte, zur Schulmedizin. Er traute nur der Naturheilkunde und wenigen befreundeten Ärzten wie Julius Hackethal (1921–1997), der sich oft gegen Missstände in der Schulmedizin aussprach.

Webers Kritik richtete sich gegen das Gesundheitswesen der Wohlstandsgesellschaft und das Verhältnis der Ärzte zum Kranken (vgl. Schuster 1989, S. 391; Schuster/Tanabe 2001, S. 234). Er setzte sie unter anderem in dieser „bissigen Persiflage auf den medizinischen Wissenschaftsaberglauben“ (Bornemann 1978, S. 13) bildlich um.

Patricia Kamolz

Literatur

Andreas Paul Weber, *Hoppla Kultur: 50 Bilder zur Herrlichkeit unserer Zeit*, Vorwort von Fritz Fuglsang, Mit 50 Abbildungen nach Federzeichnungen und Lithographien. Gütersloh 1954; Georg Ramseger, *Andreas Paul Paul Weber: Graphik*, Oldenburg, Hamburg 1956; Andreas Paul Weber, *Kritischer Kalender*, Jahrgang 6, Clan-Presse-Verlag, Großschretlaken bei Mölln 1964, Nr. 16; Block 1966, S. 177; Bernd Bornemann, A. Paul Weber – Ein Künstler der Karikatur?, in: Georg Reinhardt (Red.), *A. Paul Weber: Handzeichnungen 1930–1978: Lithographien, Retrospektive zum 85. Geburtstag*, Ausst. Kat. Bonn 1978, Köln 1978, S. 11–18; Georg Reinhardt (Hg.), *A. Paul Weber, das graphische Werk 1930–1978: Handzeichnungen und Litographien*, München 1980; Hans Halter, Begrabene Illusionenen: Die Ohnmacht der modernen Medizin (I), in: *Der Spiegel*, 34 (1980),

S. 146–159; Bernd Bornemann, A. *Paul Weber: Seine zeitkritische und humoristische Druckgraphik (1945–1976) und ihr Verhältnis zur Karikatur*, Frankfurt a. M. 1982; Schuster 1989, Kat. Nr. 1102, S. 391; Wolfgang J. Bock, Medizinische Themen im Werk von A. Paul Weber – aus der Sicht des Arztes, in: Ders. und Klaus J. Dorsch, *„... und wie ist das Befinden?": A. Paul Weber und die Medizin*, Lübeck 1990, S. 5–22; Klaus J. Dorsch, Verzeichnis der medizinischen Themen im Werk A. Paul Webers, in: Ders. und Wolfgang J. Bock, *„... und wie ist das Befinden?": A. Paul Weber und die Medizin*, Lübeck 1990, S. 65–82; Wolfgang J. Bock und Barbara Hell, *A. Paul Weber (1893–1980): Kritische Graphik und Buchillustration*, Ausst. Kat. Düsseldorf 1993–1994, Düsseldorf 1993; Klaus J. Dorsch (Hg.), *A. Paul Weber 1893–1980: Handzeichnungen und Lithographien*, Stuttgart 1993; Schuster/Tanabe 2001, Kat. Nr. 58, S. 234.

Die Sammlung Robert Matzek

Feodora Heupel, Vanessa Einighammer,
Natalia Svetlichnaya und Véronique Stentenbach

Die Sammlung Robert Matzek

„Das Todesmotiv ist für mich die Aufforderung, sich dem Leben zuzuwenden"
– Robert Matzek

Fünfzehn Jahre nach dem Erwerb der Sammlung Prof. Dr. Werner Blocks (1893–1976) wurde der Bestand der Graphiksammlung *Mensch und Tod* 1991 durch eine zweite große Privatsammlung erweitert. Mit dem Ankauf der Sammlung Robert Matzeks gelangten weitere 136 Einzelblätter sowie 80 Bücher und 30 druckgraphische Folgen mit insgesamt über 800 druckgraphischen Darstellungen in den Besitz der Universität. Die damit eine Anzahl von 2.513 Darstellungen umfassende Graphiksammlung *Mensch und Tod* galt schon damals als größte thematische Totentanzsammlung der Welt.[1] Robert Matzeks Interesse an den Themen Tod und Totentanz begann 1952 mit einer ersten Begegnung durch ein Totentanzfresko in der Nähe der oberbayerischen Stadt Rosenheim[2], in welcher er zu dieser Zeit wohnte und Holztechnik studierte. Im Vordergrund stand für ihn dabei nach eigener Aussage „[...] der sichtbar gewordene Grundgedanke des mir bis dato unbekannten Motivs ‚Totentanz' (vor dem Tod sind alle gleich) [...], der mich spontan faszinierte – trotz oder gerade wegen meiner damaligen Jugend [...]"[3]. Der Beginn seiner großen Sammelleidenschaft wurde zunächst durch Literatur aus einem Münchener Antiquariat unterstützt, welche auf weitere monumentale Totentanzzyklen und deren Standorte verwies. Mit Kamera und Motorrad bewaffnet, suchte Matzek diese Orte dann auf. Während zu Beginn besonders Fotografien, Literatur und Reproduktionen den Grundstock seiner Privatsammlung bildeten, kamen mit zunehmenden finanziellen Mitteln verstärkt Graphiken verschiedenster Techniken hinzu. Dabei erwarb Robert Matzek Druckgraphiken der Renaissance und des Barock bis hin zu Arbeiten des 19. und 20. Jahrhunderts.

Robert Matzek stand in persönlichem Kontakt zu Prof. Dr. Werner Block, dessen private Totentanzsammlung mit dem Erwerb durch die Heinrich-Hei-

[1] Siehe auch: Dietrich Hagge, Der Tod schlägt die Trommel, in: *NRZ*, 27.02.1991.

[2] Da Herr Matzek eine „Rundkirche" erwähnt, könnte es sich um den Totentanz auf dem Beinhaus in Metnitz (Kärnten) gehandelt haben.

[3] Diese Aussage machte Herr Matzek in einem Brief an die Graphiksammlung vom 16.02.2012. (Archiv der Graphiksammlung *Mensch und Tod*).

ne-Universität im Jahr 1976 den Grundstock der Graphiksammlung *Mensch und Tod* bildete.[4] 1990 entstand der Kontakt zu Prof. Dr. Hans Schadewaldt (1923–2009), dem damaligen Leiter des Instituts für Geschichte der Medizin, bei dem erstmals der Vorschlag fiel, die Bestände der Graphiksammlung auch durch Matzeks eigene vielseitige Sammlung zu bereichern; ein Vorschlag, auf den Robert Matzek 1991 einging[5], wohl auch, um zu gewährleisten, dass seine langjährig aufgebaute Sammlung nach seinem Tod in dieser Form erhalten blieb.[6] Zwanzig Jahre später schrieb er darüber: „So trennte ich mich also, befriedigt von diesem in Aussicht stehenden ‚höheren Ziel', von meinem 40 Jahre anhaltenden Hobby".[7] Im Besitz der Graphiksammlung *Mensch und Tod* befinden sich heute neben den Objekten der Sammlung Matzek auch zahlreiche von Matzek angelegte Unterlagen, die eine fundierte wissenschaftliche Aufarbeitung der Werke unterstützen. Die sachgerechte Dokumentation Matzeks erlaubt es, den Erwerb der Werke und den Eingang in die Sammlung auch heute noch nachzuvollziehen. Dies entspricht in abgeschwächter Form auch durchaus der musealen Praxis, in der die Dokumentation von Sammlungsbeständen eine der Kernaufgaben ist.[8] Neben Korrespondenz mit Künstlern und anderen Sammlern, wie z. B. Prof. Dr. Werner Block, finden sich auch Kopien aus der Sekundärliteratur, offizielle Ausstellungs-, Programm- und Theaterhefte, Post- und Werbekarten sowie Auktionskataloge bzw. Ausschnitte aus Auktionskatalogen. Zusätzlich war ein Zeitungsausschnittdienst damit beauftragt, Ausschnitte von Todesdarstellungen jeglicher Art aus Tageszeitungen und Magazinen anzufertigen.

Das wichtigste Ordnungselement stellen Inventarkarten dar. Auf diesen vermerkte Matzek neben Primärinformationen zum Kunstwerk folgende Daten: Art des Objekts, ob es sich um ein Einzelblatt, eine Folge oder eine Publikation handelt, Preis, Art und Datum des Erwerbs sowie Anmerkungen zum Erwerb und/oder dem Werk. Die Inventarkarten lassen so Rückschlüsse auf persönliche Kontakte Matzeks mit Künstlern wie z. B. Gertrude Degenhardt (1940) und Erich

[4] Zum Kontakt zwischen Prof. Dr. Werner Block und Robert Matzek vgl. den Beitrag von Luise Maslow in diesem Band.

[5] Robert Matzek in einem Brief an die Graphiksammlung vom 16.02.2012. (Archiv der Graphiksammlung *Mensch und Tod)*.

[6] In dem Artikel *Der Tod schlägt die Trommel* von Dietrich Hagge aus der *NRZ* vom 27.02.1991 äußert er sich dazu wie folgt: „Wir haben keine Erben in der Familie, und ich möchte nicht, dass meine Sammlung auseinander gerissen wird."

[7] Robert Matzek in einem Brief an die Graphiksammlung vom 16.02.2012. (Archiv der Graphiksammlung *Mensch und Tod)*.

[8] Vgl. dazu: Deutscher Museumsbund e.V., *Leitfaden für die Dokumentation von Museumsobjekten*, Berlin 2011: http://www.museumsbund.de/fileadmin/geschaefts/dokumente/Leitfaeden_und_anderes/LeitfadenDokumentation.pdf

Walz (1927) zu. Darüber hinaus lassen sie auch seine bevorzugten Bezugsquellen für ältere Graphik erkennen. Hierzu zählen die beiden Stuttgarter Institutionen Galerie Valentin und Weises *Hofbuchhandlung* oder das Hamburger Auktionshaus F. Dörling, heute Ketterer Kunst. Auch die Schenkung einiger Arbeiten, wie z. B. Frans Masereels (1989–1972) *Danse Macabre* von 1941 (Inv. Nr. B 1635.–1659.) durch Familienmitglieder lässt sich durch die Inventarkarten belegen.

Graphiken vor 1800

Die Werke der Sammlung Matzek umfassen mit Datierungen vom 15. bis in das 20. Jahrhundert einen Zeitraum von mehr als 500 Jahren. Der Anteil der Arbeiten vor 1800 macht mit insgesamt 48 Werken dabei ungefähr ein Fünftel aller Werke der Sammlung aus.

Das älteste Werk ist auf ca. 1500 datiert. Es handelt sich hierbei um ein dem Meister der Apokalypsenrose der Saint Chapelle zugeschriebenes Einzelblatt (Inv. Nr. E 0723.; Abb. 1) aus einem lateinischen Stundenbuch nach 1498, gedruckt bei Phillipe Pigouchet (1488–1518) für Simon Vostre.[9] Auf dem beidseitig bedruckten Pergamentblatt befindet sich ein Lobgesang aus dem Buch Jesaja[10] umgeben von einer Schmuckbordüre. Während sich der linke und obere Rand aus vegetabilen Ornamenten zusammensetzt, zeigt der rechte Rand drei Ständefiguren mit personifiziertem Tod in Form eines Hautskeletts. Der untere Rand zeigt hingegen zwei Szenen aus einer Totenmesse. Bei den abgebildeten Figuren der Schmuckbordüre des rechten Rands handelt es sich von oben nach unten um *la sorciere*, *la bigote*, und *la sote*, drei Figuren aus der *Danse Macabre des Femmes*. Die Figuren sind übereinander angeordnet und jeweils mit einem Bogen überfangen, in dessen Zwickeln sich je ein Totenkopf befindet. Zusätzlich werden die Figuren durch eine Inschriftenleiste benannt und voneinander abgegrenzt. Bei der obersten Figur handelt es sich um *la sorciere*, welche ein Reisigbündel in der linken Hand hält und stark gestikulierend mit dem sensenbewährten Tod diskutiert. Auf der Szene darunter führt ein schaufeltragender Tod die betende *bigote* fort. Die unterste Szene zeigt *la sote*, eine Närrin mit Stab und Narrenkappe, welche scheinbar mit dem Tod tanzt.

Den Großteil der Graphik bis 1800 machen 31 Einzelblätter aus. Darunter befindet sich ein Schabkunstblatt Johann Jakob Ridingers (1736–1784) nach Vorlage seines Vaters Johann Elias Ridinger (1698–1767) mit dem Titel *Totentanz* (Inv. Nr. E 0515., Abb. 2).[11] Ridingers Blatt bezieht sich auf eine Komposition, die sich

[9] Dazu: Andrea von Hülsen-Esch, Kat. Nr. 1, in: Knöll 2009, S. 99–101.

[10] Jes. 38,10 „Ego dixi in dimidio dierum meorium [. . .]“

[11] Siehe dazu: Hülsen-Esch/Westermann-Angerhausen 2006, Bd. 2, Kat. Nr. 103, S. 178–180, Abb. auf S. 178; Schuster/Tanabe 2001, Kat. Nr. 17, Abb. S. 92, S. 211.

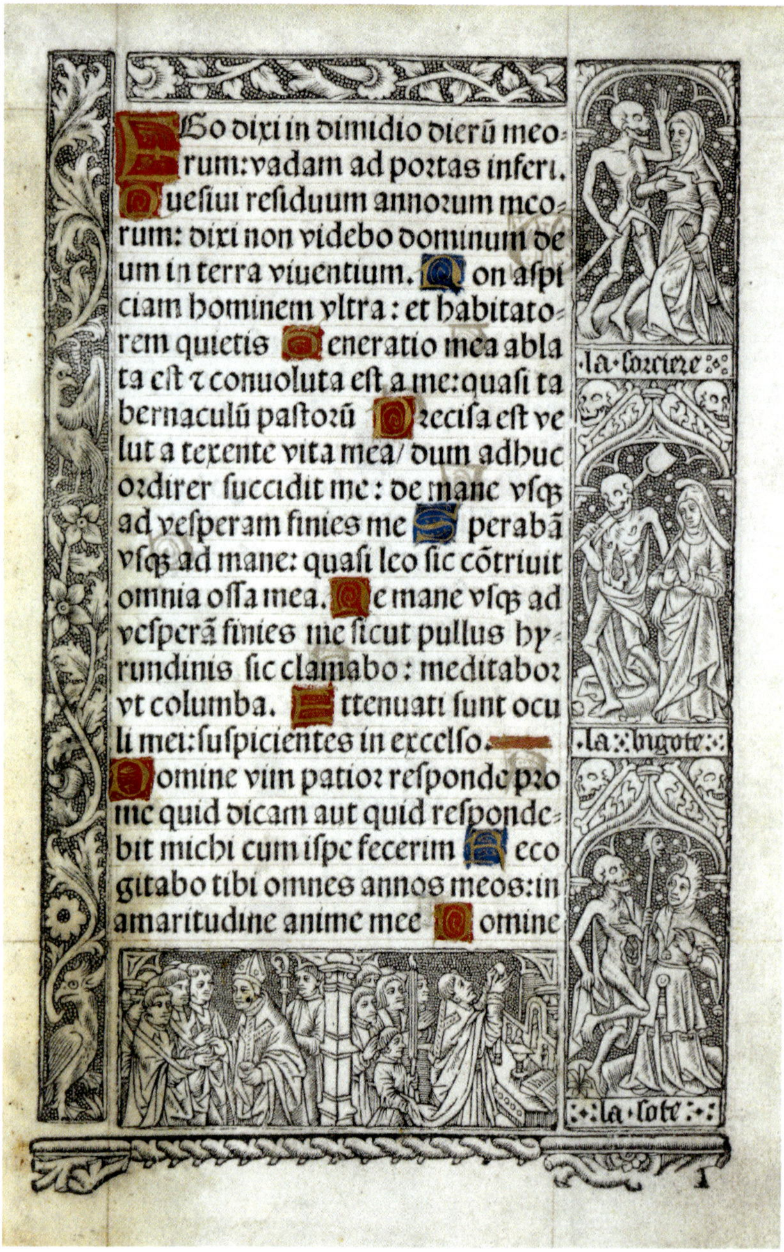

Abb. 1: Meister der Apokalypsenrose der Saint Chapelle, *Totentanzbilder ‚la sorciere', ‚la bigote', ‚la sote' aus einem lateinischen Stundenbuch*, nach 1498, Graphiksammlung „Mensch und Tod", Inv. Nr. E 0723.

bis zu sogenannten Totentanzflugblättern des 17. Jahrhundert zurückverfolgen lässt.[12]

Das hochformatige Blatt zeigt eine mittig angeordnete Szene, welche von einem mit zwölf Kartuschen besetzten Rahmen umgeben ist. Das zentrale Bildfeld stellt neun Frauen und Skelette dar, die händehaltend einen kreisförmigen Reigen bilden und ein geöffnetes Grab samt Friedhofsmauer umgeben. Im Hintergrund erkennt man außerdem ein kleines Beinhaus mit Mauern. In den Bildecken befinden sich von links unten im Uhrzeigersinn angeordnet Darstellungen des Sündenfalls, der Kreuzigung Christi auf dem Kalvarienberg, des jüngsten Gerichts und des Fegefeuers. Zwischen den Szenen befinden sich oben und unten zwei Textkartuschen mit lateinischer und deutscher Inschrift.[13] Die zwölf Kartuschen des Rahmens zeigen hierarchisch angeordnet jeweils einen männlichen Standesvertreter[14] mit personifiziertem Tod, welcher bei jeder Figur unterschiedlich agiert. Die jeweiligen Attribute der Figuren liegen auf dem Boden, was ihre Machtlosigkeit dem Tod gegenüber verdeutlicht. Unter den medaillonartigen Kartuschen befindet sich jeweils eine weitere Textkartusche, in der zweisprachig, sowohl in Deutsch als auch in Latein, das Los der Ständevertreter erläutert wird. Des Weiteren werden die Figurenfelder durch insgesamt acht Vanitassymbole[15] voneinander getrennt, wobei die Symbole zwischen den oberen und unteren vier Kartuschen jeweils dasselbe Symbol zeigen. Insgesamt konzipierte Ridinger auf diesem Blatt einen Totentanz, welcher sich eigentlich aus zwei kleineren räumlich und nach Geschlecht voneinander getrennten Totentänzen zusammensetzt.

Bei den Einzelblättern vor 1800 handelt es sich vornehmlich um Arbeiten anonymer deutscher Künstler des 17. und 18. Jahrhunderts. 20 der 31 Einzelblätter lassen sich keinem bestimmten Künstler sicher zuordnen.

Neben den Einzelblättern umfasst die Sammlung Matzek auch elf illustrierte Publikationen aus der Zeit vom 16. bis 18. Jahrhundert. Darunter findet sich die

---

[12] Dazu: Imke Lüders, Totenreigen – Totentanz. Totentanzillustrationen auf Flugblättern des Barock und ihre Rezeption, in: *L'art macabre* 1 (2000), S. 97–113, hier S. 97 f.; Hainfried Niemeyer, Die Vanitas-Symbolik bei Johann Elias Ridinger (Ulm 1698 – Augsburg 1767), in: *L'art macabre* 2 (2001), S. 95–112, hier S. 99.

[13] Zwischen der Kreuzigungsszene und dem jüngsten Gericht oben: „Der Todt Christi zu nicht hat gemacht / Den Todt, und Sleben wider-bracht." Zwischen der Sündenfalldarstellung und dem Fegefeuer unten: „Den Todt und ewige höllische Pein / Hat veruhrsagt die Sünd allein."

[14] Beginnend oben links: Papst, Kaiser, König, Kardinal, Bischof, Herzog, Graf, Edelmann, Bürger, Bauer, Bettler und Kriegsmann, Narr und Kind.

[15] Hierbei handelt es sich um „[...] Totenschädel, Stundenglas, Kerzen, Weihwassergefäß, Totenbahre mit Totengräberwerkzeug und Sarg mit Bahrtuch." (Hülsen-Esch/Westermann-Angerhausen 2006, Bd. 2, Kat. Nr. 103, S. 178–180, hier S. 179).

Abb. 2: Johann Elias Ridinger und Johann Jakob Ridinger, *Totentanz*, Mitte des 18. Jahrhunderts, Graphiksammlung „Mensch und Tod“, Inv. Nr. E 0515.

Publikation *Geistliche Todts-Gedancken [...]* (Inv. Nr. Bü 2232.–2283., Abb. 3) von Michael Rentz' (1701–1758). Bei den *Geistlichen Todts-Gedancken* handelt es sich um eine Totentanzfolge von 51 Kupferstichen[16], welche 1753 durch Franz Anton Ilger (1710–1760) in Linz verlegt und in Passau gedruckt wurde.[17] Jeder der Stiche des Emblembuchs wird von einem individuell gestalteten Barockrahmen mit Textkartusche, welche die lehrreiche Subscriptio enthält, und Zierelementen umgeben.[18] Den einzelnen Darstellungen geht dabei immer ein ein- bis dreieinhalbseitiger Text[19] voraus, welcher den Rezipienten die Szene nahelegen soll. „Eine solche Komposition und [...] komplexe Kombination von Text, Bild und Inhalt stellt innerhalb der illustrierten und monumentalen Totentänze eine Besonderheit dar."[20]

Entstanden sind die *Geistlichen Todts-Gedancken* nach dem Vorbild eines zwischen 1710 und 1730 von unbekannter Hand ausgeführten Totentanzzyklus im Spital F. F. Misericordiae der tschechischen Stadt Kukus. In Auftrag gegeben wurden die an Holbeins *Bilder des Todes* angelehnten Wandbilder wahrscheinlich durch Reichsgraf Franz Anton von Sporck (1662–1738).[21] Michael Rentz schuf sein Werk wahrscheinlich in Anlehnung an die Kukusbader Fresken. Aufgrund des schlechten Erhaltungszustands der Wandmalereien, kann heute jedoch nicht mehr nachvollzogen werden, inwiefern sich Rentz in seinen Darstellungen an den Wandbildern orientiert hat.[22] Die Inspiration der Rentzschen Stiche durch den Kukusbader Totentanzzyklus wird jedoch erstmals im Titel einer späteren Auflage der Publikation (von 1767) erwähnt, dem man sowohl Auftraggeber als auch Ort der Fresken entnehmen kann.[23]

---

[16] Zur Abfolge der Kupferstiche siehe: Schuster 1989, Kat. Nr. 693–744, S. 248–261; Ulrich Schulz (Hg.), *Büchersammlung K. und U. Schulz: Die Totentänze*, Karlsruhe 2007, Kat. Nr. B 31, S. 136–138, hier S. 136.

[17] Dieser Ausgabe war eine Publikation von 1741 vorangegangen. Ausführlich zur Entstehungsgeschichte: *Jiří Šerých, Michael Rentz fecit, Prag, 2007, S. 283;* Sabrina Pompe, Graphik, Wandgemälde und zurück. Die Geistlichen Todts-Gedancken des Michael Rentz, in: Knöll 2011, S. 157–177, hier S. 158; Reiner Sörries, Katalog der monumentalen Totentänze im deutschsprachigen Raum, in: Wolfgang Neumann: Museum und Zentralinstitut für Sepulkralkultur (Hg.), *Tanz der Toten – Todestanz. Der monumentale Totentanz im deutschsprachigen Raum*, Kassel 1998, Kat. Nr. 59, S. 246–248.

[18] Ebd.

[19] *Šerých vermutet Michael Rentz selbst als Verfasser der Verse. Dazu: Šerých, 2007, S. 293–298.*

[20] Pompe 2011, S. 162.

[21] *Dazu: Šerých, 2007, S. 285–291.*

[22] Zum Zustand: Sörries, 1998, S. 73, Abb. 40 und 41.

[23] Dazu: *Šerých, 2007, S. 283;* Pompe 2011, S. 160; Uli Wunderlich, Zwischen Kontinuität und Innovation – Totentänze in illustrierten Büchern der Neuzeit, S. 178, in: Winfried Frey (Hg.), *Ihr müßt alle nach meiner Pfeife tanzen. Totentänze vom 15. bis zum 20.Jahrhundert aus den*

Abb. 3: Michael Rentz, Die Verliebten, aus: *Die Geistlichen Todts-Gedancken [...]*, 1753, Graphiksammlung „Mensch und Tod", Inv. Nr. B 2265.

Deutlich an Holbeins *Bildern des Todes* orientiert, brachte Michael Rentz jedoch ganz eigene Aspekte in sein Werk ein. Die Ausgestaltung der Stiche durch die bereits erwähnten prachtvollen Barockrahmen und Embleme verändert bei Rentz auch den Umgang mit dem Bildpersonal, welches zugunsten der Dekorelemente weit weniger Platz in Anspruch nimmt als noch bei Holbein.[24] Er verändert auch die Abfolge und zeigt zunächst die kirchlichen und erst danach die weltlichen Stände. Des Weiteren schuf er acht ‚neue' Szenen, welche bei Holbein nicht auftauchen.[25] Reiner Sörries sieht es jedoch als nicht sicher an, dass alle Szenen welche Rentz als Kupferstich fertigte, tatsächlich auch als Fresken in Kukus ausgeführt waren.[26]

Der Basler Totentanz ist in der Sammlung Matzek mehrfach in Publikationen des 18. und 19. Jahrhunderts vertreten. Dazu zählen u. a. die 1725 erschienene Ausgabe von Matthäus Merians (1593–1650) hundert Jahre zuvor entstandenen, berühmten Reproduktionen (*Todten-Tanz, wie derselbe in der löbl. und Welt-berühmten Stadt Basel [...]*, Inv. Nr. Bü 1758.–1801.), und die darauf beruhenden Wiedergaben des Großbasler Totentanzes von Jaques-Anthony Chovin (1720–1766) in einer Ausgabe von 1789.[27] Durch die Zerstörung der Friedhofsmauer des Baseler Dominikanerklosters im Jahre 1805 wurden die Reproduktionen Merians und Chovins auch im 19. Jahrhundert Grundlage für die druckgraphischen Ausgaben zum Basler Totentanz. Einige dieser bedeutenden Publikationen sind ebenfalls in der Sammlung Matzek vorhanden.[28]

Neben den erwähnten Totentanz-Zyklen und -Folgen, welche den Basler Totentanz wiedergeben oder in der Tradition der *Bilder des Todes* von Hans Holbein d. J. stehen, sammelte Robert Matzek im Bereich der Druckgraphik vor 1800 vor

Beständen der Herzog August Bibliothek Wolfenbüttel und der Bibliothek Otto Schäfer Schweinfurt, Harrassowitz, Wiesbaden 2000, S. 137–202, hier S. 178.

[24] Vgl. Pompe 2011, S. 165.

[25] Um ganz eigenständige Szenen handelt es sich bei *Die erwogene Eitelkeit aller Dinge*, *Der Caplan*, *Der Eremit* und *Die Verwesung*. Die bei Holbein ebenfalls auftauchenden Figuren *Herzog* und *Herzogin* werden bei Rentz zu *Fürst* und *Fürstin*, Holbeins *Braut* und *Bräutigam* zu *Verliebten* und der holbeinsche *Räuber* zum *Mörder*. Dazu: Pompe 2011, S. 162.

[26] Dann hätte der Freskenzyklus 51 Szenen aufweisen müssen, was den Kukusbader Totentanzzyklus zu einem der umfangreichsten bekannten monumentalen Totentänze machen würde (vgl. Sörries, 1998, S. 246).

[27] Dazu: Jennifer Liß, Frei nach Merian? Reproduktionen des Baseler Totentanzes in der Nachfolge Matthäus Merians, in: Knöll 2011, S. 63–77, hier S. 67 f; Winfried Frey, „Das machet der Todten=Tanz". Zur Tradition und Funktion der Totentänze am Beispiel des (Groß-)Baseler Totentanzes, in: Winfried Frey (Hg.), *„Ihr müßt alle nach meiner Pfeife tanzen": Totentänze vom 15. bis 20. Jahrhundert aus den Beständen der Herzog-August-Bibliothek Wolfenbüttel und der Bibliothek Otto Schäfer Schweinfurt*, Wiesbaden 2000, S. 61–82, hier S. 77–82.

[28] Vgl. dazu auch: Liß 2011, S. 63–77.

allem Einzelblätter. Die bis 1800 entstandenen Werke nehmen quantitativ den kleinsten Anteil der Sammlung Matzek ein.

Feodora Heupel

Graphiken des 19. Jahrhunderts

Mit der Erfindung der Lithographie um 1800 wurde der Druck in größeren Auflagen ermöglicht. Im 19. Jahrhundert entwickelte sie sich – auch aufgrund der niedrigen Druckkosten und der einfacheren Zugänglichkeit für einen größeren Rezipientenkreis – zum beliebtesten Druckverfahren.[29]

Den Schwerpunkt von Robert Matzeks Sammlung bilden Totentänze des 19. Jahrhunderts, insbesondere Buchpublikationen mit Reproduktionen monumentaler Totentänze, die mit solchen Lithographien illustriert wurden. Es fällt auf, dass es Matzek beim Anlegen seiner Sammlung nicht nur darum ging, ein Abbild möglichst jedes monumentalen Totentanzes zu besitzen. Vielmehr war der Journalist Matzek an den Druckerzeugnissen selbst interessiert und sammelte unterschiedliche Auflagen oder Sprachausgaben derselben Publikationen. Einzelblätter und Folgen von Totentanzdarstellungen ergänzen die Sammlung.

Matzek erwarb beispielsweise mehrere Reproduktionen des Großbasler Totentanzes nach Jacques-Anthony Chovin (1720–1776).[30] Dazu gehören unter anderem eine um 1860 entstandene altkolorierte Ausgabe in deutscher und französischer Sprache (Inv. Nr. B 0077.–0120.) sowie zwei trilinguale Ausgaben (Inv. Nr. Bü 0007.), von denen ein Exemplar nachträglich koloriert wurde (Inv. Nr. Bü 0006.).[31]

Ein weiteres Beispiel dieser Sammlungsstrategie findet sich in Bezug auf die Luzerner Totentänze. Sowohl der Luzerner Totentanz auf der Mühlenbrücke als auch der aus dem ehemaligen Jesuitenkloster fanden in Robert Matzeks Sammlung Platz. Reproduktionen des erst 1832 wiederentdeckten Totentanzes aus dem Jesuitenkloster liegen einmal in der bei den Gebrüdern Eglin in Luzern publizierten Erstausgabe aus dem Jahre 1838 vor (Inv. Nr. B 0517.–0524.). Da das Buch quadratisch ist, mussten die querformatigen Abbildungen jeweils auf einer Doppelseite angelegt werden. Einige Textseiten lassen sich zudem nach außen ausklappen.[32] Die zweite Auflage von 1843 (publiziert bei Rudolf Jenni) mit identischem Inhalt ist hingegen in einem Querformat angelegt, wodurch die Abbildungen nun ohne mittige Buchfalte auf einer Seite Platz finden (Inv. Nr. B 0525.–0532.).

[29] Vgl. Renée Loche, *Die Lithographie*, Genf 1971, S. 87–88.

[30] Zu diesen Ausgaben vgl.: Liß 2011.

[31] Vgl. Liß 2011, S. 74–75.

[32] Zu dieser Ausgabe vgl.: Stefanie Knöll, Kat. Nr. 20, in: Knöll 2009, S. 124–125 .

Trotz der hohen Anzahl an Reproduktionen von spätmittelalterlichen und frühneuzeitlichen Totentänzen sammelte Matzek auch Werke, die moderne Stoffe des 19. Jahrhundert thematisieren, wie etwa Carl Gottlieb Merkels (1817–1897) *Bilder des Todes oder Todtentanz für alle Stände* von 1850 (Inv. Nr. B 1802.–1827.)[33], Tobias Weiss' *Ein moderner Todtentanz* von 1895 (Inv. Nr. B 2950.–2970., Abb. 4)[34] und Thomas Rowlandsons *The English Dance of Death* (1814–1816, Inv. Nr. B 2332.–2405.). Auch in Bezug auf neue künstlerische Totentänze des 19. Jahrhunderts wird das Sammlungsbestreben deutlich, möglichst verschiedene Auflagen und Formate zusammenzutragen. Die Totentanzdarstellungen Alfred Rethels (1816–1859) können dabei als besonders anschauliches Beispiel gesehen werden. Ein Exemplar der Sammlung Matzek stellt die einzelnen Szenen auf einem querformatigen Poster zusammen, das als Volksausgabe 1849 in einer Auflage von 10.000 Exemplaren unter dem Titel *Ein Todtentanz aus dem Jahre 1848* erschien (Inv. Nr. F 1163.–1168.).[35] Dieses erwarb Matzek vermutlich erst, nachdem er die Folge bereits in Form eines zerschnittenen Posters (Inv. Nr. F 1157.–1162.), d. h. mit einzeln ausgeschnittenen Szenen, besaß. Erst zuletzt erlangte er den Totentanz wohl in der ersten Form seiner Veröffentlichung: als lose Bildfolge von Einzelblättern in einer Mappe (3. Auflage; Inv. Nr. F 1145.–1150.). Die drei bei Georg Wigand in Leipzig erschienenen Auflagen der Mappenausgabe erschienen bereits 1848, also vor der Posterausgabe.

Dieser Teil der Sammlung Matzek bietet einen repräsentativen Einblick in den Umgang mit dem Thema Mensch und Tod im 19. Jahrhundert. Dieser ist einerseits gekennzeichnet durch eine Rückbesinnung auf historische Werke – auch ein Hinweis auf die beginnende wissenschaftliche Beschaftigung mit Totentänzen –, andererseits durch die Suche nach in der zunehmend säkularisierten Welt zeitgemäßen Formulierungen des ursprünglich in christliche Vorstellungen eingebundenen Motivs. Diese inhaltliche Bereicherung wird sich im 20. Jahrhundert fortsetzen.

Vanessa Einighammer und Natalia Svetlichnaya

[33] Brigitte Schulte, *Der Totentanz vor dem Hintergrund der industriellen Revolution und den Auswirkungen des Ersten Weltkrieges*, in: Winfried Frey (Hg.), *„Ihr müßt alle nach meiner Pfeife tanzen": Totentänze vom 15. bis 20. Jahrhundert aus den Beständen der Herzog-August-Bibliothek Wolfenbüttel und der Bibliothek Otto Schäfer Schweinfurt*, Wiesbaden 2000, S. 203–230, hier S. 208.

[34] Stefanie Knöll, Kat. Nr. 31, in: Knöll 2009, S. 139–140.

[35] Schulte 2000, S. 206.

Prof. C. Weiß invt. B. Kühlen M.Gladbach, reprodt.

Nun gönnet, schönes Fräulein, auch
Ein Tänzlein mir nach gutem Brauch –
Das Sträußlein ist für Herzweh gut –
Der Tod nie eine Fehlbitt' thut.

Abb. 4: Tobias Weiss, Tod auf dem Maskenball, aus: *Ein moderner Totentanz. Zwanzig Blätter aus dem Bilderbuche des Todes gezeichnet von Prof. Tobias Weiss* [...], 1895, Graphiksammlung „Mensch und Tod", Inv. Nr. B 2965.

Graphiken des 20. Jahrhunderts

Die Werke des 20. Jahrhunderts machen den Hauptteil der Sammlung Matzek aus. Neben einer großen Anzahl an Einzelblättern umfasst dieser Bereich außerdem rund 40 Bücher sowie 17 Totentanz-Folgen. Darunter finden sich zahlreiche Arbeiten, die dem Sujet der Karikatur zuzuordnen sind.

Mit Arbeiten von Horst Janssen (1929–1995) (Inv. Nr E 0296., E 0300. und B 1244.–1280.), Max Slevogt (1868–1932), Hans Thoma (1839–1924), Frans Masereel und Alfred Kubin (1877–1951) befinden sich Werke hochkarätiger Künstler des 19. und 20. Jahrhunderts in der Sammlung Matzek. Hervorzuheben sind dabei für die 1. Hälfte des 20. Jahrhunderts besonders eine Folge von 25 Strichätzungen nach 1915–16 entstandenen Tuschfederzeichnungen Alfred Kubins mit dem Titel *Die Blätter mit dem Tod. Ein Totentanz von Alfred Kubin* (Inv. Nr. B 1425.–1448.) erschienen 1918 bei Bruno Cassirer (1871–1926) in Berlin, sowie Frans Masereels (1889–1972) *Danse Macabre* (Inv. Nr. B 1635.–1659., Abb. 5), eine Folge von 25 Strichätzungen nach Tuschzeichnungen publiziert in Bern 1946. Knüpft Kubin mit seinem Werk an die traditionelle Begegnung des Todes mit einzelnen Standesvertretern an, zeigt Franz Masereels *Danse Macabre* hingegen deutlich eine Beeinflussung und Vereinnahmung der Darstellungen durch den 2. Weltkrieg.

Neben diesen Werken prominenter Künstler ist auch Melchior Grosseks (1889–1967) Folge *Gestalten des Todes. Ein Totentanz des Weltkrieges* von 1923 zu erwähnen. Grossek setzte sich in dieser 15-teiligen Arbeit mit den Erfahrungen des 1. Weltkriegs auseinander, die er als Priester in seinem unmittelbaren Umfeld erlebte.[36] Das von Grossek gewählte Medium des Totentanzes als Scherenschnitt macht die Folge dabei zu einer der ungewöhnlicheren Arbeiten im Sammlungsbestand Robert Matzeks. Ursprünglich plante Grossek wahrscheinlich seine Totentanzfolge in weiteren Auflagen um 30 Motive zu erweitern, wozu es durch den Tod des Künstlers jedoch nicht kam. Belegt sind durch den Nachlass neben einigen Zeichnungen drei unbetitelte Scherenschnitte.[37] Neben der bei Kurt

[36] Melchior Grosseks Brüder fielen im Ersten Weltkrieg. Ihnen widmete Grossek daher seinen Totentanz, wie das Deckblatt der Publikation zeigt. Dazu: Peter-Christian Wegner, Neues zu Melchior Grosseks Kriegstotentanz von 1923, in: *L'art macabre* 3 (2002), S. 199–216, hier S. 200; Derselbe, Melchior Grossek, in: Regina Stephan (Hg.), *Zwischen Schwarz und Weiß. Scherenschnittkunst in Berlin von der Aufklärung bis zur Moderne – getuscht, gerissen, geschnitten, gestanzt, gedruckt,* Berlin 2004, S. 16–19. Grundlegend zu Grossek: Peter-Christian Wegner, *Melchior Grossek (1889–1986). Das künstlerische Werk eines Berliner Priesters? Scherenschnitte und Druckgraphik*, Holzminden 2006.

[37] Dazu: Wegner, 2002, S. 207–213. Peter-Christian Wegner gibt hier elf von Grossek betitelte Zeichnungen mit den Titeln *Die Sprengung*, *Wer gewinnt?*, *Der Waffenstillstand*, *Stopp!*, *Die grosse Offensive*, *Der Arzt*, *Massengrab*, *Die Vögel des Todes*, *Tanks*, *Der Sieger* und *Weihnachtsengel* an. Hinzu kommen drei Scherenschnitte, zwei davon unfertig und alle unbetitelt, sowie sieben Variationen von bereits in *Gestalten des Todes* veröffentlichten Schnitten.

Abb. 5: Frans Masereel, Tod als Soldaten-Anführer, aus: *Danse Macabre*, 1946, Graphiksammlung „Mensch und Tod", Inv. Nr. B 1645.

Schroeder in Bonn und Leipzig verlegten Publikation (Inv. Nr. F 0480.–0494.), befindet sich Blatt 1 der Folge *Das Lied des Todes* (Inv. Nr. E 0481.) auch als Originalscherenschnitt im Besitz der Graphiksammlung *Mensch und Tod.*

Neben diesen Werken des frühen 20. Jahrhunderts, machen die Arbeiten der 1960er bis 1980er den größten Teil der Sammlung Matzek aus. Robert Matzek stand während seiner Sammeltätigkeit immer wieder in persönlichem Kontakt zu zeitgenössischen Künstlern. Im Besitz der Sammlung befinden sich so zahlreiche Arbeiten der Künstlerin Gertrude Degenhardt. Teilweise sind diese mit handschriftlichen Widmungen an Robert Matzek versehen, wie z. B. eine ihrer Publikationen (Inv. Nr. Bü 0117.) sowie ein Einzelblatt (Inv. Nr, E 0108.). Durch die Dokumentation seiner Erwerbsunterlagen und Korrespondenzen ist außerdem ein Briefverkehr mit Degenhardt nachvollziehbar, in dem sie Robert Matzek eine Reihe von Arbeiten mit Preisen auflistet. Handschriftlich vermerkte Matzek darauf, welche Arbeiten ihn interessierten und welche er schließlich von der Künstlerin selbst erwarb.

Weitere Widmungen zeitgenössischer Künstler weisen ein Ausstellungsplakat Simon Dittrichs (*1940) (Inv. Nr. E 0124.) von 1985 auf, welches der Künstler mit „Herzlichst für Robert Matzek / 1985“ unterschrieb, sowie ein Ausstellungsplakat Thomas Walters (*1927) (Inv. Nr. E 0617), welches er zu einer Ausstellung in der Reutlinger *Galerie Zelle* 1971 für Herrn Matzek signierte.

Auch mit den Künstlern Hermann Schardt (1912–1984) und Erich Walz verband Matzek ein persönlicher Kontakt. Die Arbeiten *Ein Totentanz* (Inv. Nr. B 2452.–2480.) und *Fotograf* (Inv. Nr. E 0670.) erwarb er nachweislich von den Künstlern selbst.[38]

Feodora Heupel

Karikaturen in der Sammlung Matzek

Die Sammlung Matzek umfasst eine Vielzahl von Karikaturen mit Todesthematik. In Form von Presse-Ausschnitten aus Zeitungen und Zeitschriften machen diese einen Großteil der Sammlungsstücke aus.

Karikaturen zeichnen sich im Allgemeinen dadurch aus, dass sie eine visuelle Ausdrucksform der Satire sind; die Abstufungen reichen hierbei von leichter

[38] Dies lässt sich anhand der von Matzek geführten Inventarkarten nachweisen. So gibt Matzek als Vermerk zu Schardts *Ein Totentanz* an, die Arbeit im „August 1977 vom Künstler direkt“ erworben zu haben. Ebenso bei Erich Walz’ Blatt *Fotograf*, welches er zur selben Zeit direkt beim Künstler erwarb.

Ironie „bis hin zum schwarzen Zynismus"[39]. Dennoch funktioniert die Karikatur in der Regel nur durch eine Verknüpfung von Bild und Text – meist genügt dabei eine knappe Bildunterschrift. Ziel dieser kritischen Zeichnung ist es, das Dargestellte durch die Art und Weise der bildlichen Gestaltung zu persiflieren. Dass Verfremdung und Übertreibung dabei die wesentlichen Stilmittel sind, lässt sich bereits aus der ursprünglichen Wortbedeutung *caricatura* (ital. Zerrbild, Spottbild) ableiten.[40]

Der Tod als allegorisches Motiv, meist in traditioneller Form[41] dargestellt als Sensenmann oder Skelett, bietet sich für unterschiedlichste Themenbereiche an und gehört daher zu den „Lieblingsmitteln zynischer Darstellung"[42]: „In den ersten Jahrzehnten des [20.] Jahrhunderts werden beispielsweise häufig die Gefahren der Technisierung, des modernen Verkehrswesens etc. mithilfe von Todesdarstellungen thematisiert. In den vergangenen Jahrzehnten richtet sich der Fokus hingegen häufig auf die Umweltverschmutzung"[43]. Diese Entwicklung geht auch aus einer Vielzahl von Zeitungsausschnitten der Sammlung Matzek hervor.

Fragt man Robert Matzek, weshalb für ihn gerade Karikaturen von Interesse waren, so bestätigt sich die Vermutung, dass es bei seiner Tätigkeit in der Publizistik nahelag, die eigene Sammlung auf diese Art und Weise auszuweiten. Neben seinem journalistischen Hintergrund sei aber auch die Einfachheit des Erwerbs ausschlaggebend gewesen: Für das Sammeln von Zeitungsausschnitten brauche man bekanntlich „nur eine Schere"[44] – bei einem „bescheidenen Etat"[45] sei dies von entscheidender Bedeutung. Mit der Vergabe eines Suchauftrags an ein Presse-Ausschnittbüro in den späten 50er Jahren des 20. Jahrhunderts, der

---

[39] Koos van Weringh, Gevatter Tod, Mensch und die Politik, in: Roger Münch, Christian Göbel, Nina Hahnel (Hg.), *Der Tod in der Karikatur: Katalog zur Ausstellung des Deutschen Zeitungsmuseums in Wadgassen; 3. November bis 31. Dezember 2009*, Dillingen/Saar 2009, S. 21–29, hier S. 21.

[40] Zur historischen Entwicklung der Begriffsbestimmung bietet Angelika Plum einen informativen Überblick in ihrer Dissertation: Angelika Plum, *Die Karikatur im Spannungsfeld von Kunstgeschichte und Politikwissenschaft. Eine ikonologische Untersuchung zu Feindbildern in Karikaturen*, Aachen 1998, S. 27–33.

[41] Vgl. Anne-Marie Werner, Die Traditionsverbundenheit der Todessymbolik in der Karikatur des 20. Jahrhunderts, in: Roger Münch, Christian Göbel, Nina Hahnel (Hg.), *Der Tod in der Karikatur: Katalog zur Ausstellung des Deutschen Zeitungsmuseums in Wadgassen; 3. November bis 31. Dezember 2009*, Dillingen a. d. Saar 2009, S. 31–41, hier S. 31.)

[42] van Weringh 2009, S. 21.

[43] Ralph Melcher, Vorwort, in: Roger Münch, Christian Göbel, Nina Hahnel (Hg.), *Der Tod in der Karikatur: Katalog zur Ausstellung des Deutschen Zeitungsmuseums in Wadgassen; 3. November bis 31. Dezember 2009*, Dillingen a. d. Saar 2009, S. 9–10, hier S. 9 f.

[44] Herzlich danke ich Robert Matzek für das Telefongespräch, das wir am 24.11.2012 zu diesem Thema geführt haben.

[45] Telefonat mit Robert Matzek am 24.11.2012.

etwa 15 bis 20 Jahre lang lief, wurde seine Vorgehensweise strukturierter. Mit dem primären Ziel, den Umfang der Sammlung zu erweitern, gab es keine einschränkenden Kriterien bei der Auswahl der Graphiken, solang es sich nur um den „personifiziert dargestellten Tod“[46] handelte. Der von Robert Matzek erteilte Suchauftrag galt für die deutsche Presselandschaft im Allgemeinen, wobei sich die Tageszeitungen für ihn als am ergiebigsten herausstellen sollten. Für den faszinierten Sammler gab es keine Themenbereiche, die er besonders ins Auge fasste: er habe an makabren Motiven schlicht genommen, was sich ihm geboten hätte.[47]

Véronique Stentenbach

Robert Matzek hat in den Jahren seiner Sammlertätigkeit eine vielfältige Sammlung zusammengetragen. Sein Interesse an dem Thema Totentanz scheint dabei genereller Natur gewesen zu sein. In Bezug auf Epoche, Motiv und Künstler lässt sich anhand des Sammlungsbestands keine Präferenz oder spezielle Strategie feststellen.

Die Quantität der Werke anonymer Künstler im Sammlungsbereich der älteren Kunst spricht gegen eine Sammeltätigkeit mit Fokus auf spezifische Künstler oder spezielle Darstellungsweisen innerhalb des Totentanzsujets. Motivation des Erwerbens und Sammelns der Arbeiten bis 1800 scheint für Matzek in erster Linie das Interesse am Thema Totentanz an sich, wie auch die Erschwinglichkeit der Werke gewesen zu sein. Dies zeigt sich auch daran, dass die Kunst bis 1800 anteilig den kleinsten Teil der Sammlung einnimmt. Bei den Werken des 19. Jahrhunderts nehmen Reproduktionen nach bedeutenden monumentalen Totentanzzyklen, aber auch neue graphische Bearbeitungen des Motivs den größten Platz ein.

Macht der druckgraphische Bestand des 20. Jahrhunderts einen Großteil der Sammlung aus, ist dies im Fall Matzeks nicht unbedingt darauf zurückzuführen, dass er die Totentänze des 20. Jahrhunderts präferierte. Vielmehr scheint dieser Umstand der Tatsache geschuldet zu sein, dass er 1952 mit dem Sammeln von Kunst begann. Dementsprechend waren die Arbeiten der 1960er bis 1990er für ihn vielleicht gerade zu Beginn seiner Sammlerkarriere preislich erschwinglicher. Zudem war ihm hier ein persönlicher Kontakt zu den Künstlern möglich. Matzek sammelte seine Kunstwerke nicht mit spezieller Präferenz in Bezug auf Stil, Epoche oder Technik. Gesammelt wurde allgemein zum Thema Tod und Totentanz was gefiel und erschwinglich war.

Feodora Heupel

[46] Telefonat mit Robert Matzek am 24.11.2012.

[47] Telefonat mit Robert Matzek am 24.11.2012.

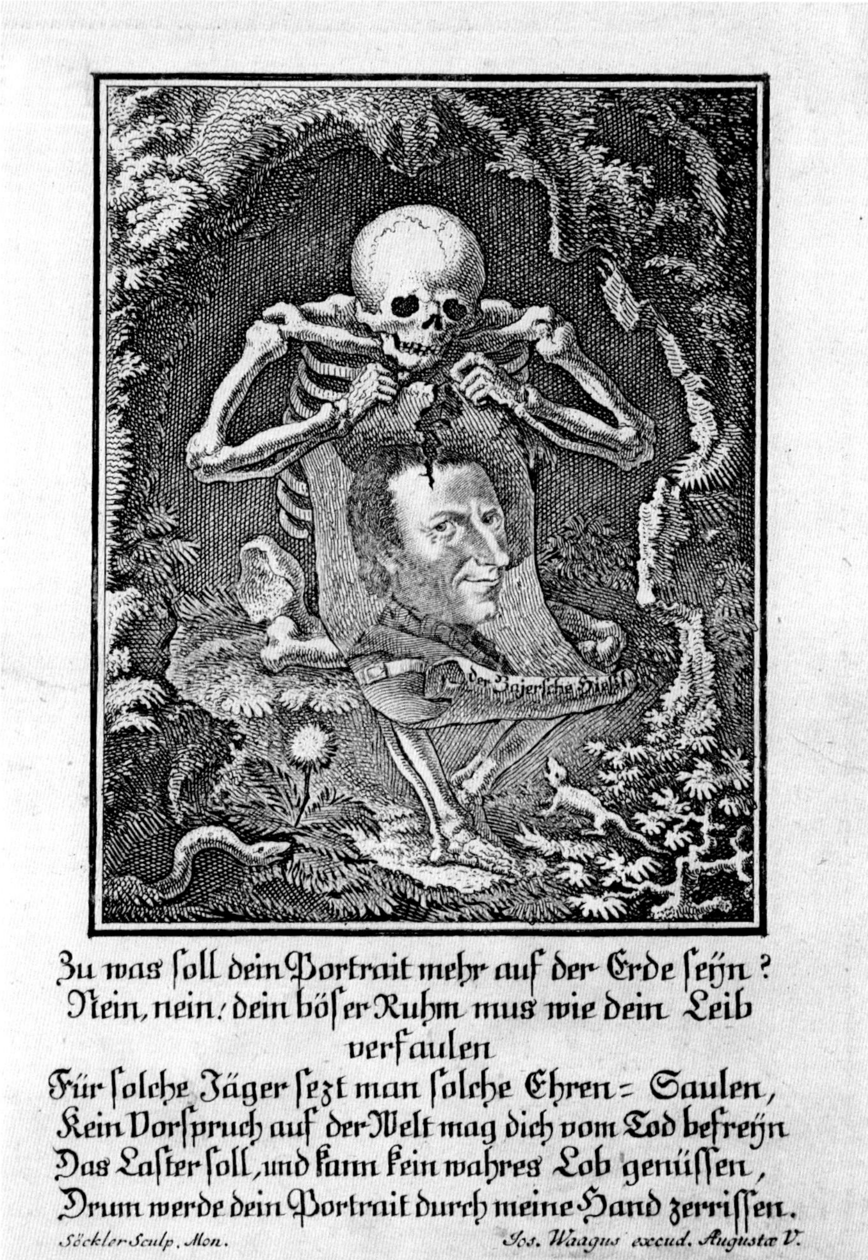

Abb. 1a: Der Tod zerreißt das Portrait des *bajerschen Hießl*.

Abb. 1b: Der Tod über das blutige Ende des *bajerschen Hießl* und seine gerechte Strafe.

1a. Der Tod zerreißt das Portrait des *bajerschen Hießl*

Johann Michael Söckler (1744–1781)
18. Jahrhundert
Kupferstich
193 × 133 mm (Blatt), 175 × 120 mm (Platte)
Graphiksammlung *Mensch und Tod*, Inv. Nr.: E 0586.
in der Platte bezeichnet u. l. „Söckler Sculp. Mon." und u. r. „Jos. Waagus excud. Augustae V."

1b. Der Tod über das blutige Ende des *bajerschen Hießl* und seine gerechte Strafe

Johann Michael Söckler (1744–1781)
18. Jahrhundert
Kupferstich
220 × 147 mm (Blatt)
Graphiksammlung *Mensch und Tod*, Inv. Nr.: E 0587.
in der Platte bezeichnet u. r. „J. M. Söckler Sc. Monachÿ." und u. M. „Mit Churfrt. Gn. Privilegium, Verlegt von Jos. Waagus Kupfferverleger in Augspurg."

Der Wilderer und Räuberhauptmann Matthias Klostermayr (1736–1771) brachte es im Grenzgebiet zwischen dem damaligen Schwaben und Bayern unter dem Namen „Bajerscher Hießl" zu einigem Ruhm. Bei der Obrigkeit galt er wegen zahlreicher Gewaltverbrechen als Krimineller, für die Armen aber war er vor allem ein regimefeindlicher und wohltätiger Volksheld. Er war Gegenstand zahlreicher Volkslieder, Geschichten und Theaterstücke und soll Vorbild für Friedrich Schillers Karl Moor in dessen Drama *Die Räuber* gewesen sein. Klostermayrs Geschichte war überregional bekannt und ihre Beliebtheit nahm im 19. Jahrhundert noch zu.

Auch die zwei Kupferstiche Johann Michael Söcklers (1744–1781) aus der zweiten Hälfte des 18. Jahrhunderts, die von Joseph Waagus (zuerst erwähnt 1771) in Augsburg verlegt wurden, beschäftigen sich mit diesem Thema. Der eine Stich (Abb. 1a) zeigt den Tod, der ein ausgerolltes Pergament mit dem Portrait des Bajerschen Hießls zerreißt. Zu Füßen des Skeletts vor einem Hintergrund aus Unterholz sind eine Schlange und eine Eidechse zu erkennen. Die Bildunterschrift besteht aus den Worten des Todes. Dieser richtet sich spöttisch gegen das ehrenvolle Andenken an Klostermayr, dessen Geschichte mit seiner Hinrichtung abgeschlossen und vergessen sein solle. Er begründet die Auslöschung von Bild und Ruhm des Wilderers damit, dass das Laster des Bajerschen Hießls kein Lob genießen solle und könne. Der andere Stich (Abb. 1b) zeigt den Knochenmann, wie er vor seinem Oberkörper ein Portrait des Bajerschen Hießls im Dreiviertelprofil hält. Das Gerippe trägt einen Hut und eine Umhängetasche, die denen Klostermayrs sehr ähnlich sehen. Der Tod verkleidet sich als der Bajersche Hießl, persifliert ihn damit und macht deutlich, dass er im Vergleich zu diesem ein viel größerer Wilderer ist. Das Skelett sitzt vor einem teilweise abgestorbenen Baum, über dem der Rest eines verendeten Rothirsches hängt. Am rechten Fuß des Knochenmannes liegt ein geschossener Hase, dem die Hinterläufe zusammengeschnürt worden sind. Am linken Rand sind Kopf und Bein eines weiteren Rothirsches erkennbar. Am Kopf des Zehnenders lehnt diagonal eine Jagdwaffe, als Jagdstutzen zu identifizieren, die als handliche Waffe besonders bei Wilderern beliebt war. Oberhalb des Wildensembles angeschnitten befindet sich ein Rad als Hinrichtungsinstrument, welches auf das Rädern als Strafe für die Wilderei hinweist, die auch Klostermayr widerfuhr. Haltung und geöffneter Kiefer des Knochenmanns deuten an, dass er zu einem Publikum zu sprechen scheint. Die Verse unter dem Bild erzählen von dem blutigen Ende des Bajerschen Hießls, von seiner gerechten Strafe und davon, dass Klostermayr, während er noch Untaten vollbrachte, zeitweise schon für tot erklärt worden war.

Da die beiden Blätter fast gleichen Formats sind, den gleichen Duktus beim Stich sowie bei der Schrift aufweisen und Robert Matzek beide Blätter zusammen im Juli 1961 erwarb, scheint es sich um Illustrationen aus ein und derselben Publikation zu handeln. Im Rahmen dieses Projektes wurden mehrere Ausgaben hinsichtlich der hier vorgestellten Drucke überprüft (Dillingen: Brönner 1771; Augsburg: Friedrich 1772; Tieck 1791; Wilder 1792; Kerndörffer 1797; Kerndörffer 1797; Bruckbräu 1834; Schönhuth 1845; Burghausen: Lutzenberger 1857). Leider fanden sich die hier vorgestellten Drucke in keiner der überprüften Publikationen, sodass unklar ist, in welchem Kontext die Blätter ursprünglich erschienen sind.

Der Kupferstecher Söckler wurde 1744 in Augsburg geboren. Er war Schüler Franz Xaver Jungwirths (1720–1790) und arbeitete in München. Neben vielen geistlichen Bildern fertigte er Herrscherportraits. Die Signatur auf dem zweiten Blatt, die eine kurfürstliche Genehmigung erwähnt, deutet auf eine Darstellung aus der Perspektive der Obrigkeit hin, die sich gegen Klostermayr richtet, und spiegelt deren Konflikt somit auch in der künstlerischen Umsetzung wider. Da der Bajersche Hießl populär war, stellen die beiden Stiche den Versuch dar, durch die negative Deutung seiner Person und Taten sein Andenken zu vernichten.

Marius Alexander Stiehler

Literatur

Urgicht und Urtheil des in der Hochfürstlichen Residenzstadt Dillingen durch das Rad hingerichteten Mathias Klostermayer oder Landverrufenen Erzbösewichts des Baierischen Hiesel, verlegt von Johann Leonhard Brönner, Dillingen 1771; *Leben und Ende des berüchtigten Anführers einer Wildschützenbande, Mathias Klostermayrs, oder des sogenannten Bayerischen Hiesels, aus gerichtlichen Urkunden gezogen, mit genau nach den Umständen jeder Begebenheit gezeichneten Kupfern gezieret,* verlegt von Jakob Andreas Friedrich, Augsburg u. a. 1772; Ludwig Tieck und Johann Gottfried Lucas Hagemeister, *Thaten und Feinheiten renomirter Kraft- und Kniffgenies,* Band 2, Berlin 1791; Georg Christoph Wilder (Hg.), *Biographien hingerichteter Personen die sich durch ihre hohe Würde, Gelehrsamkeit, Verbrechen, Unschuld oder Martern auszeichneten,* Band 3, Nürnberg 1792, S. 136–193; Heinrich August Kerndörffer, *Biographien berüchtigter Schwärmer, Jauner, Mörder, Mordbrenner und Straßenräuber aus dem achtzehnten Jahrhundert: Erster Band, enthält das Leben des Bayerschen Hiesels,* Hannover 1797; Ludwig Achim von Arnim und Clemens Brentano, Der Bayrische Hiesel, in: *Des Knaben Wunderhorn: Alte deutsche Lieder,* Heidelberg 1808, S. 158–161; Felix Joseph Lipkowsky, Söckler, Johann Michael, in: *Baierisches Kuenstler-Lexikon,* Band 2: Von P. bis Z., München 1810, S. 113; Friedrich Wilhelm Bruckbräu, *Der bayerische Hiesel, Wildschützen- und Räuberhauptmann, landesverrufener Erzbösewicht: Ein deutsches Volksbuch mit 25 Holzschnittbildern,* München 1834; Ottmar Friedrich Heinrich Schönhuth, *Der baierische Hiesel: Eine merkwürdige aber doch wahrhaftige Historie: Zum warnenden Exempel für Jung und Alt,* Reutlingen 1845; *Der bayerische Hiesel, der verwegenste und merkwürdigste Wildschütz und Räuberhauptmann in Deutschland: Dessen schreckliches Leben und fürchterliche Abendteuer ganz der Wahrheit gemäß dargestellt nach den verläßlichsten Angaben,* Burghausen: Lutzenberger 1857; Hugo Hayn, *Vier neue Curiositäten-Bibliographien: Der Bayerische Hiesel,* Jena 1905; Carsten Küther, *Räuber und Gauner in Deutschland: Das organisierte Bandenwesen im 18. und frühen 19. Jahrhundert,* Göttingen 1976; Walter Hansen, *Das war der Bayerische Hiasl: Deutschlands berühmtester Wildschütz und Räuberhauptmann,* Pfaffenhofen 1978; Waldemar Nowey, *Mathias Clostermayr oder der sogenante Bajersche Hießl,* München 1979; Hans Jürgen Rieckenberg, Klostermayer, Matthias, „Bayerischer Hiasl“, in: *Neue Deutsche Biographie 12* (1979), S. 125–126; Waldemar Nowey, *Der Bayrische Hiasl als heimatgeschichtliche, volkstümliche und literarische Gestalt: Ein Signal seiner Zeit - ein Signum unserer Heimat?*, Kissing 1986; Herbert Plate, *Nehmen, was keinem gehört - Wilderer und Rebell: Der bayrische Hiesel*, Stuttgart u. a. 1989; Hans Schelle, *Der Bayerische Hiasl: Lebensbild eines Volkshelden*, Rosenheim 1991; Toni Drexler, *Im Wald da sind die Räuber: Kneißl, Hiasl & Co.: Räuberromantik und Realität*, Schöngeising 2002.

2. Tod mit Pfeil und Mädchen

Carl Gotthard Langhans (1732–1808)
Ende 18. Jahrhundert / Anfang 19. Jahrhundert
Federzeichnung in Tusche
282 × 367 mm (Blatt)
Graphiksammlung *Mensch und Tod*, Inv. Nr.: E 0337.

Der Tod und das Mädchen ist seit dem frühen 16. Jahrhundert ein weit verbreitetes Sujet in der europäischen Kulturgeschichte. Traditionell tritt der Tod als eine negativ behaftete Figur, als furchteinflößender Angreifer auf und erscheint meist als ein von Verfall geprägtes Hautskelett. Das Mädchen wird als eine vollkommene Schönheit dargestellt. Die Begegnung zwischen dem personifizierten Tod und dem jungen Mädchen gleicht einem gewaltsamen Akt und hat meist eine erotische Komponente (vgl. Knöll 2006, S. 66–70). Im 18. Jahrhundert wurde unter dem Einfluss der Klassizisten nicht die bedrohliche, sondern die schöne Seite des Todes proklamiert. Ein Beispiel hierfür ist das Gedicht *Der Tod und das Mädchen* (1775) von Matthias Claudius (1740–1815). Darin begegnet ein beruhigender, sanfter Tod der natürlichen Todesangst des Mädchens, sodass es sich dem Tod hingeben könnte: „Bin Freund, und komme nicht, zu strafen. / Sei guten Muts! ich bin nicht wild, / Sollst sanft in meinen Armen schlafen!“ (Claudius 1964, S. 101 f.). Wie die Begegnung ausgehen wird, bleibt unklar.

Die Federzeichnung *Tod mit Pfeil und Mädchen* wird Carl Gotthard Langhans (1732–1808) zugeschrieben. Ausgehend von der antikisierenden Kleidung des Mädchens dürfte sie zwischen 1790 und 1808, dem Todesjahr des Künstlers, entstanden sein. Langhans erlangte als Architekt des frühen Klassizismus in Deutschland Bekanntheit. Neben Bauwerken wie dem Brandenburger Tor oder dem Belvedere des Charlottenburger Schlosses in Berlin, entwarf er auch Grab- und Denkmäler (vgl. Thieme/Becker, Bd. 22, S. 343–344). Es sind zahlreiche Zeichnungen Langhans' – meist architektonische Entwürfe – bekannt, von denen ein Teil in den Kunsthandel gelangte (vgl. Parlasca 2003, S. 127 f.).

Die Figurendarstellung ist ein ungewöhnliches Motiv innerhalb seines Gesamtwerks. Die plastische Darstellung der Figuren und ihre in den freien Raum gesetzte Positionierung lassen darauf schließen, dass es sich bei der Zeichnung um einen Entwurf für eine Skulptur handeln könnte (vgl. Schuster/Tanabe 2001, S. 242). Der Tod ist in der Gestalt eines alten Mannes dargestellt. Er trägt einen langen, weißen Umhang und erscheint, in einer Hand einen Pfeil haltend, hinter dem jungen Mädchen. Er nähert sich ihr grinsend, als wollte er ihr etwas ins Ohr flüstern. Das Mädchen sitzt auf dem Umhang des Todes und blickt mit erhobenen Armen empor. An ihrer linken Seite sitzt, teilweise von dem Umhang umfangen, ein Genius, der eine umgedrehte, erloschene Fackel als Symbol des zu Ende gehenden Lebens in den Händen hält.

Der Künstler gibt den Tod – klassizistischen Vorstellungen entsprechend – nicht als Knochenmann oder Hautskelett wieder. Das veränderte Bild des Todes geht auf Ideen Gotthold Ephraim Lessings (1729–1781) zurück. In seiner Schrift *Wie die Alten den Tod gebildet* (1769) entwickelte er aus der Beschäftigung mit antiken Darstellungen die These, der Tod sei bei den Griechen als Bruder des Schlafes, als schöner Jüngling mit einer umgekehrten verlöschenden Fackel dargestellt worden und nicht als furchteinflößendes Skelett wie im Christentum (vgl. Kunze 2010, S. 40). Lessings Schrift löste eine breite Rezeption aus. Johann Gottfried Herder (1744–1803) gab die gleich bleibende Form, die Lessing für den Todesgenius vorschlägt, auf und ermöglichte eine Vielzahl von Allegorien derselben Bedeutung, die auch untereinander Verbindungen eingehen können. Herder zog außerdem die Geschichte von *Amor und Psyche* in den Kreis der Bilder des Todes (vgl. Uhlig 1975, S. 25 f.). In Psyche sah er die Seele des Verstorbenen, die vom Tod umarmt und weggeführt wird.

Der Todesgenius erschien in einer Zeit der Hinwendung zum Diesseits und der Autonomie des Menschen in der Welt, in der der Gedanke an den Tod wie eine Störung im Weltbild wirken musste, als angenehmere und treffendere Vorstellung des Todes als das Gerippe als traditionelles Bild einer jenseitsorientierten Weltanschauung (vgl. Uhlig 1975, S. 20–24). So wurde das eingängige, sinnfällige Bild, auch da es mit christlichen Vorstellungen vereinbar war, sehr beliebt in der klassizistischen Kunst. Besonders bei Grabskulpturen fand das Motiv des Todesgenius häufig Verwendung. Da bei dieser Rezeption weder eine Kenntnis des Werks Lessings noch antiker Vorbilder vorauszusetzen ist, nahmen die Todesgenien sehr individuelle Formen an (vgl. Hartmann 1969, S. 27–37).

In der Zeichnung Langhans' begleitet ein kleiner Todes- bzw. Trauergenius in Form eines Putto mit Fackel die Begegnung von Tod und Mädchen. Wird er als Amorette gelesen, bildet die Figurengruppe eine allegorische Darstellung des Schicksals der Seele nach dem Tode – ihre Überführung ins Jenseits. Doch der Genius kann auch als tröstliches Bild dem Mädchen die Begegnung angenehmer machen oder – in Erinnerung an das Gedicht Claudius' – die sanften Worte des Todes verbildlichen.

Ihre Glaubhaftigkeit und Stärke gewinnen die beruhigenden Worte in Claudius' Gedicht erst, wenn sie sich gegenüber der natürlichen Todesangst behaupten können (vgl. Uhlig 1975, S. 52). Diese Spannung macht auch die Tiefe der Zeichnung aus.

Luise Maslow

Literatur

Walther Th. Hinrichs, *Carl Gotthard Langhans: Ein schlesischer Baumeister 1733–1808*, Studien zur deutschen Kunstgeschichte 116, Strassburg 1909; Thieme/Becker, Bd. 22, S. 343–344; *Matthias Claudius, Sämtliche Werke: Gedichte. – Prosa. – Briefe in Auswahl*, herausgegeben von Hannsludwig Geiger, Berlin, Darmstadt 1964; Hellmut Sichtermann, Lessing und die Antike, in: Joachim Jungius Gesellschaft der Wissenschaften Hamburg (Hg.): *Lessing und die Aufklärung*, Hamburg 1967, S. 168–193; Jörgen Birkedahl Hartmann: Die Genien des Lebens und des Todes. Zur Sepulkralikonographie des Klassizismus. In: *Römisches Jahrbuch für Kunstgeschichte*, 12 (1969), S. 9-38; Ludwig Uhlig, *Der Todesgenius in der deutschen Literatur von Winckelmann bis Thomas Mann*, Untersuchungen zur deutschen Literaturgeschichte, 12, Tübingen 1975; Gotthold Ephraim Lessing, *Wie die Alten den Tod gebildet. Eine Untersuchung*, herausgegeben von Ludwig Uhlig, Stuttgart 1984; Schuster/Tanabe 2001, Kat. Nr. 84, S. 242; Klaus Parlasca, Beiträge zu Carl Gotthard Langhans, in: Generaldirektion der Stiftung Preußische Schlösser und Gärten Berlin-Brandenburg (Hg.), *Kunst in Preußen: Hans-Joachim Giersberg zum 65. Geburtstag*, Berlin 2003, S. 126–138; Stefanie Knöll, Zur Entstehung des Motivs Der Tod und das Mädchen, in: Hülsen-Esch/Westermann-Angerhausen 2006, S. 65–72; Max Kunze, *Lessing und Winkelmann und die Anfänge der Archäologie in Deutschland*, Wolfenbütteler Vortragsmanuskripte 6, Wolfenbüttel 2010.

His blood is stopp'd in ev'ry vein.
He ne'er will eat or drink again.

Abb. 3a

OLD TOM
Some find their Death by Sword & Bullet;
And some by fluids down the Gullet.

Abb. 3b

Abb. 3c

3. The English Dance of Death

Thomas Rowlandson (1756–1827)
1814–1816 veröffentlicht
Aquatinta und Radierung, koloriert
Ca. 120 × 210 mm (Bildmaß)
Graphiksammlung *Mensch und Tod*, Inv. Nr. B 2332.–2405.

„Alle Dinge sind Gift und nichts ohn Gift; allein die Dosis macht, daß ein Ding kein Gift ist“, (zitiert nach: Bitsch 1987, S. 215) stellte Paracelsus (1493–1541) fest. Dies gilt im Besonderen für Genussmittel, die im Folgenden anhand dreier thematisch ausgewählter Darstellungen aus Thomas Rowlandsons (1756–1827) *English Dance of Death* genauer betrachtet werden sollen. Bei Rowlandsons Werk handelt es sich um eine Sammlung von 72 Karikaturen, die William Combe (1741–1823) in Form von inhaltlich abgestimmten Gedichten literarisch begleitete. Von einem klassischen Totentanz kann allerdings nicht die Rede sein. Da die einzelnen Szenen überwiegend zusammenhangslos nebeneinander stehen und keiner universalen Intention folgen (vgl. Kolter 2010, S. 106), wird man eher von einem humoristischen *memento mori* sprechen wollen.

Die Erinnerung an das Werk des Künstlers, der nie in die Royal Academy aufgenommen wurde (vgl. Hartmann 1971, S. 11), ist allen voran seinem geschäftssinnigen Verleger Rudolph Ackermann (1764–1834) zu verdanken, der Rowlandson mit Aufträgen versorgte und ihn somit finanziell absicherte (vgl. Thomas 1985, S. 88). Nach Rowlandsons Tod waren es dann vornehmlich die Sammler, die sein Werk lebendig hielten (vgl. Hartmann 1971, S. 23).

In den Karikaturen, die sich den Genüssen des Essens (Abb. 3a), Alkohols (Abb. 3b) und Tabaks (Abb. 3c) widmen, taucht jedes Mal der personifizierte Tod in Gestalt eines Knochenmannes auf, der immer auch Anteil an der Handlung hat und durch die Reaktion, die er beim weiteren Personal hervorruft, zum integralen Bildbestandteil wird.

Das die Völlerei betreffende Bild des Kapitels *Tom Higgins* (Abb. 3a) zeigt das ruhige Ableben des wohlbeleibten Protagonisten. Der Tod ereilt Tom Higgins, während er im Garten vor seinem Haus am Esstisch sitzend und dabei die Pfeife noch in der Hand haltend scheinbar in Schlummer verfällt, die Augen jedoch für immer schließt. Der Zweizeiler unter dem Bild („His blood is stopp'd in ev'ry vein,/ he ne'er will eat or drink again.") verweist auf einen Anfall in Folge exzessiven Essens und Trinkens (vgl. Schuster 1989, S. 300). Sein Gast und die Köchin, die mit einem vollen Teller aus dem Haus kommt, erschrecken beim Anblick des Knochenmanns.

In *The Dream Shop* (Abb. 3b) tummelt sich eine größere Gruppe beiderlei Geschlechts vor einem Tresen, hinter dem der Barmann eifrig die Gläser seiner Gäste füllt. Zur rechten Seite wird man des Todes gewahr, der Vitriol in den Trank der Barbesucher gießt. Zeigen sich auf der linken Seite noch eindeutige Zeichen heiteren Lebens in Rauferei und Koketterie, so liegen dem gegenüber drei von jenen, die der List des Giftmischers anheimgefallen sind. Der jede Karikatur begleitende Zweizeiler kann hier („Some find their Death by Sword & Bullet,/ And some by fluids downs the Gullet.") analog zu der Aussage Tacitus' in Bezug auf die Germanen verstanden werden, dass diese leichter durch Befriedigung ihrer Trunksucht als durch Krieg zu besiegen seien (vgl. Bitsch 1987, S. 209 f.).

Gaffer Goodman (Abb. 3c) wird durch den Rauch der Pfeife vom Tod verführt, welcher an seiner Seite gesellig ein letztes Mal mitpafft („...his last Pipe he smok'd with me." (S. 69)). Der sich verflüchtigende Rauch weist durch seinen Vanitas-Charakter auf das Ableben des alten Mannes hin, derweil seine junge Frau hinter seinem Rücken nicht nur Wollfäden spinnt, sondern ebenso mit dem adretten Mann am Fenster anbändelt – ein Motiv, das auch in anderen

Darstellungen der Folge auftaucht (vgl. Schulte 1993, S. 176). Dennoch hat sie den Anstand, die zwölfmonatige Trauerzeit einzuhalten, bevor sie einen neuen Ehebund eingeht.

In allen drei Fällen wird die Schwäche für den maßlosen Konsum zum Verhängnis für die Betroffenen; eine Botschaft, die moralisch verstanden werden kann. Dank der spritzigen Gestaltungsweise Rowlandsons trägt sie jedoch nicht den beißenden Geruch von Moralin mit sich.

Arne Zyprian

Literatur

Idis Birgit Hartmann, *Thomas Rowlandson: Stilphasen in seinen Landschaftsdarstellungen*, Tübingen 1971; Alan G. Thomas, *Englische Buchkunst*, München 1985; Roland Bitsch, Trinken, Getränke, Trunkenheit, in: Irmgard Bitsch, Trude Ehlert und Xenia von Erzdorf (Hg.), *Essen und Trinken in Mittelalter und Neuzeit: Vorträge eines interdisziplinären Symposions vom 10.–13. Juni 1987 an der Justus-Liebig-Universität Gießen*, Sigmaringen 1987; Schuster 1989, S. 107–116; Hubertus Schulte Herbrüggen, Der Totentanz in der Englischen Karikatur, in: Franz Link (Hg.), *Tanz und Tod in Kunst und Literatur*, Berlin 1993, S. 161–187; Karl Janke und Hans Joachim Never (Hg.), *Thomas Rowlandson: Grazie, Galanterie, Groteske – englische Bildsatire zwischen Rokoko und Romantik*, Ausst.Kat. Wilhelm-Busch-Museum Hannover und Deutsches Museum für Karikatur und Kritische Grafik Georgengarten, Hannover 2001; Schuster/Tanabe 2001, Kat. Nr. 22, S. 214; Dorothea Niggemeier, *Totentänze um 1800: Schellenberg, Chodowiecki, Rowlandson*, Saarbrücken 2008; Susanne H. Kolter, Thomas Rowlandsons The Englisch Dance of Death, in: *L'art Macabre* 11 (2010), S. 102–122.

4. Tod und Kartenspieler – Illustration zum *Spielhansl*

Carl Tiefenbronn (1831–1885)
19. Jahrhundert
kolorierte Lithographie
275 × 190 mm (beschnitten)
Graphiksammlung *Mensch und Tod*, Inv. Nr.: E 0618.
In der Platte bezeichnet u. r. „C Tiefenbronn" und u. l. „Lieb M".

Schon im 14. und 15. Jahrhundert hielt man die Spielkarte für eine Erfindung des Teufels. Zahllose Geschichten ranken sich um „des Teufels Bilderbuch" (Trumpf 1957, S. 31). So auch in dem diesem Blatt zugrunde liegenden Märchen vom Spielhansl der Gebrüder Grimm (1785–1863 und 1786–1859) (vgl. Grimm 1993, S. 416–418). Es handelt von einem der Spielleidenschaft verfallenen Spieler mit einem für uns als furchtbar empfundenen Ende, das für den Spielhansl aber letztlich Erfüllung bedeutet.

Die Künstler konnten zu Beginn des 19. Jahrhunderts für die Illustrierung der Grimmschen Märchen auf keine bestehende Bildtradition zurückgreifen und mussten eine dem Märchen entsprechende Bildform finden (vgl. Freyberger 2009, S. 31). Sie verwendeten als Erzählstrategie die Arabeske, die durch die Romantiker zur Illustrationsform für das Märchen schlechthin wurde (vgl. Freyberger 2009, S. 52). Arabesken strukturieren durch ornamentale Rankenpflanzen den kompositorischen Aufbau, indem sie die einzelnen Szenen des Märchens dekorativ um die größere Mittelszene, den visuellen Höhepunkt der Komposition, gruppieren und sie zusammenbinden. So funktionieren sie auch inhaltlich als „Rahmen" der Schlüsselszene (vgl. Freyberger, 2009, S. 150). Um die Hauptszene sind in chronologischer Reihenfolge von links oben nach rechts unten zehn Nebenepisoden des Märchens dargestellt. In der Sättigung der Farben gegenüber dem Mittelbild meist zurückgenommen, erscheinen die Nebenszenen wie autonome Einzelbilder (vgl. Freyberger, 2009, S. 151).

Die Lithographie Carl Tiefenbronns (1831–1885), die das Grimmsche Märchen vom *Spielhansl* illustriert, wurde von Robert Matzek im Oktober 1976 bei F. Dörling in Hamburg zum Preis von 100,– DM erworben. Am oberen Rand des Blattes wird die Vorgeschichte erzählt. Gott und Petrus besuchen den Spielhansl. Sie wollen bei ihm übernachten. Petrus schickt ihn, weil er ihnen nichts anbieten kann, mit drei Groschen zum Bäcker. Er aber verspielt das Geld. Weiter geht es reihenweise in der Bildfolge. Der Hansl bekommt noch einmal drei Groschen und kauft das Brot. Am nächsten Morgen darf er sich drei Gnaden ausbitten. Der Spielhansl wünscht sich Karten und Würfel, mit denen er immer gewinnt, und einen Obstbaum, von dem keiner ohne seinen Befehl heruntersteigen kann. Er gewinnt nun so viel, dass Petrus Gott vorschlägt, ihm den Tod zu schicken.

Die zentrale Szene ist in einem kleinen Raum angesiedelt mit einer fröhlichen Spielrunde aus fünf männlichen Spielern, die an einem einfachen Tisch auf verschiedenen Sitzmöbeln Platz genommen haben und um Geld Karten spielen. Der Spielhansl wird durch seine rote Weste hervorgehoben. Der prall gefüllte Geldbeutel auf dem Tisch dient als Hinweis darauf, dass er mit seinen verzauberten Karten spielt. Er hat den Tod, dargestellt als traditioneller Knochenmann mit Kapuzenmantel und Sense, in der Tür entdeckt und gebietet ihm, auf den Baum zu steigen, damit er Proviant für den Weg pflücke. Sieben Jahre lässt der Spielhansl den Tod oben auf dem Baum und niemand stirbt mehr. Erst auf Gottes Befehl hin lässt er ihn herab. Der Tod nimmt nun den Spielhansl mit. Die unteren Bilder zeigen, dass er weder im Himmel noch im Fegefeuer Einlass findet, sondern erst in der Hölle bei Luzifer, mit dem er natürlich Karten spielt. Hier endet die Graphik. Das Märchen aber geht noch weiter. Der Spielhansl erzwingt sich Einlass in den Himmel, fängt aber gleich wieder an zu spielen. Da wird er hinausgeworfen und seine Seele zerteilt sich und fährt in die Spieler, die noch bis heute leben.

Was Tiefenbronn bewogen hat, den Schluss zu verändern, bleibt der Phantasie des Betrachters überlassen, der bei Vertiefung in das Blatt noch viel finden kann, was ihn erfreut. Der Bilderbogen macht neugierig auf das Märchen, das er illustriert, und kann so über das Bild zur Literatur führen.

Elke Patt

Literatur

Peter Trumpf, *Die Spielkarte: Eine unterhaltsame Plauderei über „Des Teufels Bilderbuch" in sechs Jahrhunderten*, Stuttgart 1957; Ernst Petrasch, *Bilderbogen: Deutsche populäre Druckgraphik des 19. Jahrhunderts*, Museum Folkwang Essen, 16. Mai bis 14. Juli 1974, Karlsruhe 1973; Rainer Behrends und K. Musinowski (Hg.), *Leipziger Bilderbogen Nr. 1–50 und keiner mehr*, Karl-Marx-Universität Leipzig, Galerie im Hörsaalbau, 19. Mai bis 7. Juli 1990, Leipzig 1990; Jacob und Wilhelm Grimm, De Spielhansl, in: Dies., *Kinder- und Hausmärchen gesammelt durch Brüder Grimm*, München 1993, S. 416–418; Christiane Zangs und Hans Holländer (Hg), *„Mit Glück und Verstand": Katalogbuch zur Ausstellung im Museum Schloß Rheydt*, vom 29. Juli bis 25. September 1994, Aachen 1994; Regina Freyberger, *Märchenbilder – Bildermärchen: Illustrationen zu Grimms Märchen 1819–1945: Über einen vergessenen Bereich deutscher Kunst*, Oberhausen 2009.

Die Gicht
heilbar
45 Auflage
Die Lungensucht
heilbar
15 Silbergr.
3 Auflage
Keine
Schwindsucht
mehr
25 ½ Sgr
Kladderadatsch
Todtentanz
v
F pocci
Eduard Ille

5. Tod vor dem Bücherladen

Eduard Valentin Joseph Karl Ille (1823–1900)
um 1860
Bleistiftzeichnung
180 × 122 mm
Graphiksammlung *Mensch und Tod*, Inv. Nr.: E 0286.
signiert u. r. „Eduard Ille"

„Die Gicht – heilbar, Die Lungensucht – heilbar, keine Schwindsucht mehr." So liest es der Tod als Sensenmann in den Schaufensteraushängen eines Bücherladens. Er ist elegant gekleidet, seine Garderobe ähnelt der des englischen Dandys im 19. Jahrhundert. Über Anzug, Hemd mit Vatermörderkragen und Krawatte trägt der Knochenmann einen Reisemantel, dazu Lackschuhe. Seinen Kopf ziert ein breit gebänderter Glanzzylinderhut. Mit seiner rechten Hand nutzt er als Lesehilfe ein Lorgnon. In seiner Linken hält er einen Gehstock in Form eines seiner Attribute, einer kleinen Sense. Die Licht- und Schattengebung der Figur erscheinen fein betont, der Schattenumriss im Hintergrund ist schraffiert. In der Schaufensterauslage zu seiner Rechten finden sich ein Passepartoutbild sowie ledergebundene Bücher. Links sind Aushänge über medizinische Abhandlungen mit kleinen Hinweiszeichen zu Auflagen und Preisangaben angebracht, die die Heilbarkeit der in den Titeln genannten Seuchen anpreisen. Darunter wird man einer Anzeige für das Satireblatt *Kladderadatsch* (1848–1944, Berlin) gewahr. Hinter der Gestalt des Sensenmanns ist in der Auslage eine Version des *Totentanzes* Franz Graf von Poccis (1807–1876) von 1862 zu erkennen. Daneben wird die von Eduard Ille (1823–1900) im Jahr 1861 veröffentliche Holzschnittfolge *Sieben Todsünden* zur Ansicht präsentiert.

Zu Füßen des Knochenmannes weist eine Signatur die hochformatige Bleistiftzeichnung als Werk Eduard Valentin Joseph Karl Illes aus (vgl. Holland 1903, S. 48–50; Thieme/Becker, Bd. 18, 1925, S. 569; Boetticher 1979, S. 646–647; Horst 1982, S. 234–235; Flemig 1993, S. 130). Die Bleistiftzeichnung diente als Skizze für eine leicht abgewandelte Illustration in den Münchener *Fliegenden Blättern* (Bd. 39, Nr. 945, 1863, S. 52), einer der ältesten satirischen Publikumszeitschriften Deutschlands. Eduard Ille, der an der Münchener Kunstakademie studiert hatte, war einer der Hauptmitarbeiter dieser Zeitschrift.

Der Bücherladen ist hier als englische „Library" ohne Auslagen gekennzeichnet, vor deren Türschwelle der Tod die Anzeigen zu den Krankheiten an der Scheibe liest. Als Bildunterschrift ist zu lesen: „Hm – wenn sich das alles wirklich so verhält, so wär´s am Ende gescheidter, ich nähme meine Pension – ich will aber noch ein wenig warten mit der Eingab´ – vielleicht ist´s nicht ganz so." Da die Krankheiten heilbar erscheinen, überlegt der Sensenmann, ob er sich eventuell aus seinem „tödlichen" Geschäft zurückziehen soll. Der Schnitter ist zum entspiritualisierten, doch kultivierten Gentleman geworden. Er nimmt die Anpreisung der angeblichen Heilbarkeit der im 19. Jahrhundert noch gravierend wirkenden Krankheiten (vgl. Imhof 1991, S. 124 ff.) nicht ernst.

Die Allgegenwärtigkeit des Todes durch Infektionskrankheiten gehört im 19. Jahrhundert trotz sich entwickelnder medizinischer Diagnostik noch immer zum Alltag (vgl. Imhof 1991, S. 128). Die Haltung des Todes und das Betrachten der Plakate drücken also einerseits eine Ironisierung des Fortschrittsglaubens der Medizinwelt aus, andererseits ist man versucht, die Bedrohlichkeit des Todes abzumildern, ihn „in Pension" zu verbannen. Mit schwarzem Humor wird beim Betrachter also ein „Grinsen mit Gänsehaut" (Lammel 1995, S. 9) provoziert.

In einer ähnlichen Illustration von Wilhelm Carl Melchior Simmler (1840–1914/1923?) mit dem Titel *Einer der nicht auf den Leim geht* im Satiremagazin *Schalk* (abgebildet in: Hermann 1901, S. 97; erwähnt in: Holländer 1921, S. 393; Graf 2003, S. 485) wird die makabere Zweideutigkeit ebenfalls thematisiert. Der Knochenmann im Ledermantel trägt seine Attribute: eine Tabakspfeife – mit sich entwickelndem Rauch als Zeichen der Vergänglichkeit –, ein Stundenglas der Lebenszeit, ferner eine lange, umgedrehte Sense. Er betrachtet eine Wand mit verschiedensten Anzeigen zur Heilung von Krankheiten; es wird auf ein Lebenselixier verwiesen und auf die Bekanntmachung, dass „Jedermann sein eigener Arzt" sei. Möglicherweise wurde Simmler durch Illes Karikatur inspiriert.

Ille hat eine Darstellung geschaffen, die in satirisch-karikaturistischem Stil fragt, ob der Mensch den Tod wirklich mithilfe der Medizin hinauszögern oder sogar überwinden kann. Die Zeichnung steht damit in der Tradition der Totentanzdarstellungen, die die Heilkraft des Arztes von jeher in Frage stellen und ihn oft genug als Verlierer im Kampf mit dem Tod zeigen (vgl. Knöll, *EX LIBRIS*, 2010).

Yvonne Hildwein

Literatur

Eduard Ille, Vor einem Buchladen, in: *Fliegende Blätter*, 39/945 (1863), S. 52; Georg Hermann (Hg.), *Die deutsche Karikatur im 19. Jahrhundert*, Bielefeld, Leipzig 1901; Hyacinth Holland, Ille, Eduard, in: Anton Bettelheim u. a. (Hg.): *Biographisches Jahrbuch und Deutscher Nekrolog, Bd. 5, Vom 1. Januar bis 31. Dezember 1900*, Berlin 1903, S. 48–50; Aldred Scott Warthin, The Physician Of The Dance Of Death: Historical study of the evolution of the dance of death Mythus in art. in: *Annals of Medical History* n. s. II/4, 5, 6 (1930), S. 351–371, 453–469, 697–710 und III/1, 2 (1931), S. 75–109, 134–165; Thieme/Becker, Bd.

18, S. 569; Friedrich Wendel (Hg.), *Das neunzehnte Jahrhundert in der Karikatur*, Berlin 1925; Thieme/Becker, Bd. 31, S. 48–49; Hans Dangl (Hg.), *Die Münchener Fliegenden Blätter als Spiegel ihrer Zeit*, Würzburg 1938; Friedrich von Boetticher (Hg.), *Malerwerke des Neunzehnten Jahrhunderts: Beitrag zur Kunstgeschichte*, Hofheim am Taunus 1979; Ludwig Horst u. a. (Hg.), *Münchener Maler im 19. Jahrhundert in vier Bänden*, Bd. 2, Gebhardt-Küstner, München 1982; Arthur E. Imhof (Hg.), *Ars Moriendi: Die Kunst des Sterbens einst und heute*, Kulturstudien 22, Wien, Köln 1991; Hans Schadewaldt, Totentanz und Heilberufe, in: Schuster 1992, S. 61–70; Kurt Flemig (Hg.), *Karikaturisten-Lexikon*, München, New Providence, London, Paris 1993; Gisold Lammel (Hg.), *Deutsche Karikaturen: Vom Mittelalter bis heute*, Stuttgart, Weimar 1995; Andreas Graf, Familien und Unterhaltungszeitschriften, in: Georg Jäger (Hg.), *Geschichte des deutschen Buchhandels im 19. und 20. Jahrhundert*, Frankfurt a. M. 2003, Bd. 2, S. 409–522; Dietrich Grünewald, Der Totentanz bei Rethel, Ille und Schwarzkopf, in: Eckhart Sackmann (Hg.), *Deutsche Comicforschung*, Hildesheim 2009, S. 21–32; Knöll, *EX LIBRIS*, 2010.

LA JEUNE FILLE ET LA MORT

6. The Young Girl and Death / La jeune fille et la mort

Léon Gaucherel (1816–1886), nach Sarah Bernhardt
1880
Radierung
630 × 450 mm (Blatt), 332 × 184 mm (Platte)
Graphiksammlung *Mensch und Tod*, Inv. Nr.: E 0034.
in der Platte bezeichnet u. r. „Sarah Bernhardt 1880", u. l. „Mlle Sarah Bernhardt pinx.", u. r. „L. Gaucherel sc." und betitelt o. M. „THE YOUNG GIRL AND DEATH" und u. M. „LA JEUNE FILLE ET LA MORT"

Als verlockend und gleichzeitig abstoßend empfindet man die Vorstellung von einer Art Liebespaar, das durch die Verbindung eines jungen, zarten Mädchens mit einem angsteinflößenden Skelett gebildet wird. Die Darstellung des personifizierten Todes, der ein junges Mädchen verführt und ihm so das Leben raubt, blickt auf eine lange Tradition zurück. Die Radierung *La Jeune Fille et la Mort* von Léon Gaucherel (1816–1886) nach dem gleichnamigen Gemälde der französischen Schauspielerin Sarah Bernhardt (1844–1923) (*Life's Vanity*, 1880–1900, Suraci Collection, Marywood University Art Galleries, Scranton, Pennsylvania) zeigt eine Umsetzung des späten 19. Jahrhunderts.

Eine junge Frau, fast noch ein Mädchen, steht vor einer unauffälligen, mit einer Blumentapete geschmückten Wand. Sie trägt ein Kleid und nur einen langen Handschuh. Den zweiten hat sie auf den Boden fallen lassen. Der hoch in der Taille sitzende, mit Edelsteinen besetzte Gürtel, ihr schräg sitzender Federhut, der Fellkragen sowie der feine, in Falten gelegte Unterrock unterstreichen ihr Bestreben, Luxus und elegante Raffinesse auszustrahlen. Ein Stängel der Lilie, die sie in den Händen hält, liegt bereits zu ihren Füßen. Dies ist der erste Verweis auf das, was hinter der Dame lauert: die knochige Hand eines in weiße Schleier gehüllten Skeletts, die auf ihrer Schulter ruht. Den zweiten Verweis auf den Tod bildet die Libelle, die, ebenso wie Mücken und Fliegen, als Symbol des Teufels für das Böse stehen kann (vgl. Dittrich 2004, S. 286 ff.; Lipffert 1975, S. 37; Grimm 1835, S. 559) und als negatives Gegenstück zu Amor gilt (vgl. Büttner 2010, S. 42). Grimm bezeichnet die Libelle gleichzeitig als zarte „Wassernymphe", „verwünschte jungfer" und als „Teufelspferd" (Grimm 1835, S. 577). Die Ambivalenz bzw. Vielschichtigkeit der Libelle als Symbol – Nymphe und Jungfer (auf das Mädchen bezogen) einerseits und das Böse (auf den Tod bezogen) andererseits – spiegelt das Motiv des Blattes. Die Darstellung wirkt dadurch bis ins Detail stimmig.

Während das Mädchen in der Radierung teilnahmslos in die Ferne blickt, kommt es im zuvor entstandenen Gemälde zu einer verstörenden Spannung.

Das Mädchen scheint naiv zu lächeln und, geblendet von der Freude über ihre eigene Schönheit, das Skelett nicht einmal wahrzunehmen. Der Tod aber ist gegenwärtig. Die starken Lichtkontraste sowie die zarten Farben des Gemäldes betonen umso mehr den Gegensatz zwischen fragilem Mädchen und der Stärke des Todes. Aufgrund der einfarbigen Umsetzung als Radierung gewinnt die Darstellung etwas Erhabenes. Das Mädchen wirkt souverän und unnahbar. Ist es dem Tod vielleicht letztendlich überlegen?

Doch wer könnte das Mädchen sein? Bernhardt schuf das Gemälde ohne Hinweis auf die Dargestellte. Bemerkenswert ist die physiognomische Ähnlichkeit – das schlanke Gesicht und die lange Nase sowie die feinen, hellen Locken – zur Künstlerin selbst. Ferner beinhaltet das Werk neben dem deutlichen Rückgriff auf die Traditionen ähnlicher Vanitasdarstellungen auch viele biographische Verweise. Leidenschaftlich begeisterte die Diva ihr Publikum durch ihre Begabung im Bühnentod, den sie mit expressiver Dramatik zu spielen wusste (vgl. Thorun 2006, S. 284; Holiday 1980, S. 35). Kuriose Mundpropaganda führte zu ihrem Ruf als „Heilige“ und zugleich als „Hure“ (Thorun 2006, S. 283), die in ihrem extravaganten Atelier dämonische, erotische Orgien veranstaltet haben soll (vgl. Skinner 1968, S. 100). Womöglich liegt hierin, verknüpft mit ihrem Interesse am Symbolismus und der Schwarzen Romantik, die Inspiration für das Motiv des Gemäldes (vgl. Balk 1994, S. 86 ff.). Vom Entstehungsjahr des Gemäldes (1880) schreibt sie auch selbst in ihren Memoiren, dass in diesem Jahr ihr erster Lebensabschnitt zu Ende gegangen sei (vgl. Holiday 1980, S. 32; Balk 1994, S. 83). Hintergrund dafür sind ihr Bruch mit der Comédie Francaise und ihr Aufbruch zur Amerika- und später zur Welttournée.

Bedeutend für die breite Rezeption der Bildfindung des besprochenen Gemäldes ist ihre außergewöhnliche Variations- und Publikationsvielfalt. Das Gemälde wurde 1880 im Pariser Salon ausgestellt (vgl. Clement 1904, o. S.; Holiday 1980, S. 34; Karel 1992, S. 74), ebenso auch auf Bernhardts erster Amerika-Tournée im Jahr 1880 (vgl. Marks 2003, S. 176). Eine 1879 entstandene Vorzeichnung zu dem Gemälde wurde als Lithographie veröffentlicht (Scribner's Monthly, 21/2, Dezember 1880, S. 179). Am 23. Mai 1880 erschien jedoch der wichtigste Indikator für eine breite Rezeption. Die Satirezeitschrift *Tout-Paris* (Ancien Hydropathe) publizierte im Mai 1880 eine Karikatur (*Tout-Paris*, 2/9, Mai 1880, S. 1–2), in der der Karikaturist Eugène Bataille unter dem Pseudonym Sapeck (1854–1891) das Ölgemälde Bernhardts zitierte, dem Skelett jedoch den Kopf ihres Schauspielkollegen Coquelin aîné aufsetzte.

Die Karikatur thematisiert so Bernhardts Emanzipation und Zuwendung zu den Künsten des Salons und den damit verbundenen Vertragsbruch mit der Comédie Française. Die „Rechnung des Beerdigungsinstitutes für ihre zivile Beerdigung" („la note des pompes funèbres de son enterrement civil", Malevue 1880, S. 1 f.) ersetzt in der Karikatur die grausige Hand des Todes auf der Schulter der Schauspielerin: ihre Strafe von 360.000 Francs.

Die Popularität Bernhardts wird in der spannenden Bildgeschichte deutlich, in der die Radierung der Sammlung Matzek nur ein Baustein ist. Sie reiht sich einerseits in die ikonographische Tradition ihrer Vorgänger ein und andererseits in eine Folge von etlichen Variationen und Reproduktionen der von Bernhardt geschaffenen Komposition. In exzeptioneller Manier beinhaltet das Werk Anspielungen auf Tod und Eitelkeit, die sich nur aus der Biographie der Künstlerin und den Geistesströmungen des Fin de Siècle erklären lassen.

Natalia Svetlichnaya

Literatur

Jacob Grimm, *Deutsche Mythologie*, Göttingen 1835; Anonym, Glimpses Of Parisian Art I., in: Scribner's Monthly 21/2 (December 1880), S. 169–181; Diego Malevue, Notre Dessin, in: *Tout-Paris* 2/9 (Mai 1880), S. 1–2; Clara Erskine Clement, *Women in the fine arts from the seventh century B.C. to the twentieth century A.D.*, Houghton 1904; Cornelia Otis Skinner, *Madame Sarah: Das Leben der Schauspielerin Sarah Bernhardt*, Frankfurt a. M. 1968; Klementine Lipffert, *Symbol-Fibel*, Kassel 1975; Billie Holiday, *Femmes et Arts: Sarah Bernhardt, Edith Piaf, Simone Signoret, Agnés Varda. Suivi de Lady sings the blues*, Romorantin 1980; Maria Moog-Grünewald (Hg.), *Die göttliche Sarah Bernhardt*, Dortmund 1982; Bernhardt, Sarah, *Mein doppeltes Leben*, München 1983; Joanne Richardson, *Sarah Bernhardt. Leben, Karriere und Legende*, München 1988; David Karel, *Dictionnaire des artistes de langue francaise en Amérique du Nord: peintres, sculpteurs, dessinateurs, graveurs, photographes, orfèvres*, Québec 1992; Michael Pakenham, L'Illustre Sapeck, in: *Romantisme* 75 (1992), S. 35–42; Claudia Balk, *Theatergöttinnen: Inszenierte Weiblichkeit: Clara Ziegler, Sarah Bernhardt, Eleonora Duse*, Schriften der Gesellschaft für Theatergeschichte 72, Basel, Frankfurt a. M. 1994; Émile Goudeau, *Dix ans de bohème: Suivi de Les Hirsutes de Léo Trézenik*, Seyssel 2000; Elisabeth Bronfen und Barbara Straumann (Hg.), *Die Diva. Eine Geschichte der Bewunderung*, München 2002; Patricia Marks, *Sarah Bernhardt's First American Theatrical Tour: 1880–1881*, Jefferson 2003; Sigrid Dittrich und Lothar Dittrich, *Lexikon der Tiersymbole*, Petersberg 2004; Claudia Thorun, *Sarah Bernhardt: Inszenierungen von Weiblichkeit im Fin de Siècle*, Medien und Theater 8, Hildesheim, Zürich, New York 2006; Catherine R. Collins, *Sarah Bernhardt the Visual Artist*, MA thesis, Ohio University 2008 (URL: http://etd.ohiolink.edu/send-pdf.cgi/Collins%20Catherine%20R.pdf?ohiou1211571031 (21.11.2012)); Frank Büttner, *Philipp Otto Runge*, München 2010.

Photogravure Meisenbach Riffarth & Co. Berlin.

DIE EISENBAHNBRÜCKE - LE PONT DANGEREUX.

7. Ein moderner Totentanz in 16 Bildern

Joseph Kaspar Sattler (1867–1931)
1912, 2. Auflage, Exemplar 40/100
farbige Heliogravüren nach Farbzeichnungen
359 × 255 mm (Blatt), Bild- und Plattenmaß variieren von Blatt zu Blatt
Graphiksammlung *Mensch und Tod*, Inv. Nr.: B 2406.–2421,
in der Vorlage signiert u. r. „J. Sattler", typographisch bezeichnet u. r. „Photogravure Meisenbach Riffarth & Co., Berlin." und betitelt u. M.

Es ist der 28. Dezember 1879: Eine Eisenbahn rast durch die schwarze, windige Nacht auf eine Brücke zu. Die Brücke wird dem starken Wind nicht mehr lange standhalten können. Der voll beladene Zug wird mit den Insassen in die Tiefe sturzen.

Es mag ein Szenario wie das des schottischen Zugbrückenunglück von 1879 gewesen sein, über das Theodor Fontane (1819–1898) sein Gedicht *Die Brück' am Tay* (1880) schrieb (vgl. Segeberg 1987, S. 127), das Joseph Kaspar Sattler (1867–1931) bei Blatt 5 seines modernen Totentanzes vor Augen hatte. Nur schwer ist der Umriss eines Skeletts zu erkennen, das die Brücke bildet. Der Boden wird durch das Rückgrat des Knochenmanns, der Überbau aus dem Rippenkorb gebildet. Zwischen den Laternen, die zur Brücke hinleiten, ragen senkrecht die Fußknochen des Skeletts auf. Mit vielen kurzen, dunklen Strichen zeichnet Sattler den starken Wind, der um die Brücke weht und die Statik in Gefahr bringt. Die dunkle und reduzierte Darstellung des Himmels und der Landschaft kreieren eine bedrohliche Atmosphäre (vgl. Schulte 2000, S. 216 f.). Das Unglück des Zuges und der Tod der in die Tiefe stürzenden Fahrgäste sind förmlich zu spüren.

Robert Matzek muss von diesem Blatt aus der insgesamt 16 Darstellungen umfassenden Folge Sattlers besonders berührt gewesen sein. Auf seiner Karteikarte zu diesem Sammlungsstück verweist er auf die Novelle *Berufstragik* in der Sammlung von Erzählungen und Gedichten *Hinter Pflug und Schraubstock* (erschienen 1899) des Architekten Max Eyth (1836–1906). Darin erzählt Eyth von einem jungen Ingenieur, der eine Brücke über eine Meeresenge bauen darf. Als die Herbststürme beginnen, bemerkt er, dass er diese Stürme nicht einkalkuliert hat, ist jedoch zu stolz, den Fehler einzugestehen. Ein tragisches Ende nimmt seine Erzählung, als in einer Sturmnacht die Brücke unter einem fahrenden Zug zusammenbricht. Der Ingenieur stürzt zusammen mit dem Unglückszug in die Tiefe. Die Graphik Sattlers erinnert nicht nur durch das Motiv, sondern auch durch die Botschaft an die vergleichbaren Beispielen aus der Literatur: Sie thematisieren den Hochmut des Menschen, der versucht, mit technischen Mittel die Naturgewalten zu bezwingen, und daran scheitern muss.

Die Verknüpfung von Eisenbahn und Tod war im 19. Jahrhundert ein beliebtes Motiv (vgl. Schmitz 1982, S. 25). Man denke an das Blatt „Auf den Schienen“ aus Max Klingers (1857–1920) *Vom Tode. Folge von 10 Blättern* aus dem Jahre 1889 (F 0677.–0686.; vgl. Sammlung Block, Kat. Nr. 3) oder „Tod als Lokführer“ aus Ferdinand Barths (1842–1892) *Die Arbeit des Todes, Ein Todtentanz* von 1866 (F 0024.–0050).

Das Werk Joseph Sattlers lässt sich durch Form und Farbgebung in die künstlerische Strömung des Jugendstils einordnen. Unter anderem arbeitete der Maler und Exlibris-Künstler als Illustrator für die Zeitschriften *PAN* und *Fliegende Blätter* (vgl. Merker 2004, S. 21 f.). Sattlers erstmals 1894 erschienener (vgl. Schultes 1992, S. 221), hier jedoch in der Ausgabe von 1912 vorliegender *Ein moderner Totentanz* erzielte bei seiner Ausstellung im Pariser Salon anlässlich der Weltausstellung 1900 aufgrund der ungewöhnlichen Bildfindungen große Resonanz (vgl. Schultes 1992, S. 220). Er umfasst 15 weitere, zum Teil farbige Heliogravüren. Diese formen sich aus schwarzen, fein-geschwungenen Linien, ruhigen einfarbigen Flächen und starken Hell-Dunkel-Kontrasten. Mit dieser Technik erzeugt Joseph Sattler eine mystische, düstere Stimmung und lässt die Nähe des Todes, der alles Lebende dahinrafft, in den angsterfüllten Gesichtern der Menschen erkennen. Sattler bricht bewusst mit der ursprünglichen Idee des Totentanzes, was er durch das provozierende Adjektiv *modern* im Titel betont (vgl. Schultes 1992, S. 221). Seine Begegnungen des Todes mit den Lebenden – häufig mit satirischem Einschlag, surrealen oder realistischen Tendenzen – erinnern nur selten an die traditionelle Motivik. So erscheint der Tod auf dem Blatt „Die Eisenbahnbrücke“ wie auf den anderen beiden Nachtstücken der Folge („Das baufällige Haus“ und „Der Brand“) nicht „als Vollstrecker göttlicher Fügung, sondern als verselbständigter Dämon der Vernichtung“ (ebd., S. 225). Zweifellos gemeinsam mit den traditionellen Totentänzen hat die Folge die zeitlose Botschaft: „Mitten im Leben sind wir vom Tod umfangen.“

Vanessa Einighammer

Literatur

Charles Hiatt, A new German Designer: Joseph Sattler: Ten Illustrations, in: *The Studio: An Illustrated Magazine of Fine and Applied Art* 4 (1894), S. 92–97; Daniel Greiner, Joseph Sattler und seine Werke, in: *Deutsche Kunst und Dekoration* 12/10 (1903), S. 433–444; Max Eyth, *Hinter Pflug und Schraubstock: Skizzen aus dem Taschenbuch eines Ingenieurs*, 2 Bände, Stuttgart, Leipzig, 1899; Rolf H. Schmitz (Hg.), *Totentänze aus 6*

Jahrhunderten, Köln 1982; Harro Segeberg, *Literarische Technik-Bilder: Studien zum Verhältnis von Technik- und Literaturgeschichte im 19. und frühen 20. Jahrhundert*, Studien und Texte zur Sozialgeschichte der Literatur 17, Tübingen 1987; Ludwig Hollweck und Hanns Schultes (Hg.), *Joseph Kaspar Sattler: Ein Wegbereiter des Jugendstils*, Pfaffenhofen 1988; Hanns Schultes (Hg.), *Joseph Kaspar Sattler: Ein moderner Totentanz*, Schrobenhausen 1992; Hanns Schultes, Joseph Kaspar Sattler: Ein moderner Totentanz, in: Karl Amereller (Hg.), *Schrobenhausener Kulturschätze: Von der Asamkirche bis zum Zeiselmairhaus*, Dachau 1992, S. 219–239; Gernot Blum, *Der Revolutionär des Exlibris um die Jahrhundertwende: Joseph Kaspar Sattler: 1867–1931*, Mönchengladbach 1999; Brigitte Schulte, Der Totentanz vor dem Hintergrund der industriellen Revolution und den Auswirkungen des Ersten Weltkrieges, in: Winfried Frey (Hg.), *„Ihr müßt alle nach meiner Pfeife tanzen": Totentänze vom 15. bis 20. Jahrhundert aus den Beständen der Herzog-August-Bibliothek Wolfenbüttel und der Bibliothek Otto Schäfer Schweinfurt*, Wiesbaden 2000, S. 203–230; Kathrin Merker, *Der Graphiker Joseph Kaspar Sattler und sein Werk: Ein Beitrag zur Buchillustration des Jugendstils*, Stuttgart 2004.

8. Claudio folgt dem Tod

Aus: „Zehn Radierungen zu *Der Tor und der Tod* von Hugo von Hofmannsthal"
Fritz Silberbauer (1883–1974)
1920er Jahre
415 × 270 mm (Blatt), 306 × 222 mm (Platte)
Graphiksammlung *Mensch und Tod*, Inv. Nr.: F 1432
signiert u. r. „F. Silberbauer"

„Er verschwindet in der Mitteltür, seine Worte verklingen. Im Zimmer bleibt es still. Draußen sieht man durchs Fenster den Tod Geige spielend vorbeigehen, hinter ihm die Mutter, auch das Mädchen, dicht bei ihnen eine Claudio gleichende Gestalt." (von Hofmannsthal 1982, S. 80)

Diese letzte Regieanweisung aus Hugo von Hofmannsthals (1874–1929) lyrischem Drama *Der Tor und der Tod* (1893) wurde in der vorliegenden Radierung von Fritz Silberbauer (1883–1974) bildlich umgesetzt. Sie ist Teil der Mappe mit dem Titel „Zehn Radierungen zu *Der Tor und der Tod* von Hugo von Hofmannsthal", die in den 20er Jahren vom Kunstverlag F. Mandel in Wien und Stuttgart veröffentlicht wurde. Robert Matzeks im März 1972 erworbenes Exemplar umfasst neben der originalen Leinwandmappe leider nur sechs der zehn Radierungen, nämlich die Radierungen eins (Inv. Nr. F1427.), drei (Inv. Nr. F 1428.) und sieben bis zehn (Inv. Nr. F 1429.–1432.). Der vor allem für die Steiermark bedeutende Graphiker und Maler Fritz Silberbauer (1883–1974), der im November 1923 die Grazer Sezession mitbegründete, schuf ein vielfältiges Œuvre. Seine Fresko- und Sgraffitomalereien machten ihn auch über die Grenzen Österreichs hinaus bekannt.

Das zehnte und letzte Blatt der Folge zeigt eine männliche und zwei weibliche Silhouetten, die die linke Bildhälfte einnehmen und dem rechts zu erkennenden Geigenspieler folgen. Durch die Verhüllung mit Hilfe eines Mantels erkennt man erst beim intensiven Betrachten, dass es sich bei der musizierenden Figur um einen Knochenmann handelt. Die Gruppe entfernt sich vom Betrachter ins Ungewisse und nur der Tod ist im Profil wahrnehmbar. Er ist der Gruppe ein gutes Stück voraus und steht etwas tiefer, was eine perspektivische Wirkung erzeugt.

Die Hell-Dunkel-Gegensätze sind so stark ausgeprägt, dass man den Vordergrund nur als schwarze Fläche wahrnehmen kann. Die Umgebung erinnert an Rauchwolken nach einer Explosion, welche sich hinter der Gruppe beginnend nach rechts oben ausweiten. Zusätzlich sind kantige Formungen wahrnehmbar, welche die bedrohliche Stimmung der dargestellten Szene unterstreichen.

In Hofmannsthals Drama war dieser Szenerie vorausgegangen, dass der wohlhabende, aber einsame Protagonist Claudio vom personifizierten, Geige spielenden Tod aufgesucht wurde. Dieser präsentiert ihm seine Mutter, eine junge Geliebte und einen Freund, alle mittlerweile verstorben und zu Lebzeiten von Claudio stark vernachlässigt. Durch das Geigenspiel des Todes und der durch ihn initiierten Konfrontation mit den bedeutenden Menschen aus seinem Leben erkennt Claudio, dass er nie eine emotionale Bindung aufbauen konnte. Er ist und war immer ein einsamer Mensch, da er sich den vermeintlich wichtigen und schönen Dingen, wie z. B. der Kunst, zugewandt hat. In der Todesstunde versteht Claudio, dass er sich nur dem Künstlichen hingegeben hat, und bittet den Tod um Aufschub. Dieser zeigt sich jedoch beharrlich und so muss Claudio ihm folgen: „Da tot mein Leben war, sei du mein Leben, Tod!" (von Hofmannsthal 1982, S. 79). Erst im Sterben meint Claudio das Leben zu spüren: „Erst, da ich sterbe, spür ich, daß ich bin." (ebd., S. 79). Der Tod kommt dann ein letztes Mal zu Wort, und mit dem hier dargestellten Rückzug enden das Drama und ebenso Silberbauers Radierfolge.

Silberbauer, der als Infanterieoffizier im ersten Weltkrieg diente (Graf 1932, S. 71), erarbeitete die Folge unter dem Eindruck der Erfahrungen an der Front. Auch auf diesem Blatt klingt in den leicht abstrahierten und so bis zu höchster Eindringlichkeit gesteigerten Formen das Schützengrabenerlebnis an. Das Thema von Hofmannsthals Drama interessierte die Künstler auch im weiteren Verlauf des 20. Jahrhunderts, ist doch die Gefahr der Überladung des Lebens mit Künstlichem und die Vernachlässigung wirklicher Bindungen heute aktueller als je zuvor.

Mareike Donath

Literatur

Thieme/Becker, Bd. 31, S. 21; Robert Graf, Zwei druckgraphische Arbeiten Fritz Silberbauers, in: *Josef-Strzygowski-Festschrift*, Zum 70. Geburtstag dargebracht von seinen Schülern, Klagenfurt 1932, S. 70–72; Erika Hellich (Hg.), *Fritz Silberbauer. Graphik-Malerei 1907–1968,* Ausstellung. Sept. 1969 Wiener Secession, Graz 1968; Hugo von Hofmannsthal, Der Tor und der Tod, in: Götz Eberhard Hübner, Klaus-Gerhard Pott und Christoph Michel (Hg.), *Hugo von Hofmannsthal. Sämtliche Werke*, Bd. 3, Frankfurt a. M. 1982, S. 61–80; Rudolf List, *Kunst und Künstler in der Steiermark. Ein Nachschlagewerk*, Ried 1982, S. 911–912; Wilfried Skreiner und Gerhard Wolf (Hg.), *Ausstellung Fritz Silberbauer. Grafik.* Aus Anlass seines 85. Geburtstages, im Saal der Kammer für Arbeiter und Angestellte Deutschlandsberg, 19.–28. Oktober 1968, Graz 1968; Wilfried Skreiner, *Fritz Silberbauer. Grafik*, Trigonpersonalausstellung *6.* 19.10.–11.11.1973, Neue Galerie am Landesmuseum Joanneum, Graz 1973.

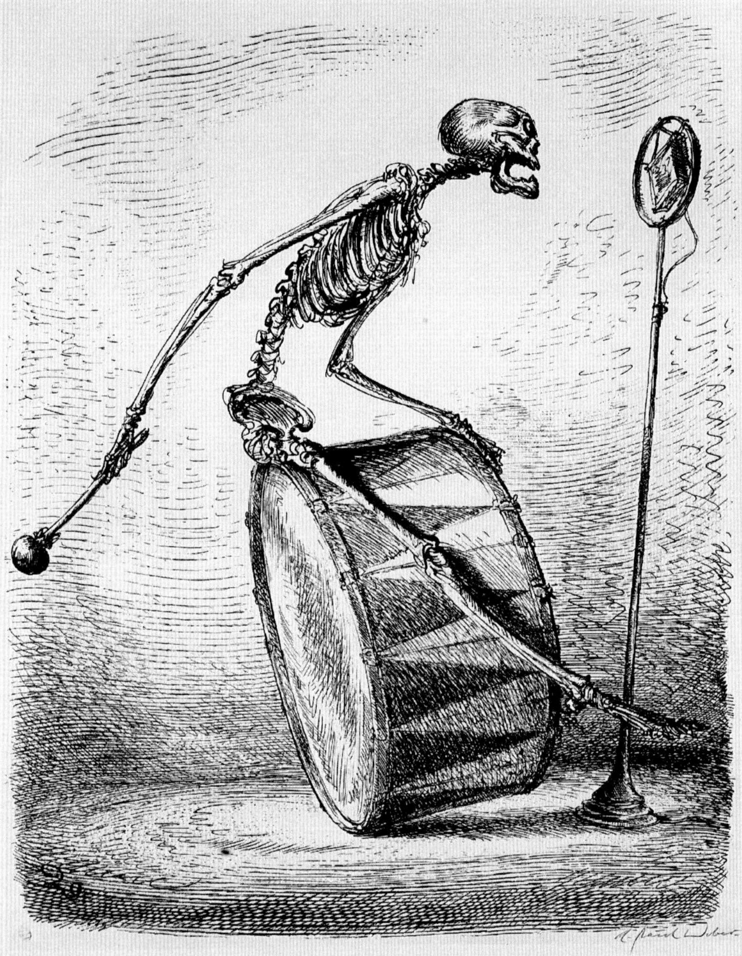

und kommen nach kurzer Pause wieder –

9. „... und kommen nach kurzer Pause wieder“

Andreas Paul Weber (1893–1980)
1955
Lithographie nach einer Zeichnung von 1934
505 × 405 mm
Graphiksammlung *Mensch und Tod*, Inv. Nr.: E 0673.
signiert u. r. „A. Paul Weber“, bezeichnet u. l. „B X cw“, betitelt u. M. „... und kommen nach kurzer Pause wieder“ und u. l. Stempel der „Clan-Presse“, im Stein bezeichnet u. l. „W“

Der Tod haut auf die Pauke! Ein leerer, lediglich mit Strichen angedeuteter Raum zeigt ein Skelett von der Statur eines ausgewachsenen Menschen. Es sitzt im Profil auf einer wackeligen Pauke und spricht in ein Standmikrophon, wobei es mit einem Paukenschlägel in seiner rechten knochigen Hand zum Schlag ausholt. Während sich die Pauke auf einem Fußboden nach hinten neigt, streben Körper und Beine des Todes noch vorne, um dem Schwung der kraftvollen Bewegung nicht zu erliegen und zu stürzen. Das Skelett erweckt den Eindruck, als würde es voller Energie, Taten- und Bewegungsdrang auf dem Musikinstrument reiten, es sogar mit dem Paukenschlägel vorantreiben, um so seinen in das Mikrophon abgegebenen Kommentar zu untermauern. Doch wohin führt sein wilder Ritt?

Andreas Paul Webers (1893–1980) Werk *... und kommen nach kurzer Pause wieder* ist eine schwarz-weiß Lithographie nach einer politischen Zeichnung, die, so der Künstler, auch als eine „ernste Zeichnung“ bezeichnet werden darf (Reinhardt 1980, S. 33). Weber versteht es, durch eine relativ einfach gehaltene Darstellung eine außerordentlich starke Präsenz und Wirkung zu erzeugen, die nicht bloß einen satirischen Anspruch erhebt. Seine Werke besitzen eine tiefe Bedeutung, die den Betrachter zu einer inneren Erkenntnis führen soll (vgl. Reinhardt 1980, S. 9).

Diese Sinngebung erreicht Weber durch eine starke Symbolik, die auch autobiographische Bezüge aufweist. Der Tod, der sich des neuen Massenmediums Rundfunk und damit eines beliebten Instruments der nationalsozialistischen Diktatur bedient, symbolisiert die todbringende Propaganda, welche zur Machtstellung Hitlers entscheidend beitrug. Die Landsknechtspauke stellt ebenfalls ein Symbol „verführerischer politischer Propaganda“ (Bornemann 1882, S. 29) dar und weckt seit jeher durch ihre Lautstärke Reaktionen wie Schrecken – die Pauke diente oft der Ankündigung kriegerischer Aktionen –, aber auch Aufmerksamkeit. Der Tod tritt hier in der traditionellen Form eines Trommler-Skelettes auf und vermittelt allegorische Inhalte. Es ist eine der am häufigsten dargestellten Symbolfiguren in Webers Œuvre.

Durch das Zusammenspiel von traditionellen Motiven und zeitgenössischen Bezügen gibt der Künstler dem Gedanken des *Memento mori* einen neuen, zeitgemäßen Sinn. „Das alte ‚Gedenke, daß du sterben mußt‘ wird nun zu einem ‚Denk nach, ob du auf diese Weise sterben willst‘" (Bornemann 1882, S. 113). So geht es Weber nicht um die Frage des Sterbenmüssens, sondern um das aktuelle Problem der menschlichen (Selbst-)Vernichtung (vgl. Bornemann 1882, S. 116).

Dieses Blatt steht – wie fast alle seiner Arbeiten – in einem sehr engen Bezug zur Person des Künstlers. Weber erlebte bereits im ersten Weltkrieg prägende Grausamkeiten und Szenen des Schreckens. Schon in dieser Zeit entwickelte er das zeitkritische Zeichnen und arbeitete als Zeitungsillustrator. 1928 lernte Weber den Schriftsteller Ernst Niekisch (1889–1967) kennen, trat als Illustrator und Buchgestalter in dessen Verlag ein und wurde ab 1930 Mitherausgeber von Niekischs Zeitschrift *Widerstand* (1926–1934, Berlin). Seine politisch-satirischen Zeichnungen, welche sich offen gegen das dritte Reich richteten, machten das Magazin zu einer scharfen publizistischen Waffe (vgl. Reinhardt 1980, S. 33). Weber folgte nur bedingt der politischen Motivation des nationalrevolutionären „Widerstandskreises", jedoch entsprach deren anti-nationalsozialistische Haltung Webers Überzeugung. Seine Intention lag darin, die Verkehrung der Werte im faschistischen System zu offenbaren (vgl. Schartel 1981, S. 6). 1934 kam es zum Verbot des *Widerstands*. Nach Konflikten mit Nationalsozialisten folgten Inhaftierungen der Akteure und auch A. P. Weber wurde 1937 kurzzeitig inhaftiert.

In einer der letzten Ausgaben der Zeitung *Widerstand* fand sich auch die 1934 ausgeführte Zeichnung der hier vorgestellten Lithographie, mit dem Titel *Genf: „... und kommen nach kurzer Pause wieder"* (*Widerstand* IX/6 (1934), S. 196) (Nicolin 1983, S. 94). Der Künstler spielte damit auf die erfolglose Abrüstungskonferenz an, die seit 1932 in Genf tagte. Das Werk zeugt damit von der „ungeheuer prophetischen Kraft" (Schartel 1981, S. 7) Webers, der hier kurz nach Hitlers Machtergreifung – in anderen Werken bereits früher – auf das zukünftige Grauen hinweist (vgl. Schuster/Tanabe 2001, Kat. Nr. 132, S. 263). Das Motiv konnte über den ursprünglichen Bezug hinaus nicht nur allgemeingültige Bedeutung für die Zeit des Nationalsozialismus, sondern auch für unsere heutige Mediengesellschaft gewinnen.

Das Blatt kann als ein wichtiges politisches Bild- und Zeitdokument gedeutet werden. Es ist daher ein bedeutendes Beispiel für die Kunst des 20. Jahrhunderts und ein besonders wertvolles Stück für die Sammlung. Nicht umsonst zierte es 1991 als Aushängeschild der neu erworbenen Sammlung Matzek das Titelblatt der Düsseldorfer Universitäts-Zeitung (*Düsseldorfer Uni-Zeitung*, 20/2 (1991), Titelblatt).

Britta Jacobfeuerborn und Luise Maslow

Literatur

Andreas Paul Weber, *Genf… und kommen nach kurzer Pause wieder*, in: *Widerstand* IX/6 (1934), S. 196; Bernd Bornemann, *A. Paul Weber: Seine zeitkritische und humoristische Druckgraphik (1945–1976) und ihr Verhältnis zur Karikatur*, Frankfurt a. M. 1982; Andreas Paul Weber, *… und kommen nach kurzer Pause wieder*, in: *Düsseldorfer Uni-Zeitung*, 20/2 (1991), Titelblatt; Georg Reinhardt (Hg.), *Andreas Paul Weber: Das graphische Werk 1930–1978, Handzeichnungen und Lithographien*, München 1980; Günther Nicolin (Hg.), *A. Paul Weber – 50 Jahre danach: Politische Zeichnungen 1929–1936*, Hamburg 1983; Werner Schartel (Hg.), *Kunst und Widerstand: A. Paul Weber, politische Zeichnungen seit 1929*, Berlin 1981; Schuster/Tanabe 2001, Kat. Nr. 132, S. 263; Hans-Jürgen Schwalm (Hg.), *Zum Sterben schön?: Der Tod in der Kunst des 20. Jahrhunderts*, Ausst. Kat. Recklinghausen 2007, Recklinghausen 2007.

Appendix

Verzeichnis der abgekürzt zitierten Literatur

Block 1966: Werner Block, *Der Arzt und der Tod in Bildern aus sechs Jahrhunderten*, Stuttgart 1966.

Hülsen-Esch/Westermann-Angerhausen 2006: Andrea von Hülsen-Esch und Hiltrud Westermann-Angerhausen in Zusammenarbeit mit Stefanie Knöll (Hg.), *Zum Sterben schön. Alter, Totentanz und Sterbekunst von 1500 bis heute*, 2 Bände, Köln 2006.

Knöll 2009: Stefanie Knöll (Hg.), *Narren – Masken – Karneval. Meisterwerke von Dürer bis Kubin aus der Düsseldorfer Graphiksammlung Mensch und Tod*, Regensburg 2009.

Knöll, *EX LIBRIS*, 2010: Stefanie Knöll (Hg.), *EX LIBRIS – Medizin gegen den Tod?*, Schriften der Graphiksammlung *Mensch und Tod* der Heinrich-Heine-Universität Düsseldorf 1, Düsseldorf 2010.

Knöll, *Frauen – Sünde – Tod*, 2010: Stefanie Knöll (Hg.), *Frauen – Sünde – Tod*, Schriften der Graphiksammlung *Mensch und Tod* der Heinrich-Heine-Universität Düsseldorf 2, Düsseldorf 2010.

Knöll 2011: Stefanie Knöll (Hg.), *Totentanz Reloaded! Zum Verhältnis von Original und Reproduktion*, Schriften der Graphiksammlung *Mensch und Tod* der Heinrich-Heine-Universität Düsseldorf 3, Düsseldorf 2011.

Knöll 2012: Stefanie Knöll (Hg.), *Lebenslust und Todesfurcht. Druckgraphik aus der Zeit des Barock*, Schriften der Graphiksammlung *Mensch und Tod* der Heinrich-Heine-Universität Düsseldorf 4, Düsseldorf 2012.

Knöll/Overdick/Fischer/Overdick 2012: Stefanie Knöll, Michael Overdick, Norbert Fischer und Thomas Overdick (Hg.), *Der Tod und das Meer: Seenot und Schiffbruch in Kunst, Geschichte und Kultur*, Ausst. Kat. Flensburg 2012/ Hamburg 2013, Handewitt 2012.

Overdick 2014: Michael Overdick (Hg.), *Ringelschwanz und Totentanz. Der Mops in der Druckgraphik*. Schriften der Graphiksammlung *Mensch und Tod* der Heinrich-Heine-Universität Düsseldorf 5, Düsseldorf 2014.

Schuster 1989: Eva Schuster, *Mensch und Tod. Graphiksammlung der Universität Düsseldorf*, Bestandskatalog, Düsseldorf 1989.

Schuster 1992: Eva Schuster (Hg.), *Das Bild vom Tod. Grafiksammlung der Heinrich Heine Universität Düsseldorf*, Recklinghausen 1992

Schuster/Tanabe 2001: Eva Schuster und Mikinosuke Tanabe, *Totentanz – vom Spätmittelalter bis zur Gegenwart*, Ausst. Kat. Tokyo 2000/Ulm 2001, Ulm 2001.

Thieme/Becker: Ulrich Thieme und Felix Becker (Hg.), *Allgemeines Lexikon der bildenden Künstler von der Antike bis zur Gegenwart*, 37 Bände, Leipzig 1907–1950.

Wissenschaftsrat 2011: Der Wissenschaftsrat, *Empfehlungen zu wissenschaftlichen Sammlungen als Forschungsinfrastrukturen*, Drs. 10464–11, Berlin 28.1.2011. Abrufbar auf der DFG-Site unter: http://www.wissenschaftsrat.de/download/archiv/10464-11.pdf (20.06.2014)

Autorinnen und Autoren

Dr. Birte Barbian
geb. 1982, Studium der Zahnmedizin an der Westfälischen-Wilhelms-Universität Münster. Promotion zur Dr. med. dent. 2010 über die Geschichte der Anatomischen Sammlung in Münster. Wissenschaftliche Mitarbeiterin im Institut für Anatomie, Münster von 2008 bis 2010. Seit 2010 wissenschaftliche Mitarbeiterin und Sammlungsbeauftragte in der Sektion für Klinische Anatomie, Düsseldorf. Arbeitsgebiete: Geschichte, Theorie und Praxis in Anatomischen Sammlungen; Konzepte der anatomischen Präparation 19.–21. Jahrhunderts; Internationalisierung der Universität im Bereich Vorklinik der Medizinischen Fakultät.

Dr. Stephan Brakensiek
geb. 1968, Studium der Kunstgeschichte und Geschichte an der Ruhr-Universität Bochum. Magister Artium 1996, Promotion 2001 mit einer Arbeit über das Sammeln von Druckgraphik im frühneuzeitlichen Deutschland. 1995–1997 wissenschaftliche Mitarbeit am Kunstgeschichtlichen Institut der Ruhr-Universität; 2000–2004 Wissenschaftlicher Mitarbeiter der Kulturstiftung Ruhr, Villa Hügel (Essen). Seit 2004 Kustos der Graphischen Sammlung des Fachs Kunstgeschichte der Universität Trier. Ausstellungskurator im In- und Ausland.

Dr. Sabine Etges
geb. 1962. Nach der Ausbildung zur Tischlerin schloss sie die Gesellenprüfung mit der Jahresbestleistung ab. Das Studium der Biologie absolvierte sie an der Heinrich-Heine-Universität Düsseldorf. 2001 wurde sie mit einer Arbeit über den Symbioseorganismus Flechte promoviert. Seit 2002 ist sie Kustodin (Wissenschaftliche Leiterin) des Botanischen Gartens der HHU. Ihre Kernaufgaben sind die wissenschaftliche Betreuung des Pflanzenbestands und die Öffentlichkeitsarbeit für den Botanischen Garten sowie Lehre im Fach Biologie.

Dr. Stefanie Knöll
Studium der Kunstgeschichte, deutschen und englischen Literatur in Tübingen, Oxford und Leiden. Promotion in Kunstgeschichte an der University of Sussex, UK. Nach einem wissenschaftlichen Volontariat am Museum für Sepulkralkultur Kassel arbeitete sie am Stadtmuseum Tübingen und am Seminar für Kunstgeschichte der Heinrich-Heine-Universität Düsseldorf. Seit 2007 ist sie Kustodin der Graphiksammlung „Mensch und Tod“ und lehrt an der Heinrich-Heine-Universität Düsseldorf.

Luise Maslow, M. A.
geb. 1987, studierte seit 2007 Kunstgeschichte und Germanistik an der Heinrich-Heine-Universität in Düsseldorf. 2014 Abschluss (M. A.) mit einer Arbeit zu

Wilhelmine von Bayreuth als Gartenkünstlerin. Beteiligung bei mehreren Ausstellungs- und Publikationsprojekten, u. a. der Graphiksammlung „Mensch und Tod", des Kulturforums Alte Post in Neuss und des Städtischen Museums Schloss Rheydt in Mönchengladbach. Seit 2013 ist sie wissenschaftliche Hilfskraft an der Graphiksammlung „Mensch und Tod" der Heinrich-Heine-Universität Düsseldorf.

Dr. Thomas Röske
geb. 1962, ist seit November 2002 Leiter der Sammlung Prinzhorn der Psychiatrischen Universitätsklinik Heidelberg. Er hat Kunstgeschichte, Musikwissenschaft und Psychologie in Hamburg studiert und 1991 mit einer Arbeit über Hans Prinzhorn promoviert. Er gibt regelmäßig Lehrveranstaltungen am Zentrum für Europäische Kunstgeschichte der Universität Heidelberg. Seit April 2012 ist er Präsident der European Outsider Art Association (EOA).

Prof. Dr. Ernst Seidl
studierte Kunstgeschichte, Romanistik und Volkskunde in Regensburg, Hamburg und Frankfurt am Main. Seit 2008 leitet er das Museum der Universität Tübingen MUT und lehrt Kunstgeschichte an der Universität Tübingen. Er ist Vorstandsmitglied der „Gesellschaft für Universitätssammlungen e. V." in Berlin, der „Guernica Gesellschaft e. V.", Karlsruhe, sowie der „Tübinger Kunstgeschichtlichen Gesellschaft e. V.".

Dr. Cornelia Weber
promovierte in Deutscher Sprache und Literatur des Mittelalters. Seit 1999 ist sie Geschäftsführerin des Hermann von Helmholtz-Zentrums für Kulturtechnik der Humboldt-Universität zu Berlin. Sie initiiert und betreut zahlreiche Forschungsprojekte im Bereich der Sammlungs- und Wissenschaftsgeschichte, insbesondere zu Universitätssammlungen. Cornelia Weber ist Leiterin der Koordinierungsstelle für wissenschaftliche Universitätssammlungen in Deutschland.

Dr. Johannes Wienand
hat Geschichte und Philosophie an den Universitäten Tübingen, Wien, Konstanz und Pittsburgh studiert. Im Jahr 2010 wurde er in Konstanz mit einer althistorischen Dissertation zur Herrschaftsrepräsentation Konstantins des Großen promoviert. Diverse Forschungsprojekte haben ihn nach München, Cambridge, Heidelberg und Berlin geführt. Seit 2011 arbeitet er als Akademischer Rat am Lehrstuhl für Alte Geschichte der Heinrich-Heine-Universität Düsseldorf und ist als Beauftragter der numismatischen Sammlungen für eine der vielfältigsten Universitätssammlungen antiker Münzen im deutschsprachigen Raum zuständig.

Abbildungsnachweis

Abbildungen auf dem Cover von links nach rechts:

- Carl Gotthard Langhans, Tod mit Pfeil und Mädchen, Ende 18. / Anfang 19. Jahrhundert. © Graphiksammlung *Mensch und Tod* der Heinrich-Heine-Universität Düsseldorf.
- Histologisches Präparat vom Rückenmark (Affe) in 20-facher Vergrößerung; Versilberung nach Novotny; Zentrum für Anatomie und Hirnforschung, Heinrich-Heine-Universität Düsseldorf (ca. 1989).
- Gesägtblättrige Banksie. © Botanischer Garten der Heinrich-Heine-Universität Düsseldorf.
- Der Schatz von Brauweiler. Numismatische Lehr- und Studiensammlung der Heinrich-Heine-Universität Düsseldorf. Foto: J. Wienand.

Beitrag Seidl:

Abb. 1, S. 28: Foto: MUT/J. Lipták.
Abb. 2, S. 28: Foto: MUT/C. Jönsson.
Abb. 3, S. 34: MUT/F. Duerr.
Abb. 4, S. 35: MUT/F. Duerr.
Abb. 5, S. 37: Foto: MUT/V. Marquardt.
Abb. 6, S. 39: Foto: MUT/P. Neumann.

Beitrag Barbian:

Abb. 1–4, S. 43, 46, 46, 47: Anatomische Sammlung der Heinrich-Heine-Universität Düsseldorf. Foto: Birte Barbian.

Beitrag Etges:

Abb. 1, S. 50: © Andreas Burkart. Mit freundlicher Genehmigung des Fotografen.
Abb. 2–6, S. 50, 52, 55, 58, 58: © Botanischer Garten der Heinrich-Heine-Universität Düsseldorf.

Beitrag Brakensiek:

Abb. 1, S. 64: Mit freundlicher Genehmigung von Wolfgang Nestler. Foto: Andreas Thull, Trier. Mit freundlicher Genehmigung des Fotografen.
Abb. 2, S. 65: Foto: Andreas Thull, Trier. Mit freundlicher Genehmigung des Fotografen.
Abb. 3–4, S. 67, 69: Foto: Andreas Thull, Trier. Mit freundlicher Genehmigung des Fotografen.
Abb. 5, S. 71: Graphische Sammlung des Fachs Kunstgeschichte der Universität Trier. Foto: Andreas Thull, Trier. Mit freundlicher Genehmigung des Fotografen.

Beitrag Röske:

Abb. 1, S. 74: Foto: Atelier Altenkirchen. Für die Reproduktionsgenehmigung haftet die Sammlung Prinzhorn.

Abb. 2, S. 77: Foto: Medienzentrum Universitätsklinikum Heidelberg. Für die Reproduktionsgenehmigung haftet die Sammlung Prinzhorn.

Abb. 3, S. 82: Mit freundlicher Genehmigung der Künstlerin. Foto: Torsten Kappenberg. Für die Reproduktionsgenehmigung haftet die Sammlung Prinzhorn.

Abb. 4, S. 83: Foto: Arnaud Conne. Für die Reproduktionsgenehmigung haftet die Sammlung Prinzhorn.

Abb. 5, S. 84: Mit freundlicher Genehmigung der Künstlerin. Foto: Medienzentrum Universitätsklinikum Heidelberg. Für die Reproduktionsgenehmigung haftet die Sammlung Prinzhorn.

Beitrag Wienand:

Abb. 1–5: Numismatische Lehr- und Studiensammlung der Heinrich-Heine-Universität Düsseldorf. Foto: J. Wienand.

Einführungstext Block:

Abb. 1, S. 110: aus: Werner Block, *Der Arzt und der Tod in Bildern aus sechs Jahrhunderten*, Stuttgart 1966, S. 192.

Abb. 2–4, S. 115–117: © Tony Munzlinger. Mit freundlicher Genehmigung des Künstlers.

Abb. 5, S. 119: Graphiksammlung *Mensch und Tod* der Heinrich-Heine-Universität Düsseldorf.

Abb. 6, S. 120: aus: Anneliese Schmitt, *Deutsche Exlibris, Eine kleine Geschichte von den Ursprüngen bis zum Beginn des 20. Jahrhunderts*, Leipzig 1986, Abb. 5 (S. 13, keine Paginierung).

Abb. 7, S. 122: Theo Ortner. Der Inhaber der Rechte war nicht zu ermitteln. Rechtmäßige Ansprüche werden nach Geltendmachung ausgeglichen.

Katalogteil Block:

Abb. 1, S. 128: © Graphiksammlung *Mensch und Tod* der Heinrich-Heine-Universität Düsseldorf.

Abb. 1a, S. 131: © Graphiksammlung *Mensch und Tod* der Heinrich-Heine-Universität Düsseldorf.

Abb. 2, S. 134: © VG Bild-Kunst, Bonn 2014.

Abb. 2a, S. 136: aus: Eric Gillis, *James Ensor. A Collection of Prints. Presented for Sale by Artemis Fine Arts & C G Boerner*, New York, Paris et. al 2002, S. 144.

Abb. 3, S. 138: © Graphiksammlung *Mensch und Tod* der Heinrich-Heine-Universität Düsseldorf.

Abb. 4, S. 142: © Nolde Stiftung Seebüll.

Abb. 5, S. 146: Arminius Hasemann. Der Inhaber der Rechte war nicht zu ermitteln. Rechtmäßige Ansprüche werden nach Geltendmachung ausgeglichen.

Abb. 6, S. 150: Ivo Saliger. Der Inhaber der Rechte war nicht zu ermitteln. Rechtmäßige Ansprüche werden nach Geltendmachung ausgeglichen.
Abb. 7, S. 154: © Graphiksammlung *Mensch und Tod* der Heinrich-Heine-Universität Düsseldorf.
Abb. 8, S. 158: © VG Bild-Kunst, Bonn 2014.

Einführungstext Matzek:

Abb. 1–4, S. 168–176: © Graphiksammlung *Mensch und Tod* der Heinrich-Heine-Universität Düsseldorf.
Abb. 5, S. 178: © VG Bild-Kunst, Bonn 2014.

Katalogteil Matzek:

Abb. 1a–7, S. 182–208: © Graphiksammlung *Mensch und Tod* der Heinrich-Heine-Universität Düsseldorf.
Abb. 8, S. 212: Fritz Silberbauer. Der Inhaber der Rechte war nicht zu ermitteln. Rechtmäßige Ansprüche werden nach Geltendmachung ausgeglichen.
Abb. 9, S. 216: © VG Bild-Kunst, Bonn 2014.